四川古建筑
调查报告集

成都文物考古研究院　编著

Investigation Reports of
The Ancient Architecture in
Sichuan

第二卷

文物出版社

图书在版编目（CIP）数据

四川古建筑调查报告集．第二卷 ／ 成都文物考古研究院编著．－－ 北京 ：文物出版社，2023.8
 ISBN 978-7-5010-7754-0

Ⅰ．①四… Ⅱ．①成… Ⅲ．①古建筑－调查报告－汇编－四川 Ⅳ．① K928.71

中国版本图书馆 CIP 数据核字 (2022) 第 126061 号

审图号：川 S【2022】00032 号

四川古建筑调查报告集（第二卷）

成都文物考古研究院　编著

责任编辑：耿　昀
书籍设计：特木热
责任印制：王　芳

出版发行：文物出版社
社　　址：北京市东城区东直门内北小街 2 号楼
邮　　编：100007
网　　址：http://www.wenwu.com
经　　销：新华书店
印　　刷：北京荣宝艺品印刷有限公司
开　　本：889mm×1194mm 1/16
印　　张：23.75
版　　次：2023 年 8 月第 1 版
印　　次：2023 年 8 月第 1 次印刷
书　　号：ISBN 978-7-5010-7754-0
定　　价：560.00 元

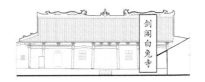

剑阁白兔寺

阆中永安寺

阆中精兰院

南部醴峰观

南部永安庙

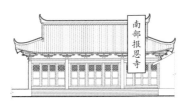

南部报恩寺

盐亭花林寺

序
一

　　19世纪下半叶，中国古代建筑成为学者关注的研究对象。一百多年来，对文物建筑进行田野踏查和测绘记录，始终是中外学者持之以恒的学科正途。从外国学者的开拓到营造学社的耕耘，再到20世纪50年代以来的三次全国文物普查，以及其间高校、文物机构开展的无数次小规模调查测绘，百余年来所积累的踏查记录成果，建构了中国古代建筑的基本认知体系和学科史料基础。

　　中国营造学社创始人朱启钤先生在《中国营造学社缘起》一文中曾高屋建瓴地指出，中国古代营造具有历劫不磨的价值，而欲揭示其价值，必须以科学的方法做有系统的研究。可以说，中国古代建筑研究，从一开始就被先贤们注入了注重科学调查与系统研究的基因，惟新惟能，止于至善，始终应是中国古建人的初心和底色。

　　近百年间，新的科学问题、科学方法不断迭代，新技术、新理念和新研究系统，不断涌现，古建筑踏查记录也面临着继承与创新的考验。1998年，为培养古建保护和研究的高端人才，国家文物局与北京大学联合办学，在北大考古系增设文物建筑专业方向。从此，"以建筑见证文明"成为北大文物建筑专业的发展目标。如何让建筑成为历史学的可靠史料、如何提高建筑史料的时空精度，成为北大建筑考古学对古建筑研究提出的科学问题。基于这样的发展目标和科学问题，北大逐步建设起从文物建筑踏查记录到建筑形制区系类型、时空框架研究的完整学术理论和方法，拓展、夯实了中国建筑考古学的学科基础，发现了一大批重要的建筑史料，同时培养了一大批认同建筑考古学理念、掌握建筑考古学研究方法的专业人才。今天，这部呈现给学界的《四川古建筑调查报告集》丛书，其主要的筹划者和撰写者，正是一批毕业于北大文物建筑专业的学子们。这套丛书体现出他们对建筑考古学的理解和掌握，提升了四川古建筑历史研究的学术水平和建筑遗产保护的科学性，其学术特点和贡献主要表现在以下几个方面。

　　一、坚持田野工作，基于建筑考古学理念，聚焦建筑年代问题，多有重要发现。《四川古建筑调查报告集》在全面调查记录的基础上，运用建筑考古学研究方法，综合建筑形制与文献史料，发现或订正了如盐亭花林寺大殿、芦山青龙寺大殿、雅安观音阁等一批重要木构建筑的精细年代，提炼建筑形制年代标尺，为建立四川地区建筑形制的精细时空框架奠定了坚实基础，有助于提升四川地区在中国古代建筑研究体系中的地位。

由于四川地区的环境和历史特点，木构建筑难以长期保存，所以四川元代以前的木构建筑极为稀少，而明清时期的四川在地理位置上又离政治中心较远。因此，在以往重点关注早期木构或官式建筑的研究视野下，四川地区长期处于边缘地位，其古建筑系统研究的深度尤显不足。但如果我们以整体性的历史视角审视，四川地区在唐宋时期是承接陕西、河南等政治文化中心地带影响，并再将其辐射到云南、贵州等西南地区的重要枢纽，到元以后，又转而体现出长江流域的特征。这一文化源流发生巨大转变的动因及由此带来的深刻影响和痕迹，恰是不应被忽视且值得深入研究和探讨的重要历史存在。

二、注重时空逻辑、层层推进的系统化记录和研究。建筑考古学的核心是建立尽可能精细的建筑形制时空框架，以提高建筑的史料价值，使建筑成为社会历史文化的可靠见证和追溯途径。要实现这一目标，就必须重视调查的全面性，研究的系统性、逻辑性。任何建筑形制的历史演变都离不开具体时空的承载。在不同时空之间，建筑形制又存在联系交流和互相影响的情况。当我们希望更精准地研究建筑形制的年代问题时，就必须对研究对象的空间范围加以限定，反之亦然。所以，在建筑考古学研究中，会呈现出研究空间范围由小及大，研究时段由短及长，研究对象由具体到多样的特征。《四川古建筑调查报告集》丛书聚焦四川省内，从各个单体建筑的全面记录、测绘和精细年代研究起步，由点及面，细分地区地逐渐展开。这种有步骤、有层次的研究，体现了建筑考古学见微知著的系统化研究路径。

三、不懈探索，精益求精的创新精神。工欲善其事，必先利其器。这套丛书的作者们在一次次的田野调查中逐步积累出了一些新方法和新经验，例如为更全面地提取测绘对象的历史信息，自制调查工具。作者李林东在北大学习期间，了解到普通数码相机改造为红外相机的方法，在四川工作期间，将其灵活运用于古建筑考察之中；作者赵元祥在前者改造的相机基础上，又探索出配套的装备和具体工作方法，从而在多处古建筑构件上，发现了被黝黑的油饰覆盖、肉眼无法观察到的大量题记。这些题记记录了重要的历史文化信息，与建筑形制相配合，形成了一系列建筑年代和历史文化研究成果。他们的创新之举也完善和规范了四川地区文物建筑田野记录的工作范式，极大地推动了四川地区古建筑研究保护事业。

　　最后，借此机会，向成都市文物考古工作队、成都文物考古研究院表达我的敬意。我相信，四川的古建筑，会记住所有为之付出过心血的人，因为文物工作者的生命，从来都与他们的研究对象融为一体。在古建筑中发现历史的脚步，感悟古人的匠心；在古建筑中见证今人的坚守，领悟专业的智慧。相信《四川古建筑调查报告集》丛书，可以带给读者这份收获。

徐怡涛

北京大学考古文博学院

序
二

一、四川古建筑概述

四川省位于我国西南内陆，历史文化底蕴深厚。古建筑作为人类活动的重要遗存，是人们曾经创造的活动空间与场所，蕴含着诸多历史信息。每一地的古建筑都是当地历史进程的实物例证。

提起四川古建筑，最容易让人联想到的便是汉阙。早在 20 世纪初，考察中国的西方汉学家便已注意到这种类似于西方纪念碑式的石质建筑。20 世纪 30 年代，中国营造学社在四川地区调查时，也对雅安高颐阙进行过测绘。除了汉阙之外，四川地区还出土了大量汉代陶楼、陶屋及汉画像砖，汉代崖墓中也多有仿木构建筑的结构和装饰。这些考古实物连同屹立于地面的汉阙一起，为我们勾勒出了四川汉代建筑的形象。

魏晋南北朝时期，四川古建筑的情况可以从成都市中心考古发掘出的众多砖瓦构件窥知一二。

隋唐时期，伴随着地方经济和文化的发展，佛教在四川地区一度繁荣。留存至今的这一时期的文化遗存几乎都是与佛教相关的摩崖石刻以及佛塔。在展现净土变的摩崖石刻中，通常会雕凿出华丽的建筑形象来展示极乐世界的美好景象。在地面实物不足的情况下，这些建筑形象为我们了解四川唐代建筑提供了重要的参考依据。

南方地区由于战争和气候等原因，现存宋元木构建筑数量远不及北方。四川作为南方地区现存宋元木构建筑最多的地区之一，单体建筑的总数也未超过 10 座。这些建筑多位于远离城镇的丘陵地区，因此得以躲过屡次战乱，幸存至今，如南部醴峰观大殿、阆中永安寺大殿、蓬溪金仙寺大殿等。另有宋元时期的砖塔，因不易烧毁，在城市之中亦有留存，如简阳白塔、南充白塔和蓬溪鹫峰寺塔等。

明代的四川，繁荣程度虽然不及宋代，但由于距离现世较近，留下了数量众多的地面建筑。这些建筑种类丰富，以寺庙类为主，包括佛寺、道观、祠庙等，其中又以佛寺数量最多。既有像平武报恩寺、梓潼七曲山大庙这样规模宏大的建筑群，也有一些并不知名的乡村小寺。

此外，一些县市保留了明代的城墙和城门，明代的文庙及民居建筑则留存较少。

在明代，四川地区流传着两种来源不同的营造技艺，一种源于本土，继承了宋元时期建筑的若干特点，明初的许多建筑即是如此；另一种则来自于明代官式建筑，最可作为代表的当属明代蜀王府及其相关建筑。可惜蜀王府早已被毁，今天只能通过蜀王府遗址和墓葬推断当时地面木构建筑的形象。除蜀王府以外，现存安岳道林寺大殿、平武报恩寺等建筑，也表现出了强烈的官式建筑特征，很可能是当地信众聘请了掌握官式建筑技术的工匠所建造。明代中期开始，官式建筑的做法逐渐被民间的本土建筑所吸收。至明代中晚期，长江中下游的建筑做法亦开始影响到四川地区，这些影响是如何开始的，又是如何演变的，很值得我们深入研究。

明末清初，是四川地区的重大历史转折阶段。川内不同的区域因受战乱破坏的程度不同，而有着不同的景象。川西平原受到的破坏最为严重，许多城镇被纵火烧毁，以至于该地区现存的明代及以前的古建筑非常稀少。以成都旧城为例，没有一座早期建筑能幸存至今。而在局势较早稳定的川北（保宁府）地区，城镇没有进入漫长、持续的荒废阶段，许多旧有的建筑都得以保留，清初的建筑形制也与明末一脉相承，没有明显的断层。四川保存至今的清代古建筑数量和种类都远超过去历代之和，而且种类非常丰富，前朝没能保留下来的宗祠、会馆、园林、考棚、书院等类型均有完整的实例留存。无论建筑等级高低，建筑形制在清初以后趋于稳定，抬梁式做法彻底消失，取而代之的是四川清代特有的穿斗结构。此外，许多清代少数民族的寺庙、民居也保留到了今天，有着与汉族建筑不同的营造方式和因地制宜的特色。

二、调查工作缘起和过程

对四川古建筑的调查和研究积累到今天，已经有了不少成果。这些成果中，最珍贵难得的是 20 世纪抗日战争时期中国营造学社的川康古建筑调查。学社成员在梁思成、刘敦桢的带领下，秉承营造学社的学术理念，克服战时各方面的艰苦条件，奔赴实地进行测绘踏查，给我们留下了大量的图纸和照片。可惜调查成果在学社解散以后部分佚失。

之后的半个多世纪里，四川地区的古建筑研究虽然一直在进行，但一直缺乏系统的调查和整理，或以零星的专题文章发表，或以简介汇编的形式出版。20 世纪 90 年代以来，一些学者开始思考如何借鉴考古学的理论和方法来更好地判断古建筑的年代。回顾过往的古建筑研究，在文献不足的情况下，对建筑的年代断定多停留在经验判断层面，主观性和随意性较大。如果对一座建筑年代的认识有偏差，那么后续的研究就会建立在一些不符合历史真实的假设之上。因此，和考古学一样，年代问题是我们正确解读古代建筑历史文化价值的基础。

21 世纪初，古建筑的形制年代学和单体建筑断代方法在北京大学考古文博学院文物建筑专业师生的努力下，有了一些很好的实践案例。其率先在华北地区修正了不少古建筑的年代判定。我们的理论知识即受益于这些实践之中，在我们开始工作以后，也想将这种科学的断代方法应用到四川的古建筑研究保护中去。

古建筑的形制年代学，最终目的是要分地区建立起一个有时间纪年的断代标尺。这把标尺上的年代刻度，是由若干处有明确纪年的古建筑构成的。因此，为了实现"建立四川古建筑年代标尺"这一目标，为了丰富标尺上的刻度，就需要在四川进行大量的田野调查，从中寻找到有可靠纪年的建筑。

2008 年"5·12"汶川大地震之后，我们开启了古建筑的调查和资料收集工作，在随后的几年里，发表过一些单独的古建筑调查报告，均是一些可以作为标尺的纪年建筑，如青白江明教寺觉皇殿、盐亭花林寺大殿等，但在调查整理的过程中，仍感到力度和效率上的不足。从 2017 年开始，我们先对四川省内现有的文物保护单位和第三次全国文物普查后的古建筑普查登记点进行了资料梳理，筛选出了公布年代为明代或明代以前的一批古建筑名单，共计一百余处。我们计划逐一对这些古建筑进行田野调查和研究，并将成果以调查报告形式出版。

在现场测绘中，我们采用三维激光扫描仪，大大提升了数据采集的速度和准确度；利用红外相机，可以拍摄到肉眼无法辨认的墨书题记。除了科技设备的使用，我们在调查中也注重观察记录建筑本体遗留的各种痕迹，从中发现各种历史线索，重新审视每座建筑的判定年代。在条件允许的情况下，我们还会对古建筑构件进行木样采集，以便后期进行实验室树种鉴定或碳十四测年。

三、期寄与展望

四川数量庞大的古建筑是前人留给我们的巨大财富，如何认识、整理、研究它们，是文物保护工作者长期的历史使命。有幸在多方支持下，我们的田野调查工作进展顺利，调查报告的撰写也在同步进行之中。《四川古建筑调查报告集》丛书会根据进度，陆续单卷出版，希望能为将来的古建筑深入研究和保护工作提供依据，也欢迎社会各界读者提出宝贵意见。

本卷内容提要

　　本书是《四川古建筑调查报告》丛书的第二卷，共收录 7 篇古建筑调查报告和 1 篇木材树种鉴定报告。每篇报告在标题页下均配有二维码，读者可以通过扫码在线浏览该处建筑的虚拟现实（VR）全景照片，获得身临其境的感受。

　　本卷调查对象包括：广元市剑阁县白兔寺，南充市阆中市永安寺、精兰院，南充市南部县醴峰观、永安庙、报恩寺，绵阳市盐亭县花林寺。这 7 处寺庙都分布于川北地区，建造年代自元代至清代早期。在每篇报告中，我们将每座寺庙中年代较早的木构建筑作为重点调查对象，撰写详尽的调查报告；其他年代较晚的清代建筑，则只做基本调查，以概述的形式予以记录。

　　本卷沿袭了第一卷的编写体例。每篇报告均是在现场测绘、记录以及相关历史文献的搜集、梳理基础上，遵循报告体例写作而成。每篇报告主要包括以下内容：根据文献、档案梳理寺院的历史沿革；介绍建筑群的地理位置、布局、环境等；详细描述重要建筑的结构形制；释读碑刻题记；介绍壁画、彩画等附属文物；综合上述调查成果，对建筑年代、历代改修情况、建筑所反映的历史作出判断和分析；文末附建筑单体完整测绘图。

　　木材树种鉴定报告在最后独立成篇，包括本卷收录的 5 处古建筑的 64 个木构件样品，列表记录了每个样品的取样位置、显微切片照片，通过与标准图录比对鉴定其至属。

　　永安寺大殿、醴峰观大殿是较早被列为全国重点文物保护单位的建筑，地方文物管理部门和研究机构也对这两座建筑有过较为详细的调查和记录，学界更多次将它们作为四川元代建筑的典型案例进行研究。通过本团队的调查研究，可以确认这两座建筑的修建时间与文物档案中记录的时间相符，是两座元代纪年建筑。与以往的调查相比，本卷中的调查报告更深入地观察了建筑构件本身的细节做法，也对相关历史文献进行了更全面的整理和考证，并进行了木材取样和树种鉴定。

　　花林寺大殿、永安庙大殿是本团队近年来调查次数最多的四川早期纪年木构建筑。这两处建筑以往未能获得足够关注，花林寺大殿被认为修建于明代晚期，永安庙大殿也只记为明代建筑。团队主要成员曾在 2015 年发表过花林寺大殿的调查简报，在本卷报告编写过程中，我们又对这座建筑进行了构件年代的核实，补充了 2015 年调查中疏漏的部分，从而形成了新的调查报告。在永安庙大殿的调查过程中，本团队根据建筑形制和当地家族文献、碑刻以及题记判断其修建年代为明代洪武时期。在我们调查研究成果的基础之上，通过地方文物部门的努力，这两座建筑于 2019 年一起被列入第八批全国重点文物保护单位。

报恩寺大殿的题记保存相当完整，纪年题记也清晰可辨，但其中出现明正统和清顺治十一年（1654 年）两个时间，以往的文物调查中认为此殿外檐用斗栱，因此记为明代建筑。经过我们的调查和分析，这座建筑的修建年代重新被判定为清顺治十一年（1654 年），作为一座清初纪年建筑，为学界了解四川地区明末清初建筑的变化发展提供了重要的实物例证。

白兔寺天王殿和精兰院大殿这 2 处建筑的建造年代较为复杂，每一座建筑都存在着多时代构件共存的现象。白兔寺天王殿保留的明代原始结构较多，其次间、梢间采用穿斗式屋架，且根据一些构件上的彩画推断应当不是后期改建，故明代露明的厅堂式屋架采用穿

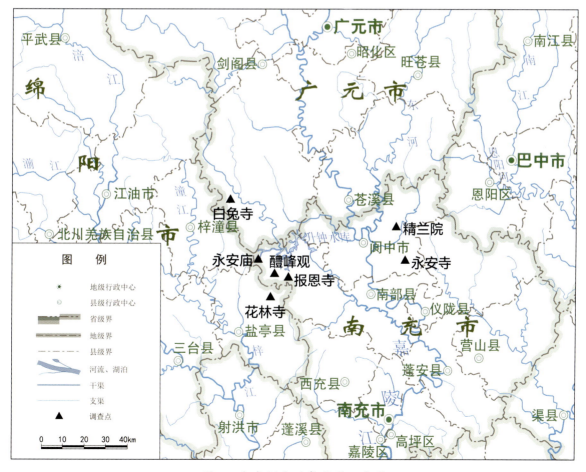

图 1　本卷调查对象位置示意图

斗式为此处仅见。这座建筑的外檐部分构件和斗栱经后期改造最为明显，但改造的年代和不同形制的早晚关系尚不能确定。精兰院大殿只有少数构件具有明代形制特点，但其上未发现能够证实年代的题记，绝大部分构件呈现出清代的形制特点，并写有乾隆时期的题记，因此精兰院大殿是一座含有少量明代构件的清乾隆时期建筑（图1；表1）。

表1   本卷调查对象基本信息表

文保单位公布名称	现代区划	古代区划	现文保级别	重点调查对象			
				建筑名称	现公布年代	调查后判断主体结构年代	是否是纪年建筑
白兔寺	广元市剑阁县	保宁府剑州	第八批省保	天王殿	明代	明成化五年（1469年）重建	暂未确定
阆中永安寺	南充市阆中市	广元路保宁府阆中县	第五批国保	大殿	元至顺四年（1333年）	元至顺四年（1333年）	是
阆中精兰院	南充市阆中市	保宁府阆中县	第九批省保	大殿	明—清	清乾隆元年（1736年），含有少量明代构件	暂未确定
南部醴峰观	南充市南部县	广元路保宁府南部县	第六批国保	大殿	元大德十一年（1307年）	元大德十一年（1307年）	是
南部永安庙	南充市南部县	保宁府南部县	第八批省保	大殿	元—清	明洪武时期	否
南部报恩寺	南充市南部县	保宁府南部县	第七批省保	正殿	明代	清顺治十一年（1654年）	是
花林寺大殿	绵阳市盐亭县	广元路保宁府南部县	第八批国保	大殿	元代	元至大四年（1311年）	是

目录

释　名

本报告集涉及四川地区元、明、清三代的建筑，彼此间存在显著的时代差异与地域特征，为使名词术语所指明晰，作此释名。

宋《营造法式》与清工部《工程做法则例》是研究中国古代建筑最重要的两部"文法课本"，其中所记载的名词术语是目前描述古代建筑所用词汇的主要来源。但两书均为官修，代表宋、清两朝的官式建筑，而四川建筑的发展脉络与形制做法有其地域性特点。

目前已发现的四川木构遗存大致可划分为三个发展阶段：元代建筑承袭唐、宋，而且由于两宋南北交通受阻，其形制区别于北方却保留了不少古制；明初，以蜀王府等官式建筑的兴建为契机，明官式做法进入四川，此时两种做法的建筑并存，在经历了明中期的大规模建设后，官式做法与地方做法融合并固定下来；明末清初的战争给四川地区古建筑造成了严重破坏，清初以后建筑形制逐渐转变为穿斗结构。

四川穿斗建筑的研究始于中国营造学社 1939 年开启的川、康古建筑调查。期间，刘致平先生根据所调查的大量民居完成了《四川住宅建筑》一文，其中总结了地方工匠术语，首次在学术语境中使用了"穿斗"这一词汇，并将四川民居的梁架形式分为"穿斗式列子"和"抬担式列子"两种。由于"穿斗"等相关名词术语均与四川方言关系密切，采用地方术语更能体现其营造思想与结构逻辑。

综上所述，本报告中使用的建筑名词术语遵循以下原则：

1. 元代及承袭元代做法的明初大殿，采用宋《营造法式》术语系统。其余明代至清初大殿采用清《工程做法则例》术语系统。

2. 清代穿斗结构的建筑，以刘致平先生《四川住宅建筑》中整理的术语为主，兼顾目前本地工匠通行术语，尚未获得准确名称的，再参考《工程做法则例》命名。

3. 部分清初大殿采用抬梁与穿斗混合的梁架，另有早期建筑在后期改造中局部使用了穿斗结构，这些无法纳入《营造法式》或《工程做法则例》体系，则采用穿斗术语进行描述。

4. 现实案例中出现与《营造法式》或《工程做法则例》无法完全契合的构件时，优先参考位置相近的构件命名，并附以必要定语相区别。

5. 关于《营造法式》中"华栱"的别称，目前学界并存"抄""杪"两种观点，本书从"杪"。

最后需要指出，《营造法式》与《工程做法则例》的术语系统并不完全符合四川的情况，本报告受篇幅所限无法进行深入讨论，所采用建筑术语仅求前后统一，不涉及其他学术观点。

考虑到一般读者对四川穿斗建筑术语较宋、清官式建筑术语更为陌生，以下采用对照列表形式，将各术语系统中位置相近的构件名称列出，以资参照（表1）。

表1　　　　　　　　　　　　　　　　　构件分类名称对照表

构件分类		元至明初大殿（参考宋《营造法式》）	明至清初大殿（参考清《工程做法则例》）	穿斗结构		
				穿斗架	抬担架	注释
进深方向	金柱与金柱之间	栿、梁	梁	穿枋	抬担 / 过担	进深方向金柱之间联系构件统称穿枋，截面一般为纵长方形；抬担通常用于室内不设中柱时，截面较一般穿枋宽，或采用圆形截面；穿枋与抬担的命名均为由下往上依次命名，如一穿、二穿，一过担、二过担等
		顺栿串	随梁			
			承重	一穿	一过担	楼房中除满堂柱外，二层楼面由一穿或一过担支承
		叉手	叉手	四川明清建筑尚存叉手，名称因袭《营造法式》		
		内额横架	四川元明建筑地方做法，指明间中部内额支承的附加结构，形制与正缝梁架相同			
		大叉手	四川元明建筑地方做法，指明间中部脊槫两侧斜梁组成的人字形支承结构			
	金柱与檐柱之间	乳栿	双步梁	步枋、挑枋		檐柱与金柱之间，伸出檐柱另承檩的称挑枋，不伸出檐柱的称步枋；挑枋与步枋按位置可命名为上、下挑枋，上、下步枋
		劄牵	单步梁			
		顺栿串	随梁	步枋		
顺身方向		槫	桁 / 檩	檩		
		橑檐枋、橑风槫	挑檐枋、挑檐桁 / 挑檐檩	挑檩		位于挑枋上，檐柱以外的檩；若采用双挑枋，挑檩按位置分为内、外挑檩
		牛脊槫、承椽枋	《营造法式》中檐柱与橑檐枋之间的承檐构件，《工程做法则例》中无对应结构，清承椽枋一般指重檐建筑中上层小额枋			
		顺脊串	脊枋	天欠 / 大梁 / 正梁		明间天欠又称大梁或正梁
			楞木	楼欠		用于楼房，上承楼板，由一穿支承

续表1

构件分类	元至明初大殿（参考宋《营造法式》）	明至清初大殿（参考清《工程做法则例》）	穿斗结构		
			穿斗架	抬担架	注释
顺身方向	素枋	金枋	挂枋		
		檐枋			
	普拍枋	平板枋			
	阑额	大额枋	照面枋／落檐枋		照面枋命名依据其位置分内外、上下，与功能无关
	由额	小额枋			
	屋内额	棋枋	内照面		
		花台枋			
	门额	关门枋			
		间枋			
	地栿	下槛	地脚枋		
	绰幕枋	雀替			
	生头木	枕头木	塞角		
屋顶	闃头栿	踩步金	穿枋		
	大角梁	老角梁	角梁／龙背		
	子角梁	仔角梁	大刀木		
	隐角梁				
	递角栿（按惯例）	斜挑尖梁（按惯例）	翘角挑		角部斜45°的挑枋
			虾须		位于挑檩外侧，固定在挑檩与大刀木之间，为翼角椽提供外侧支承
	搏风版	博缝板	博缝板		
垂直构件	檐柱	檐柱	檐柱		穿斗结构可用落地柱与瓜柱的数量描述进深，如 X 柱 Y 瓜，其中 X 为落地柱数，Y 为不落地柱数
	内柱	金柱	金柱		
	蜀柱	瓜柱	瓜柱		
		垂莲柱	吊瓜		
			坐墩		位置与吊瓜接近，但底部有挑枋支承
			撑弓		挑枋与檐柱间的斜撑
	驼峰	柁墩			
		荷叶墩			

续表1

构件分类	元至明初大殿（参考宋《营造法式》）	明至清初大殿（参考清《工程做法则例》）	穿斗结构		
			穿斗架	抬担架	注释
斗栱	栌斗	大斗			
	交互斗	十八斗			
	散斗	三才升／小斗			
		槽升子			
	鬼斗	借用日本建筑史术语，指斗底旋转45°的交互斗，安装在平盘斗的位置			
	华栱	翘			
	瓜子栱	瓜栱			
	慢栱	万栱			
	扶壁栱	正心栱			
	泥道栱	正心瓜栱			
	泥道慢栱	正心万栱			
	令栱	厢栱			
	素枋／罗汉枋	拽枋			
	素枋／柱头枋	正心枋			
	挑斡	秤杆			
小木作	门额	上槛	照面枋		用照面枋时通常不另设小木构件安门
		中槛	中枋		门窗较窄较矮时，于照面枋下安立枋，立枋之间另设较短的中枋围成门框
	立颊	门框	立枋／撑枋		竖直分隔构件，将墙面分为较小单元
	立旌	间框／立框			
	槫柱	抱框	抱柱枋		柱子两侧的立枋，起到找竖直的作用
	横钤	腰枋	中枋		水平分隔构件，将墙面分为较小单元
	鸡栖木	连楹	门墩		
	平棊枋／算程枋	天花支条			

浏览全景照片
请扫描以上二维码

白兔寺位于四川省广元市剑阁县西南约 90 公里的开封镇白兔村，原有上下两寺，1988 年公布为剑阁县文物保护单位。白兔上寺现已不存，下寺于 2012 年公布为第八批四川省文物保护单位。白兔下寺由天王殿、两厢和大雄宝殿组成，其中天王殿为明代建筑，具有较高的文物价值。2017 年 5 月、2020 年 8 月，成都文物考古研究院在白兔寺开展调查和数字化测绘，现将主要调查成果报告如下。

一　地理区位及历史沿革

剑阁县明清时期为剑州，隶保宁府。明代州境内分普城、广义、剑门 3 里，白兔寺属普城里，洪武三十年（1397 年）在广元设利州卫，剑州境内分布有部分驻军和屯田，正德十一年（1516 年）知州李璧创设多处场市[1]。清代州境分为 3 乡，同治年间又划分 13 保，场市增至 48 处，白兔寺属广诚保，治开封庙，即今开封镇。清同治以后新增 30 处场市，其中碗泉山属广诚保。1913 年，剑州改为剑阁县，1914 年改 13 保为 13 团，1924 年废除 3 乡[2]，1930 年改团为区，1935 年将各区合并为 6 个区署，1936 年调整为 4 个区、26 个联保，白兔寺属第二区开封联保，后又经多次调整。1951 年，剑阁县设

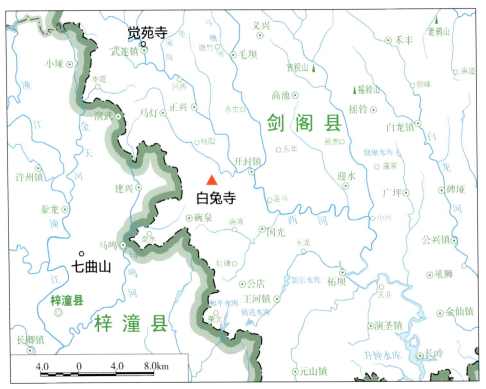

图 1　白兔寺位置示意图

---

[1]（明）杨思震纂修《保宁府志》卷一"疆域"条、卷四"街坊"条，嘉靖二十二年刊本，中国国家图书馆藏。

[2]（民国）张政等纂修《剑阁县续志》卷一，收入《中国地方志集成·四川府县志辑》第 19 册，巴蜀书社，1992，第 873 页。

图 2　白兔下寺组群航拍图

8区，第三区下设开封、碗泉等9乡，白兔寺属碗泉乡，1985年开封乡改建为镇[3]，2020年5月撤销碗泉乡并入开封镇[4]。

　　碗泉山传说是文昌帝君出生地[5]，也是涪江支流潼江水系与嘉陵江支流西河水系的分水岭，白兔寺即在西河水系一侧。西河在剑阁县境内自北向南流经武连镇、开封镇，至长岭汇入升钟水库。这一带属台梁低山宽谷区，山体宽厚，沟谷发育，岭谷交错[6]。开封镇西约5公里处，有两溪交汇形成五六百米宽的河谷平原，白兔下寺就位于这块平原中央。这里到梓潼七曲山或剑阁武连觉苑寺路程均约23公里（图1、2）。

　　以"白兔"作为寺名较为罕见，但在全国也不止一处，寺名来历大多与白兔显化的传说有关。我国大部分种类的野兔只有白化病等极少数情况才会呈白色。白兔在古代是一种祥瑞的象征，《宋书·符瑞下》称"白兔，王者敬耆老则见"[7]。自东汉蔡邕以来，屡见孝子庐墓时有白兔驯扰墓侧

［3］四川省剑阁县志编纂委员会编纂《剑阁县志》，巴蜀书社，1992，第139~150页。

［4］《四川省人民政府关于同意广元市调整苍溪县等3个县部分乡镇行政区划的批复》，川府民政〔2020〕1号。

［5］四川省剑阁县志编纂委员会编纂《剑阁县志》，巴蜀书社，1992，第851页。

［6］同上书，第91、92页。

［7］《宋书》卷二十九《符瑞下》，中华书局，1974，第837页。

的记载[8]。《唐六典》将白兔列为四等祥瑞中的第三等"中瑞"[9]。汉文佛籍中则有多种版本的兔烧身故事，如《一切智光明仙人慈心因缘不食肉经》载，有仙人在山中修行，遇洪水无法下山化缘，快要饿死，有五百白兔，其兔王携兔崽舍身投火供仙人食用，仙人悲痛不已，立誓世世不再吃肉，自己也投火自尽[10]。剑阁白兔寺的来历在当地有两种传说，一说此地与普安镇争龙穴，比谁的土重，普安在土中掺砂石而获胜，于是县城就设在普安，此地一座山被气得裂开一道大口，飞出一对白鹤建了白鹤寺，飞出一条龙建了回龙寺（白鹤寺在开封镇南国光乡，回龙寺在开封镇西北马灯乡），跑出一对白兔建了白兔寺，山因此名"开口山"，就在白兔下寺西侧；一说源于陕西武功县白兔寺，武功白兔寺传说是因唐太宗狩猎追逐白兔至其地而得名，寺后有李淳风母亲墓，白兔为李母显化，传说剑阁白兔寺周边居民为陕西移民，故将陕西的信仰习俗带到此地，也建了白兔寺。

　　白兔寺创建失考，当地传说创建于明洪武八年（1375年），万历四十二年（1614年）僧洪苍重修，均未见实证。从寺院周围散落的柱础、筒瓦、脊饰等建筑构件来看，白兔寺在明代确实曾存在规模较大的建筑。现存天王殿可能重建于明成化五年（1469年），厢房和大雄宝殿则建于清代。民国十四年（1925年），在寺内创办了初级小学校[11]，直至20世纪90年代仍为村小学，近年始有居士居住。1988年，白兔上下寺被公布为剑阁县文物保护单位。1990年，剑阁县文管所提出了保护范围的初步意见[12]。1991年，剑阁县文管所与碗泉乡党委、乡政府等部门划定了保护范围，并与碗泉乡政府及白兔村委会签订了管理合同书[13]。2012年，白兔寺被公布为四川省文物保护单位。2018年，白兔寺进行了全面维修。

二　寺院布局

　　白兔寺坐北朝南略偏东，地势前低后高，以面阔七间单檐歇山顶的天王殿为寺院入口。天王殿前有一小块平坝，2018年修缮后进行了地面硬化，新建有土地庙、焚炉、钟亭等设施。沿天王殿台基前排列着清代残碑、现代文保碑、功德碑等碑刻。天王殿西侧为新建的厨房，东侧与民房相接。天王

[8]《后汉书》卷六十下《蔡邕列传》，中华书局，1965，第1980页。

[9]《唐六典》卷四，中华书局，1992，第115页。

[10]《一切智光明仙人慈心因缘不食肉经》，《大正藏》第3册，第457~461页。

[11]（民国）张政等纂修《剑阁县续志》卷八"剑阁县学校表"，收入《中国地方志集成·四川府县志辑》第19册，巴蜀书社，1992，第939页。

[12]剑阁县文物保护管理所《剑阁县各级文物保护单位落实保护范围的基本情况和划定保护区的初步意见》，油印本，1990，第14、15页。

[13]剑阁县文物保护管理所《剑阁县文物保护单位管理合同书》《剑阁县文物保护单位划定保护范围情况登记表》，油印本，1991年5月30日。

殿与两厢房和大雄宝殿围成四合院，院落中间用条石铺路连通前、后两殿，路两边石板墁地。厢房各面阔两间，七檩悬山穿斗式结构，带一步前廊。大雄宝殿面阔三间，九檩悬山，抬担与穿斗式混合结构，带两步前廊。大殿西侧接一间耳房，东侧接披檐，都被大殿与厢房间的围墙隔在寺外。现存大雄宝殿规模不及天王殿，但从殿后遗留的柱础来

图3　白兔寺组群布局

看，这里曾有规模宏大的建筑。柱础顶面直径约70厘米，推测原柱径超过60厘米。大雄宝殿后有一排7株古柏，限定了历史上寺院建筑的位置。寺后东侧不远处还有一座民国时期的墓葬建筑，墓主是三名会道门道首，可能曾在白兔寺传教（图3）。

三　天王殿结构形制

（一）平面

天王殿面阔七间，七檩歇山，带周围廊。通面阔23.5、明间宽4、次间宽3.1、梢间宽4.5、尽间宽2.15米。通进深11.32，殿身深7.08，前、后廊各深2.12米。文物档案记载天王殿面阔五间19.1米，为悬山顶[14]，可能是因为两尽间曾被改造，西山屋面延长作为厨房，东山屋面被民房占据改造，只有正面西侧存一条戗脊，因此被误认为五间悬山顶。2018年修缮后，西侧新建了独立的厨房，东侧清退了民房，恢复了七间歇山顶的面貌（图4）。天王殿建于高约1米的条石台基上，前有踏步5级，水泥地面。修缮后，台基正面用水泥抹面，地面改为石板铺地，殿前场地硬化抬高，台阶埋入地下1级。天王殿明间左右缝用四柱，其余各缝加一中柱用五柱。柱础大多埋于地下，露出地面的基本为素面

[14] 剑阁县文物保护管理所《剑阁县各级文物保护单位落实保护范围的基本情况和划定保护区的初步意见》，油印本，1990，第14、15页。

a. 修缮前（2017 年）

b. 修缮后（2020 年）

图 4　天王殿修缮前后

图 5　右二缝前金柱柱础

鼓墩式柱础，唯独右二缝前金柱使用了一个顶面直径 60 厘米的覆盆式柱础，远大于柱径，可能利用了早期建筑的遗构（图 5）。明间及两次间为一大空间，主尊大肚弥勒，两侧立四大天王，弥勒背后在后廊设韦陀。两梢间各分为前、后两个房间，现分别为观音殿、文昌殿、药王殿、财神殿（图 6）。

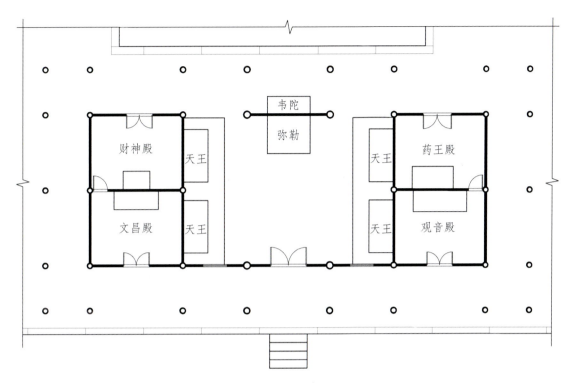

图 6　天王殿平面示意图（修缮后）

（二）立面与斗栱

　　天王殿各柱有明显侧脚，面阔方向侧脚 2%～3%，进深方向侧脚 1.6%～5.4%。檐柱头两面做钟形卷杀，柱间施大额枋一道，额枋为圆形断面，肩部斜杀，中部 5 间的大额枋中间略拱起，尽间则较平直，额枋上用垫块支撑平板枋（图 7）。平板枋断面呈扁平的斗形，采用搭掌榫相接，出头有两种不同的如意形，可能是不同时期的构件（图 8）。平板枋上安斗栱，各柱头上均有柱头科或角科。平身科的布置，前、后檐明间各 2 攒，次间、梢间各 1 攒，尽间不用平身科，山面中间两间可能原各有 1 攒，但已缺失。斗栱可分为前、后檐斗栱，山面斗栱和角科三类。

图 7　天王殿背立面

前、后檐斗栱正心用重栱，为单材栱，材厚110、广140毫米；正心瓜栱长540~690毫米不等，正心万栱长940~1050毫米不等，后檐栱长普遍比前檐略短；栱两端刻出两瓣。出单翘，材厚100、广280、出跳长690毫米；外拽翘头刻出两瓣，底部刻蝉肚三道；里拽较短，刻出三瓣；翘头上施小斗承挑檐枋。柱头科及梢间平身科的单翘上压单步梁，梁头抵至挑檐枋后，明间和次间平身科里拽部分单翘上存有栽销，以前可能装有秤杆之类的构件（图9、10）。

图8 平板枋出头

右山面仅存柱头科3攒，正心用单栱，为单材栱，材厚110、广180、栱长690毫米，两端刻出两瓣。单步梁头作翘头，材厚130、广240、出跳长690毫米，栱头为普通圆弧卷杀，翘头施小斗承挑檐枋，梁尾入金柱。左山面结构整体做工粗糙，平板枋出头雕刻呆板，柱头无砍杀，翘头无卷杀，应是近年根据右山形制复原的（图11）。

a. 柱头科外拽

b. 柱头科里拽

图9 前檐柱头科

a. 后檐右梢间平身科外拽

b. 前檐明间平身科里拽

图10 平身科

a. 右山柱头科

b. 左山斗栱

图 11　山面斗栱

a. 右前角科

b. 右后角科

图 12　角科

　　角科只是在大斗上置两根枋木十字相交，同样可能经过后期改造，材厚 100、广 280 毫米，长约 1.6 米。枋木一端施垫块承正心枋及正心檩，一端承挑檐枋（图 12）。因前、后檐斗栱总高度高于山面斗栱，为了在转角处使挑檐枋、正心檩取齐，需要对构件做不同的调整。以右后角科为例，后檐尽间的挑檐枋向转角生起，正心枋和正心檩则向转角下降；山面尽间的挑檐枋向转角生起，山面正心枋压在后檐正心枋下，正心檩随之生起（图 13）。

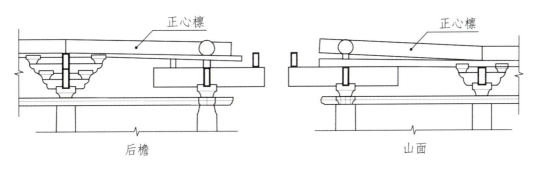

图 13　右后角科正心檩调整情况

图 14　明间右缝屋架

图 15　左二缝屋架

图 16　左三缝屋架

（三）梁架及屋顶

天王殿明间左、右缝屋架为抬梁式。檐柱与金柱间有穿插枋及单步梁相连，断面均为矩形；前、后金柱间原有五架随梁，原构已缺失，现存为2018年补配。金柱上承五架梁，五架梁上承金瓜柱两根。金瓜柱上承三架梁，三架梁上承脊瓜柱，脊瓜柱下施带雕饰的角背。瓜柱做鹰嘴砍杀，即柱脚两侧各做两道抛物线形内凹砍杀；梁柱交接处，柱头开一字口，梁头下半部做箍头榫扣入柱头（图14）。

左右第二、三缝屋架均为穿斗式。前、后廊部分与明间相同，前、后金柱间穿过中柱施地脚枋及两道穿枋，一穿高度与明间五架随梁相当，二穿上承瓜柱，前、后瓜柱间过中柱施三穿。第三缝屋架与第二缝的主要区别在于二穿为圆形断面，以搭山面椽子（图15、16）。

纵架结构为前、后下金檩轴线上，殿身五间每间施地脚枋及照面枋，梢间照面枋比明间和次间略低。脊檩轴线上施天欠，由明间向梢间位置逐间降低，檩、欠之间立一根方形短柱支撑。前、后上金檩轴线上，只有明间施上金枋，金枋两端榫头穿透瓜柱，在次间一侧未见安装过其他构件的痕迹（图17、18）。

屋面钉椽子和飞椽，均为扁长方形断面，椽头、飞头钉吊檐板。翼角部分已非原构，角梁尾入第三缝排架金柱，翼角平行布椽，无仔角梁、虾须等构造（图19、20）。

椽子上直接铺筒瓦屋面，2018年

图 17　明间、次间纵架

图 18　梢间纵架

图 19　翼角结构

图 20　角梁后尾

修缮前，采用龙纹勾头、麒麟纹滴水，勾头瓦和部分筒瓦上有瓦钉痕迹，铺瓦采用拌有麻刀的黄泥，正脊采用烧制的云纹通脊砖，及现代新塑的中堆和双龙。修缮后，屋面全部换用新瓦，旧瓦件和脊饰部分堆放于大雄宝殿后，部分用于砌筑天王殿前的土地庙、焚烧池等设施。旧筒瓦宽 15 厘米，不含瓦脖长 33 厘米。瓦脖至少有单层唇和三重唇两种类型。瓦内侧表面有连通瓦身和瓦脖的布纹，说明瓦身与瓦脖是在上细下粗的瓶形内模上一次成型制作的，而非做好瓦身后粘贴瓦脖（图 21、22）。旧通脊砖上刻有编号文字，部分旧筒瓦上刻有铭文（详见下文）。推测这些瓦件中包含了明代至清代早期几个不同时代的产品。

a. 修缮前（2017 年）

b. 修缮后（2020 年）

图 21　屋面修缮前后

a. 勾头

b. 滴水

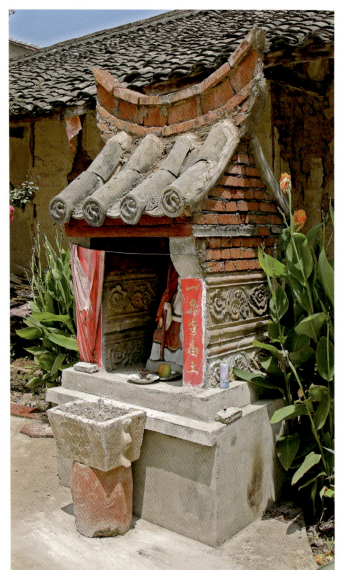

c. 单层唇瓦脖

d. 三重唇瓦脖

e. 通脊编号"有一"

f. 通脊编号"十四"

g. 旧瓦件砌筑的土地庙

h. 旧脊饰砌筑的焚烧池

图 22　旧瓦件

图 23　前檐明间大门痕迹　　　　　　　图 24　后檐右次间编壁痕迹

（四）装修

天王殿现存的墙体、门窗大都经过后期改建，原有构造只能通过遗痕推测。

明间前金柱之间的照面枋正面有两个门簪留下的扁长透眼，底面有两个安装门框的槽口。照面枋下的金柱侧面有编壁留下的槽口，再下有一道较细的中槛，也是正面开两透眼，底面有两槽口。中槛下装两根门框，门框之间施门额，门额上用两颗门簪钉连楹，连楹下安板门。以上遗痕表明大门至少在三个不同时期安装在不同位置上（图 23）。

次间后金柱之间的照面枋底面正中存 1 个槽口，且柱子侧面有一列小长方形凹槽，推测照面枋下原有撑枋，将开间分为左右 2 块，撑枋与柱子间做编壁。右次间照面枋中央槽口两侧还各有 1 槽口，可能另一时期曾有 2 根撑枋将开间分为 3 块（图 24）。如果后金柱轴线上两次间均为编壁墙，那么明间可能是原门道位置，现状的扇面墙、大肚弥勒像、韦驮像均为后期添加。

四　题　记

白兔寺天王殿原保存有多处墨书题记、建筑彩画，大雄宝殿也有少量墨书题记，2018 年修缮后所有木构件被重新涂刷油漆，题记、彩画已全部不可见。部分瓦件和石制品也刻有题记[15]。

（一）题记

2018 年修缮前，天王殿发现题记 7 条，大雄宝殿发现题记 1 条（图 25）。

1. 明间脊枋

上祝：皇纲大振，五谷丰登，佛日增辉，法轮常转。

---

[15] 题记碑刻录文中，"□"表缺一字，"……"表无法判断字数的缺字，"｜"表换行，一行内又分多行的，多行内容外加"[　]"，各行用"｜"隔开，"（　）"内文字表根据文义或其他文献补足的缺字。

2. 明间前上金枋

时太岁己丑年玖月辛巳朔四日甲申黄道大吉，当代主盟比丘悟通，修造徒了性、［了春」了深，］伏愿镇静咸安，重建。

查朔闰表，自汉代以来只有明成化五年（1469年）符合己丑年九月辛巳朔的条件。

3. 左一缝五架梁

……润，［典科王志高」训术郑，］六房司典，里老［唐念先」魏」郭，］禄位重增，谨题。

典科即医学典科，训术即阴阳训术，六房司典即府州县或卫所下的吏、户、礼、兵、刑、工六房吏员中的司吏和典吏。里老又称里老人、耆老等，明初制定了乡里推举德高望重的老人作为里老来解决民间纠纷的制度。

4. 右一缝五架梁

中间向后　……挥……张……百户……

中间向前　……恩荣官……使……增……

5. 右一缝后穿插枋

……助力……

6. 左梢间后檐额枋

云水助缘僧［……」……］彰明信士［史大□、蒲氏大、张……龚……张□□、段宗□……］

本□助缘信士［吴□、唐志□……曹……］等题。

云水僧即游方僧人。彰明，后唐同光元年（923年）昌明县改名彰明县，治今江油市彰明镇，明洪武十年（1377年）撤彰明县并入绵州，洪武十三年（1380年）复置，清顺治十六年（1659年）又撤县并入绵州，雍正六年（1728年）复置，1958年与江油县合并。

7. 右梢间后檐额枋

……信……［……严……张……岳休，］前卫□□□［夏……］……

题记4出现"百户"，题记7出现"前卫"，都是明代卫所制度下的官职或机构，在四川都司30余个卫所中，称为前卫的只有成都前卫。远在成都的前卫军官如何与此处偏远乡村寺庙发生联系，或许是寺僧曾往成都一带募化，如雅安观音阁在明天顺年间重建时，住持妙能即在建昌卫等地募集资金[16]。此外，白兔寺营建的时间与朝廷赏赐镇压赵铎起义军士的时间恰好吻合。天顺八年（1464年），德阳人赵铎、汉州僧人悟昇等发动起义，曾攻陷剑州城[17]，四川都司都指挥使何洪率军从成都兵分三路向彰明方向进军，在梓潼朱家河交战，何洪战死，后官军与起义军在梓潼、彰明等地多次交战，

[16]（清）曹抡彬等修《雅州府志》卷十四《艺文上》，收入《中国地方志集成·四川府县志辑》第63册，巴蜀书社，1992，第650页。

[17]（清）李溶等修，李榕等纂《剑州志》卷十《剑州钟鼓楼记》，收入《中国地方志集成·四川府县志辑》第19册，巴蜀书社，1992，第840页。

T1   T2   T3 局部   T6   T7 局部   T8

图 25 题记

主战场距白兔寺仅数十公里，最终于成化元年（1465 年）在江油与平武交界的石子岭斩杀赵铎[18]。由于明代的军功覆勘十分拖沓，直到成化五年（1469 年）三月，朝廷才对此战阵亡及斩贼有功的官军进行了升赏[19]。这一时间恰巧在成化五年（1469 年）九月营建白兔寺天王殿之前不久，成都前卫的军官可能在此背景下资助了白兔寺营建。

[18]《明史》卷一百七十五《何洪列传》，中华书局，1974，第 4658 页。

[19]《明宪宗实录》卷六十五，"中央研究院"历史语言研究所校印，1962，第 1312 页。

8. 大雄宝殿明间脊枋

上祝：当今皇帝万岁万岁万万岁，太子千秋千千秋，伏愿尧风永扇，舜日恒存，八方歌有道□□君，四……

（二）瓦石铭文

白兔寺三普档案中收录了1件带铭文筒瓦的照片，此次调查又发现2件带铭文瓦（图26）。

1. 三普档案中筒瓦

……开山老爷殿内滩柱一根□□」天王殿龙骨椽条望板普□发心」募化住持院主念礼出心水米一粒」不用又捐银布铁□□纸早晚又添」斋茶十分多费」另各造僧众助力同揭五殿祈僧家」登……相传

2. 勾头瓦

本山正其二派二十人

3. 筒瓦

师友念□、念［□］□、］［刘□伟……」彭杨……]」□□年二月初一日，一□四升」本山院主念［礼、明］……」化……洪庵……林……奇」应供十方僧人……」其僧人□□会口……

a. 三普档案中筒瓦　　　　b. 勾头瓦　　　　c. 筒瓦

图26　带铭文瓦件

瓦1、3都提到院主念礼，可知两瓦为同一时期，且与题记2中的比丘悟通、徒了性等人不同时。从"天王殿龙骨、椽条、望板"可知，天王殿屋面原做法为椽上先钉望板再铺瓦，与现状做法不同。

4. 石香炉

寺前土地庙前有一石香炉，呈倒梯形，两侧有耳，正面刻花卉及铭文"嘉庆陆年柒月初一日」信善王于庸造"（图27）。

图27　石香炉

五　碑　刻

天王殿前存有两块残碑。一为光绪年间官府告示，与团练事务相关，碑上部残缺。一与慈善组织相关，仅存右上角，碑为圆首，雕有凤鸟图案。

1. 光绪团练碑

　　……四川保宁府剑州正堂……」

　　……安庶氓□于弭盗联保□□□□察匪徒恶□类□□□捕盗之法密而且精，况在」……岂可任贼蜂起，置若罔闻□不意近今□案迭出，盗□□炽□地方团练未集，稽查乏」……有武生严汝汉，心常惊怖□贼风一炽，□难安枕，故□□保甲以□文武吏约欲效古」……望相助之意，议振团练，兹奉□□督宪示□及□州主札，俱言弭盗安良，更又难札饬」……协竖□□白兔寺古刹之地，人孰不团练□□四方清宁，凡在团人如遇抢窃匪党类」……锣严缉送官惩办，与贼罪无异，□遇撒癫□讨之丐，移尸搿害遵示掩埋，再有勾引」……之家，履历不明之辈，种种匪类理当□□严革，□有暗纵贼盗殃民徇情受贿，加倍罚」……如此方无愧安民之至意，团练之勤□也。斯事美□可美，其不可者有二，壹□借团诬嗑」……不准挟嫌陷害，团之自然久传云耳。严汝荣……」

（人名见图28）

　　……执获贼盗窝户者，鸣锣齐集，若不速集，重罚。擅伐崇林者议罚。」

　　……癫恶丐不准与给，若与给者，议罚。」

　　……勿□□歹路毙，无人领认者，就地掩埋□□有人□□异□者□□公禀」

　　……光绪□拾年柒月二十六日

（碑阴人名略）

此碑是在清末农民起义蜂拥而起的背景下竖立的，嘉庆五年（1800年）白莲教起义军屯聚于元山场、白龙庙等地；咸丰十一年（1861年）蓝朝鼎起义的一支部队活动于武连驿、开封庙、元山场等处；光绪三十二年（1906年）同盟会李实联合义和团何如道、达兴武起义，从南部县进入元山、仁和、金仙、

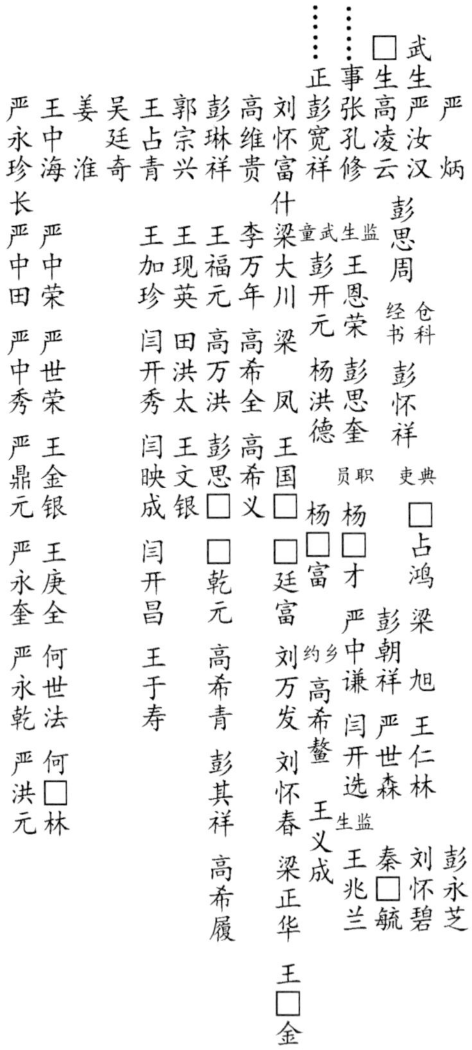

⋮⋮

严炳

武生　严汝汉

□事张孔修　　正彭宽祥

彭思周

仓科　彭怀祥

经书

武生监　王恩荣　彭思奎　杨洪德　彭思□　□廷富　刘万发

童生　王大川　李万年　高希全　高希义　□乾元　高希青　彭其祥　高希履

刘怀富什　高维贵　梁大川　王福元　高万洪　彭思　王文银　□乾元

彭琳祥　王现英　田洪太　王金银

郭宗兴　王加珍　闫开秀　闫映成　闫开昌　王于寿

王占青　吴廷奇

姜廷奇　严中淮

王中海　严中荣　严世荣　王金银　王庚全　何世法　何□林

严永珍长　严中田　严中秀　严鼎元　严永奎　严永乾　严洪元

职员　杨□才　杨□富

典吏　□占鸿　梁旭　王仁林　刘怀碧　彭永芝

约乡　高希鳌　高希谦　彭朝祥　严世森　王义成　秦□毓　刘怀春　梁正华

生监　闫开选　王兆兰　王□金

图 28　碑阳人名

广平、店子垭、演圣寺、厚子铺、白龙庙等处[20]，几次起义都在白兔寺附近。此碑立于"白兔寺古刹之地"，说明当时白兔寺是当地重要的公共活动场所，具有向基层传达政令的功能。"……事张孔修"应为剑州知事，"……正彭宽祥"应为儒学正，方志中对光绪年间知州和学正记录较详细，唯独光绪十七年（1891 年）至二十五年（1899 年）出现空缺，此二人恰未出现在其他年份的职官中[21]，因此推测立碑时间为光绪二十年（1894 年）。从碑阳、碑阴记录的人名可以看出，当地主要有王、严、彭、高、刘、闫、梁、郭、田、何等大姓（图 29）。

---

[20]（民国）张政等纂修《剑阁县续志》卷三，收入《中国地方志集成·四川府县志辑》第 19 册，巴蜀书社，1992，第 895、896 页。

[21]（民国）张政等纂修《剑阁县续志》卷五，收入《中国地方志集成·四川府县志辑》第 19 册，巴蜀书社，1992，第 907~909 页。

图 29　光绪团练碑　　　　　　　　　　　图 30　慈善会碑

2. 慈善会碑

碑首刻双钩"龙华慈善……"几个大字,据残存碑文推测,该慈善会是依托佛教建立的民间会社组织,碑文主要记述会社成立的缘由和会社章程,大概是利用土地产生利息来进行慈善活动(图 30)。

凡我同人……｜□□门不合……｜来之□则为……｜佛教意在退取……｜某土田一□招……｜会为三一……｜无定章慈善会……｜济孤会尚为孤……｜设有极力以赞……｜是生□以今日……｜□□之太……

六　彩　画

天王殿主要木构架经过后期涂刷油漆,肉眼很难看到彩画痕迹,部分构件上可通过红外摄影看到彩画的墨线轮廓。前檐明间额枋背面彩画,由箍头、藻头、枋心构成,枋心绘莲花(图 31)。次间缝架一穿、二穿被柱子分为 4 段,每段各绘彩画,由藻头和枋心构成,藻头为类似一整两破的如意头形式,枋心各不相同,有铜钱、宝珠等纹样(图 32、33)。部分柱子、檩条也有彩画痕迹。

在西梢间的后半间(即财神殿)内,还保存有 6 块天花板,其中 5 块有明显的彩画痕迹。5 块天花板都是在岔角绘五彩云纹,中间绘圆光,圆光内图案各异,有 3 块绘各不相同的缠枝花卉、1 块绘龙纹、1 块绘放射状波纹。天花板彩画构图严整、勾画细致,但图案各异,排布没有规律。对照同样为明代建筑的剑阁觉苑寺大殿天花彩画，佛龛内天花采用龙凤纹，佛龛前正中 4 块天花为放射状波纹，周围其他天花为各种花卉纹，由此推测白兔寺天花板原先也存在这样的分布规律，可能是从已不存的明代大殿中移至天王殿的（图 34~36）。

图 31　前檐明间额枋彩画

图 32　右二缝屋架穿枋彩画

图 33　右二缝屋架二穿彩画

图 34　西梢间后半间（财神殿）天花彩画

图 35　龙纹天花彩画局部

a. 白兔寺波纹天花　　　　　　　　　　b. 觉苑寺波纹天花

c. 觉苑寺天花纹样分布图

图 36　白兔寺与觉苑寺天花彩画对比

七　会道门道首墓

　　白兔寺后东侧有一座墓葬,建于民国二十二年(1933年)末至二十三年(1934年)初,埋葬着胡万荣、王隆贞、严仕忠三名会道门道首,可能曾在白兔寺传教。其中胡万荣是另两人的师父,王隆贞是严仕忠的母亲。此墓坐丁亥向丁巳分金,由坟丘和坟前木构建筑组成,现状残破不堪。坟丘起于平地上,周围砌条石,正面为四柱三间的石砌牌坊式墓碑,四根石柱上刻两副对联,明柱刻"母子同归一穴地,(师徒)共证九品莲",边柱刻"脉从西秦昆仑起,□□□□□□□"。三间内各嵌一方墓志,中间为胡万荣,东侧为王隆贞,西侧为严仕忠。根据当地葬俗,墓志后面便是安放棺木的墓穴。三间额枋上各刻四字匾额,已被人为凿毁。额枋下的雕花挂落及碑顶带浮雕的屋檐均已散落。坟前木构建筑面阔三间,深七檩,丁字脊歇山顶，后檐柱立在墓碑后坟丘上，将墓碑罩在室内，这种建筑在川东北地区称为"坟罩"或"坟亭"。其正梁上有墨书题记"千秋永固，民国甲戌年全月朔四之吉。万载咸亨，造主胡万荣，［木］石］工师［王益全］王学孔］"。建筑前散落有墓碑顶部屋檐、碑刻残件等石刻，其中一件六边形井圈，三面刻字，从右向左依次为"自己推算清］三棺内向座丁亥］向丁巳勿惧""德昭四海名不朽""富贵压赛万里程"。三方墓志及碑刻残件碑文附录于后，碑文多用白字，录文遵从原刻，不予改正（图37~41）。

图37　墓葬外观

图38　坟罩正面

图39　墓碑

1. 胡万荣墓志

中间一列大字"前清文元胡公讳万荣号运智老大人……"，两侧为碑文。

尝闻天地人三才，莫不有水源木本；尘世中诸子百家，均皆渊源流□。□」胡氏一脉原係虞舜后裔，数千年传流后代，年深代远，始终莫考。至□□」敬德公时，治产湖北省黄州府麻城县孝感乡胡家庄居住，年代远层□」莫知。以至明末清初，献忠乱川，吾祖官拜提都军门之职，奉」旨讨贼。吾祖兄弟三人商议，代兵出师，远去他方，后会之期难定，故将□」拆成三块，各存一块，以作后世表记，后子孙相会，免乱宗枝。吾祖居□」代□底□，据起兵入川十有余年，世道稍平，吾祖在川北广元伏□□」下，康氏祖所生七子，俱亦成人，遂在卢家桥治造石□□□九间，□□」日后父母兄弟同埋一穴。至康熙初年，人多地少，吾祖□□公去□□」两界地名庙桠胡家□落业，祖母青太君生一子永福公，祖母康□□」所生七子，成人四子，长英雄、次英毫、三英𣌾、四英畏。吾祖英雄□□□」所生一子其相公，祖母青太君生二子，长天佑、次天眷。吾祖天佑公□□」苟太君所生三子，长安成公、李太君，三安顺公、马太君□□」父居□□」安德公慈刘太君单生于吾，亦无兄弟姐妹，命苦运欠。七岁□父，母」孤受欺者多，□患者少。母子万般忍奈，谨遵母训，日夜□□耕读」致懈怠。苦辛十载，皇天开眼，祖父荫灵，蒙大学院吴公□□二□」文元□名，是年内添一子，自此功名□□，香烟已续，心愿

图 40 坟罩梁架及题记

图 41 墓前残碑

□□。不幸」癸巳吾妾苏氏身故，朝廷停科，母闻忧心染恙告终，此……」成人，他岳父无子，遂将宗平一子承二姓之宗祧。至此……」心出外访道修真，以了吾平生之愿耳。是以为序。自……拙笔。

胡氏派行：万宗大有光，福禄永馨香，百代流芳远，千秋庆祯祥。

奉祀男胡宗平，孝孙严金胡、胡大［龙］凤］鹏］贤。］

大民国二十二年岁次癸酉仲冬月朔一日。

2. 王隆贞墓志

中间一列大字"故显妣严母王老太君道号隆贞之墓志"，两侧为碑文。

盖闻材生有用，何分高低薄厚，成才者可作栋梁之器，人生志气岂有之」乾坤之论。志大者贤人也，谅小者常人也。想王孺人爱係开封场中王府」玉双公之长女，生居名门，幼遵母训，曾读诗书，颇知礼节，三从四德，真件」件不少。自幼与严姓联姻，许配于」有镕公之长子奇元公足下为婚，自过婆门，遵守妇道，妯娌中匮，助夫」兴家，克勤克俭廿余春。所生一子，更名仕忠，此子二岁未满，夫故，遂扶孤」守节数十年，玉洁冰清，志节超群，替夫尽孝道，并无半点稍生怠慢之志。」后见翁叔修行，遂立志皈依，洗心涤虑，投进佛门，半修性命，半齐家声。孺」人佛性不迷，智慧颇高，见」诸佛经卷，亦目了然，能讲能解，参悟内工，尽性致命修悟以至□然贯通，」辩道调贤，克己和众，接度原人，舍己度众，遵上爱下，敬老怜贫，德性纯良，」佛门良臣数十年，拥力精进，未生懈怠心，人神共脱。因高升"天恩"之职，自此远近男女信心修道者，闻风来拜者数百余人，往来不断。」孺人虽系女流，志高过于丈夫，道德双全，慈惠可风，真正女中君子，巾帼」完人。本命生于同治元年岁在辛酉九月三十日未时，寿至民国中旬，又」复升"证恩"大任，威镇佛刚，名扬四方，时至古希，身康体旺，活发童颜，真女」中模范也，天人共仰，神鬼脱服。时逢恩师胡公修墓，师心欢欣，同卜一穴，」共造佳城，以备日后归隐之须，永作千秋之不朽耳，是以为序。

苍邑前清文元胡楚斋撰并书。

奉祀男严仕忠媳王氏，侄男严仕孝，徒孙严德志，后学远近乾坤甚众，难以尽斜金名。

石工师王学孔。

民国二十二年岁次癸酉仲冬月朔一日吉旦。

3. 严仕忠墓志

中间一列大字"大善士严公讳仕忠老先生正性之墓"，两侧为碑文。

盖闻天地生人，始末不少，飞潜等众，渊源流长矣。严君仕忠，本┃有镕公之长孙，奇元公之长子，本王孺人生，原命生于┃光绪癸未年七月二十四日寅时建生。自出世一岁将满，严父早□□┃人也，深蒙慈母王孺人千方养育，送入学下读书，□本性纯仆难□，┃遂于王门联姻，成婚一载有余，元配早故，仕忠君午夜自思命苦□┃为堪伤，幼小丧父，年少亡妻，实为不幸也。还不回头游岸，待等何时。┃三娶四续事为多拖凡债也，不如早断宿缘而结佛缘，倘仙缘有分，┃方有出头之期。遂立志修真，投进佛门，拜师学道，同祖公摺学丹青、┃性命，半操手艺，暗度原人，二十余年殷勤不怠，深蒙恩宠，"天恩"之职，┃祖行权度化原人，慈惠□□，□□和平，德感各方，佛法常兴，人员颇广，┃远近人人脱服，正大光明，真可算十全之美也。真正天人遵仰，实可佛门标榜，即升"证恩"亦无愧。年将半百，时逢恩师胡公修墓，同卜此穴，共造一塔，百年以后，师徒母子永远相伊，是为┃心愿足矣作千古不末耳。是以为序。

故高祖公大秀，祖母李太君。故大祖公有镕，祖母［任｜贾｜王］太君。故二祖公有宜，祖母［徐｜彭］太君。故三祖公有守。故四祖公有玺，祖母李太君。故显考奇元公。故堂叔培元公。堂弟严仕孝。

后学严德志、赵从善、姚锡文、鲁锡德、陈锡德、刘德善、谢锡阶、李锡连、贾锡文、何锡善、冉锡清。女后学贾秀莲、王真□、王秀□、封守□、廖守□、何守□、李莲□、陈桂□。

石工师王学孔。

大民国二十二年岁在癸酉仲冬月朔一日。

4. 墓前残碑

此碑仅存下半部，推测是墓主记述三人同穴修墓的缘由而作的序。

……年加升吾之□□□□┃……八月十八日□□□□┃……善堂之中乾坤□□□□┃……讲演经□□□道□□□□□┃……道运洪□□方□□清□□┃……体旺身强未免久后长有□□┃……陈归藏深感道友严昌明□□┃……遂请凭七姓施主街乡绅耆及┃……定进庙压金铜元三百钏□随┃……六旬以外理宜早预归隐王隆┃……高大吾见他本仆为人吾见他┃……穴共修一茔两全其美也免异┃……吾一生苦乐之情犹联通吾□┃……真正源由耳是以为原序也。

三方墓志立于民国二十二年（1933年），从文风和叙事口吻来看，都是胡万荣本人撰写。其中王氏墓志写明为"苍邑前清文元胡楚斋撰"，楚斋可能是其字或斋号，其本籍为苍溪县，得了功名之后，癸巳年（光绪十九年，1893年）其妾苏氏身故，光绪三十一年（1905年）废除科举，其母病故，胡万荣应该是经历了以上变故才迁居剑阁白兔寺传教，收了王氏、严仕忠母子二人为徒。其子胡宗平则与当地严姓联姻，落业于此。王氏出生于同治元年（1862年），是开封场王玉双的长女，嫁给严有镕的长子严奇元，光绪九年（1883 年）21 岁时生了儿子严仕忠，一二年后奇元身故，王氏独自抚养儿子成人。严仕忠读书无成，于是娶了王家女子，结婚一年多妻子就去世了，因此决定皈依，边从事画师职业，边传教。王氏皈依是因为见到"翁叔修行"，翁叔是其丈夫的父辈，因胡万荣的儿子娶了严家女子，有可能是严奇元姐妹的公公，王氏似可称之为翁叔，也就是受胡万荣影响而皈依。王氏"守节数十年""佛门良臣数十年"，严仕忠约二十多岁丧妻，都与胡万荣光绪三十一年（1905 年）之后来到白兔寺的时间吻合。1933 年修墓时，三人都还在世，王氏 71 岁，严仕忠 50 岁，胡万荣年龄不详。此三人属民间会道门组织成员，墓志中的"天恩""证恩"为该教的两种职位，王氏已由"天恩"升为"证恩"，严仕忠则为"天恩"。民国时期，剑阁县有一贯道、普渡门、同善社、华西堂、高峰道、紫霞坛、道德门、瑶池道、圣学门、根本堂、金华教等 15 种 27 个支系的会道门组织，1949 年后经公安机关依法取缔[22]。

八　结　语

剑阁白兔寺在明代得到卫所军官的资助，营建了规模宏大的寺院建筑。天王殿建于明成化五年（1469 年）九月，有可能是参与征讨赵铎起义的官军在得到朝廷赏赐后捐资兴建。天王殿残存的天花彩画，与建于明成化年间、位于秦蜀交通要道上、同样由卫所军官捐建的剑阁武连觉苑寺有相似之处。这些天花彩画与寺后散落的巨大柱础，可能都来自一座规模更大、现已不存的明代大殿。

清代晚期，随着佛教世俗化，白兔寺成为乡里议事、张布公告的公共活动场所，很可能已经没有正式僧侣管理，而是由居士住庙，与民间会社组织共同经营管理。民国时期虽在寺内开设小学，但同时也是民间会道门活动的据点。

天王殿周匝檐柱等高，通用平板枋，明间屋架梁柱交接采用刻半箍头榫，瓜柱柱脚做鹰嘴砍杀，是四川地区明代中期木构建筑的典型特点。其次间、梢间采用穿斗式屋架，在明代建筑中极为罕见，而且穿枋上彩画绘如意藻头，具有明代特点，应该不是后期改建，过去只在明代平武报恩寺、龙泉石经寺等带天花殿宇的草架中发现穿斗式屋架，明代露明的厅堂屋架采用穿斗式为此处仅见。同时，其细部做法又带有很多独特的地方因素，如斗栱中正心栱与翘的材厚不同、栱端出两瓣弧线的造型等。后檐平板枋出头雕饰与其他不同，山面斗栱形制与前、后檐不同，角科斗栱形制简陋等特点，显示天王殿经过后期改造，但改造的年代和不同形制的早晚关系尚不能确定。

白兔寺天王殿经过后期多次维修改造，保存状况欠佳，但仍不失为川北地区一处年代较明确的乡间寺庙建筑实例。其建筑构造、建筑彩画等都带有较罕见的地方特色，具有较高的文物价值，遗憾的是在 2018 年的修缮中，带有建筑题记与彩画的构件已全部被涂刷油漆，文物价值受到一定程度的减损。白兔寺后的会道门道首墓是清末民国社会史的生动例证，是白兔寺历史价值的延伸，应当纳入白兔寺的文物保护范围。

---

[22] 四川省剑阁县志编纂委员会编纂《剑阁县志》，巴蜀书社，1992，第 293 页。

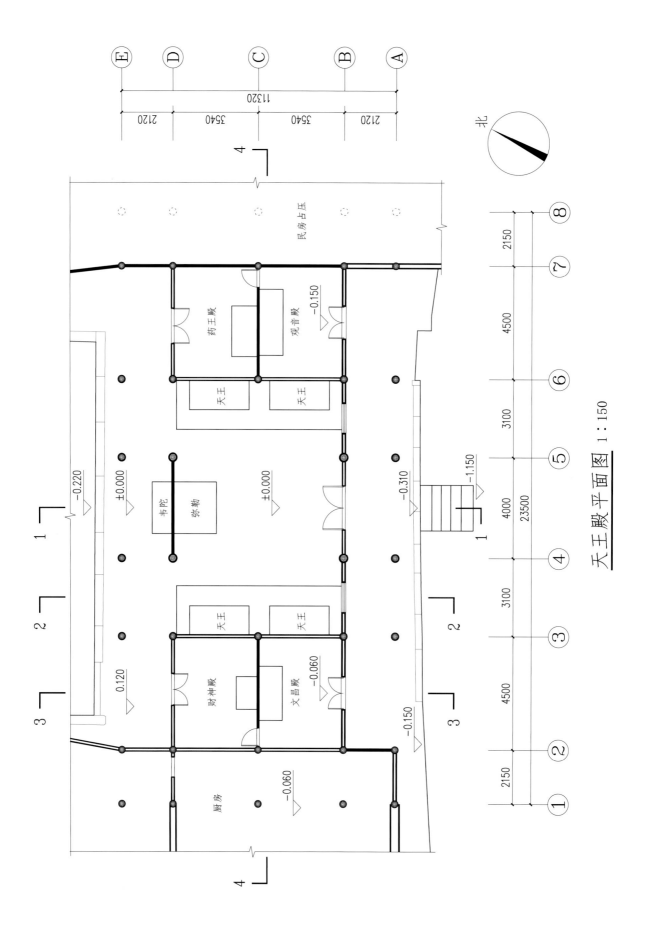

天王殿平面图 1：150

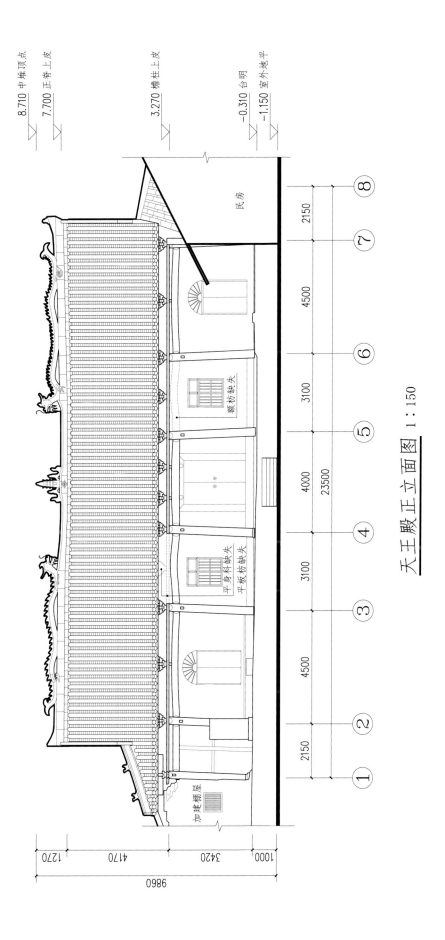

8.710 中堆顶点
7.700 正脊上皮
3.270 檐柱上皮
-0.310 台明
-1.150 室外地平

民房

加建棚屋

额枋缺失
平身科缺失
平板枋缺失

天王殿正立面图 1：150

2150　4500　3100　4000　3100　4500　2150
23500

① ② ③ ④ ⑤ ⑥ ⑦ ⑧

1270　4170　3420　1000
9860

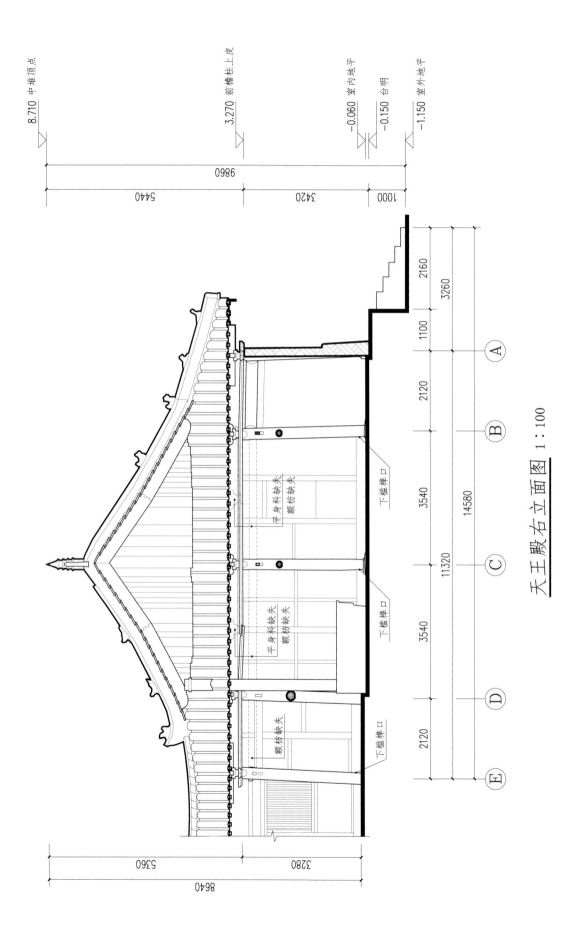

天王殿右立面图 1：100

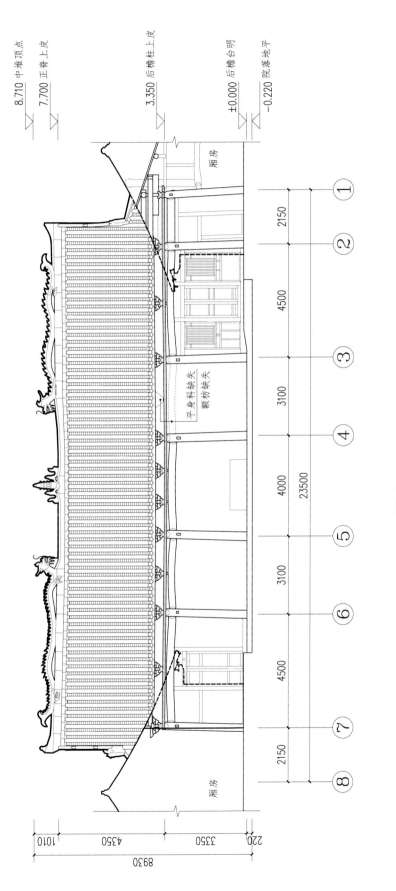

天王殿背立面图 1 : 150

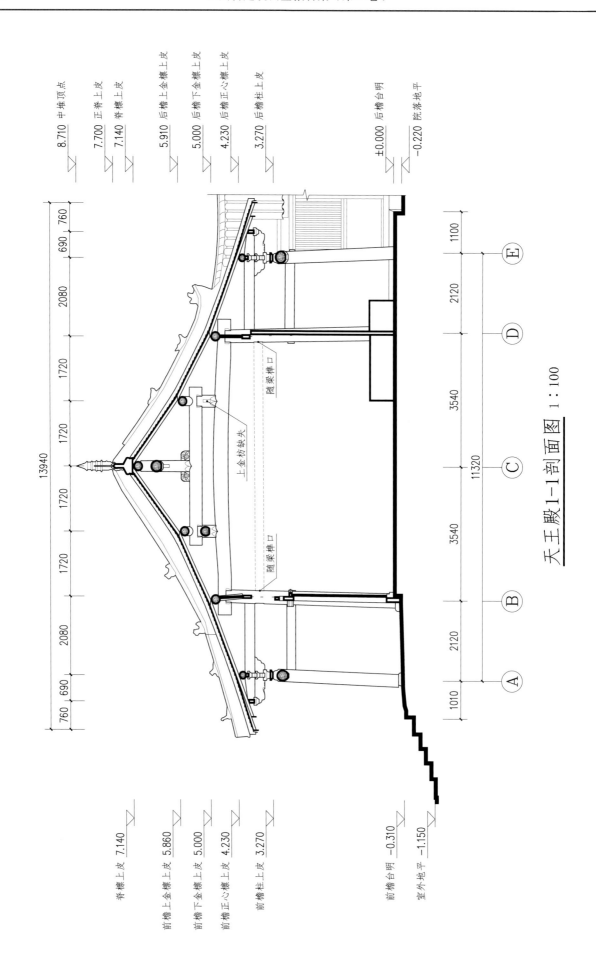

天王殿1-1剖面图 1：100

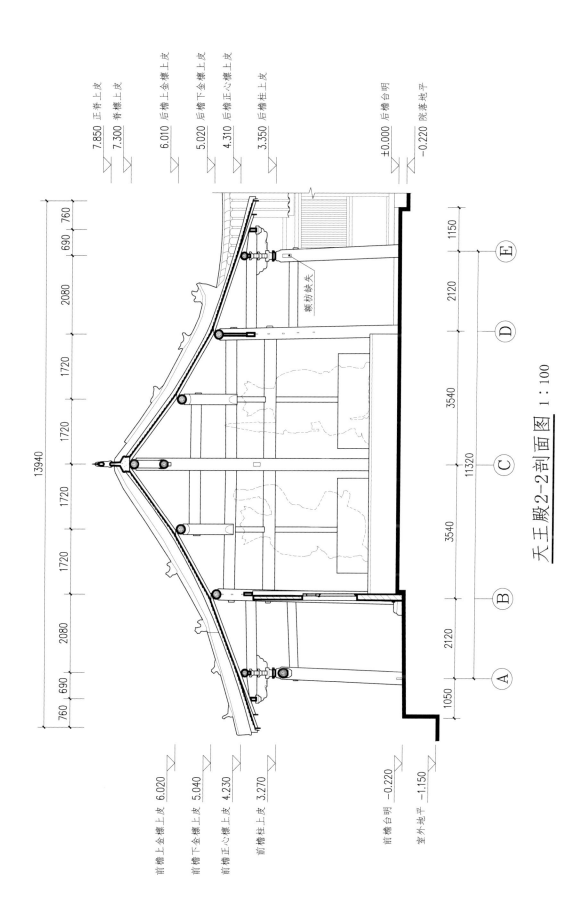

天王殿2-2剖面图 1:100

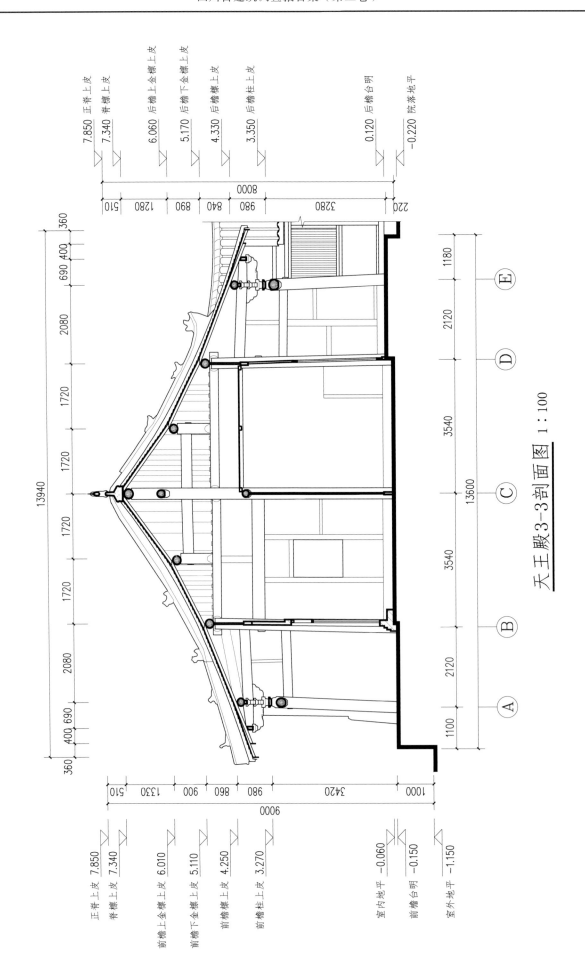

天王殿3-3剖面图 1:100

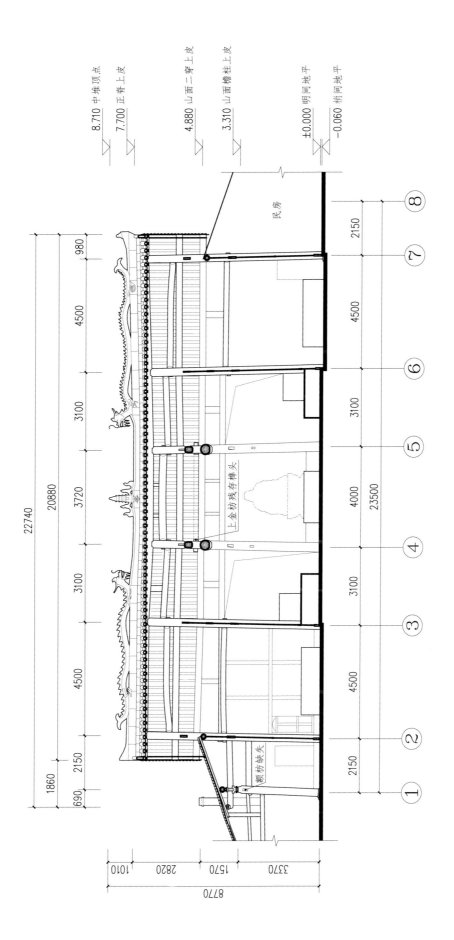

天王殿4-4剖面图 1：150

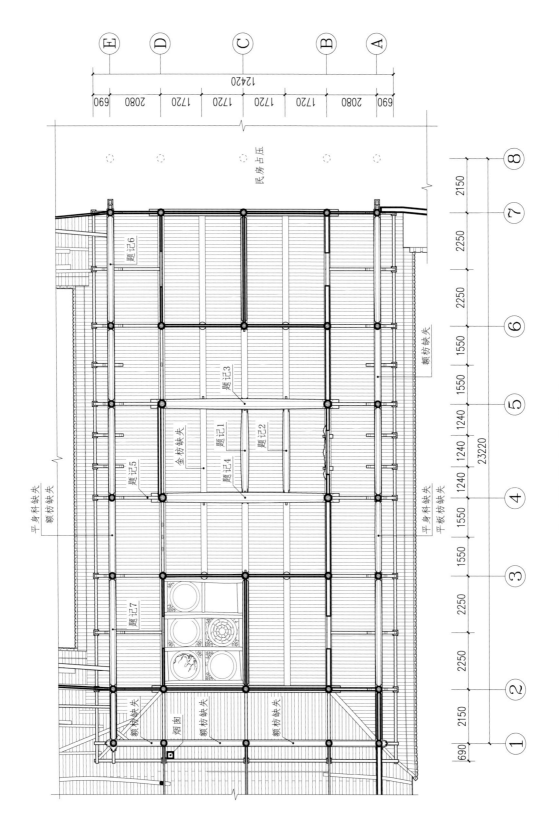

天王殿梁架仰视图 1：150

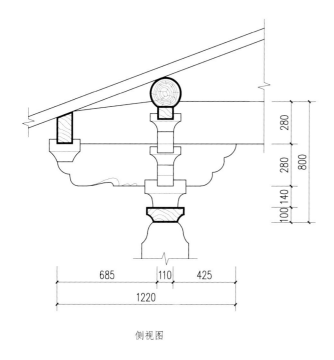

侧视图

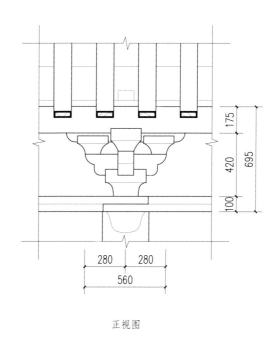

正视图

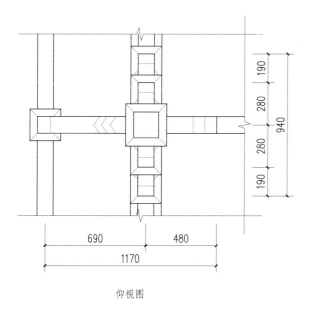

仰视图

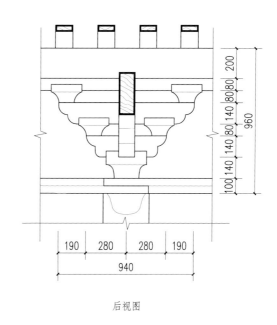

后视图

天王殿前后檐柱头科 1:25

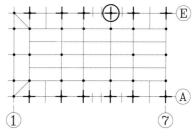

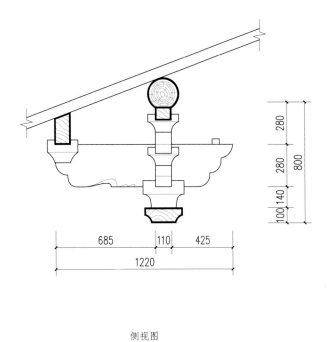

侧视图

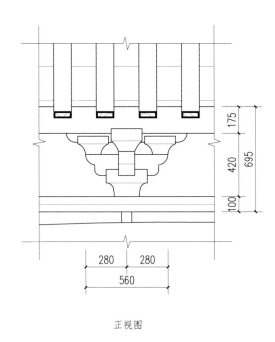

正视图

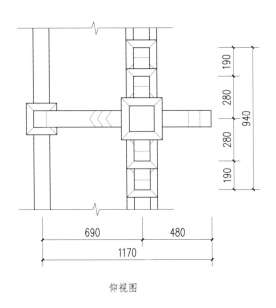

仰视图

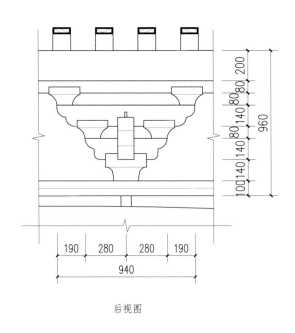

后视图

天王殿明次间平身科　1：25

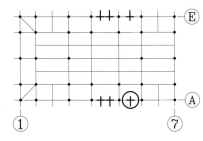

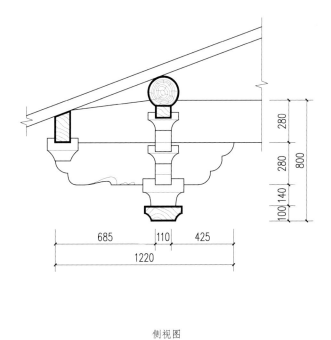

侧视图

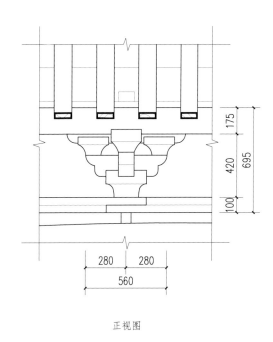

正视图

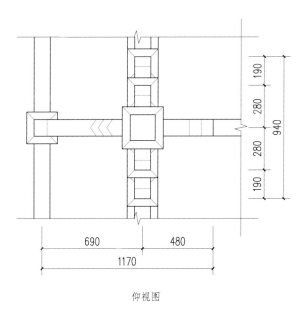

仰视图

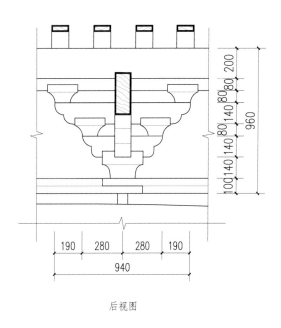

后视图

天王殿梢间平身科 1:25

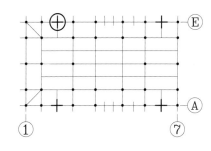

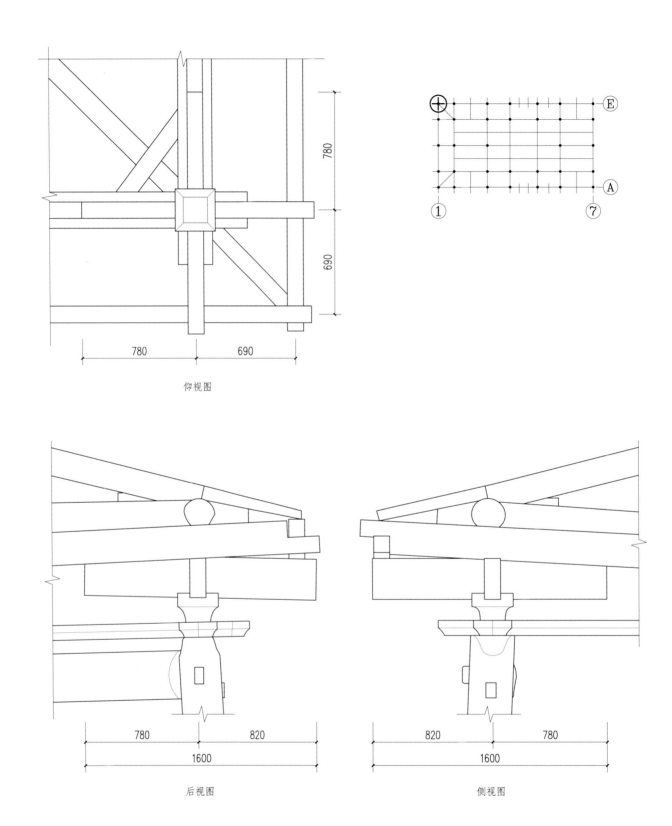

仰视图

后视图　　　　　　　　　　　　侧视图

天王殿右后角科 1∶25

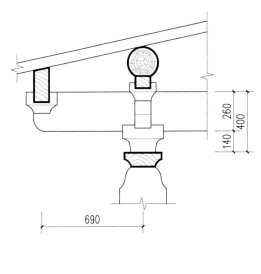

侧视图

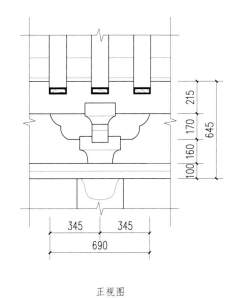

正视图

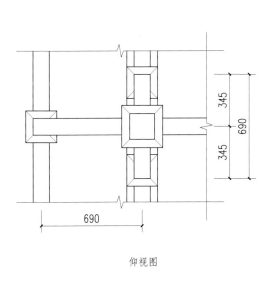

仰视图

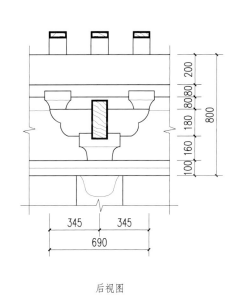

后视图

天王殿右山柱头科 1:25

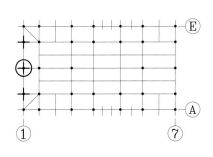

阁中永安寺

阁中永安寺

永安寺现属阆中市水观镇永安寺村，为第五批全国重点文物保护单位，现存大殿、山门、观音殿和东、西厢房。其中，大殿建于元代，是四川省内最早认定的元代建筑，也是现存四川元代三开间建筑中规模最大的实例。大殿梁架与斗栱的结构复杂，保留了四川元代建筑中的众多特殊做法。成都文物考古研究院于 2014、2016 年对永安寺进行调查，于 2018 年 7 月对大殿进行测绘，并于 2020 年 8 月开展补充调查，现将调查成果报告如下。

一　历史沿革及寺院布局

（一）历史沿革

永安寺曾名本觉院，明代石碑《重修敕赐本觉院记》载："本觉院，地去阆东六十里许，先宋僧处林之所创建者也。宋英宗治平四年奉敕褒修，元文宗至顺二年式廓增大殿……"[1] 大殿题记中也有"大德开山处林"等字，与石碑所载宋代创建者相同。其他清代记录认为永安寺创建于唐代，如清道光七年（1827 年）《禁山碑》："窃思敕赐永安寺，建自唐祚，其在当时禅关不振，净土聿彰，巍巍□称极盛焉。越宋、元、明以至我清。"以及清代咸丰《阆中县志》："永安寺，在东九十里，唐建，宋治平、元至正、明嘉靖有培修。"[2] 除创建年代外，各文献中记录的维修时间接近，较重要的有宋治平四年（1067 年）、元至顺二年（1331 年）、元至正（1341～1368 年）时期。

永安寺现存各殿中，仅大殿年代较早，其余均为清代建筑。大殿明间内额上承的左侧三椽栿底面有墨书题记："维大元至顺四年太岁癸酉，九月壬辰朔二十八日己未，当院主盟比丘宝传、专管修造小师悟一，同师弟悟真、悟理等，罄竭囊资，革故鼎新创立。"[3] 可知大殿建于元至顺四年（1333 年），应该属于明代石碑所载至顺二年（1331 年）的那次修建活动。殿内东、西壁原有壁画，内有元至正戊子（1348 年）题记 3 则[4]，年代略晚于大殿修造年代，与县志记载的培修年代吻合。

观音殿与山门的明间脊枋下也有纪年题记，其中观音殿题记为"大清乾隆贰拾贰年十月十一日寅时上梁大吉"。山门题记为"大清道光五年岁次乙酉，月建丙戌廿二日谷旦"。说明观音殿与山门分别重建于清乾隆二十二年（1757 年）与道光五年（1825 年）。此外，东厢房北起第三间脊枋上有题记："元年十月辛巳朔初五日乙酉良辰，当院修造比丘宝传自□资粮命……"该构件在纪年位置截断，宝传即大殿纪年题记中所记主盟比丘，根据朔闰表推知缺失年号为延祐元年（1314 年），较大殿更早，推测在厢房重修中使用了元代旧料。

---

[1]陶鸣宽、江学礼、曹恒钧：《四川阆中永安寺元代大殿及其壁画塑像》，《文物参考资料》1955 年第 12 期。文中记录该碑位于寺内，但本次调查未见此碑，"本觉院"的称谓还见于厢房题记与清光绪《重装佛像碑记》。

[2]（清）徐继镛修，李惺等纂《阆中县志》卷二《寺观》，咸丰元年刊本，中国国家图书馆藏。

[3]过往文献记载该题记位于大殿西山面四椽栿。

[4]该题记在 20 世纪 90 年代已经不存，见陶鸣宽、江学礼、曹恒钧：《四川阆中永安寺元代大殿及其壁画塑像》，《文物参考资料》1955 年第 12 期。

元世祖至元十三年（1276年），阆州升格为保宁府，永安寺所在地阆中一直为保宁府治所所在。元代保宁府下辖阆中、南部、苍溪，与剑州、龙州、巴州等地同属广元路。明代废广元路后，保宁府范围扩大，清代沿袭，甚至剑州、巴州等地也曾归属保宁府。

阆中永安寺大殿是学界在四川最早确认年代的元代木构，发现过程可见1955年刊发的《四川阆中永安寺元代大殿及其壁画塑像》[5]，发现时大殿东、西两壁还保留有壁画及元代题记，但木结构特别是后檐斗栱已经损毁严重。1991年，朱小南发表《阆中永安寺大殿建筑时代及构造特征浅析》[6]，对大殿进行了较系统的记录，此时大殿内墙上的壁画及题记已经被毁。随后，大殿进行了维修，补配了后檐缺失的斗栱，至今大殿内还保留着此次施工的题记。2008年"5·12"汶川大地震后，永安寺开展了灾后抢险维修工程，于2013年竣工。

1956年，永安寺大殿被公布为四川省文物保护单位。2001年，阆中永安寺被公布为全国重点文物保护单位。

（二）院落布局与周边环境

永安寺位于阆中市东南的丘陵地区，寺庙选址较平坦，坐北朝南，仅大殿后部地面稍高。寺庙范围以外，东、西、北三侧向外为缓坡，使寺庙明显高于周边环境，南向较平整，为主要道路方向。

永安寺现存两进院落，建筑上保留了山门，观音殿，东、西厢房和大殿。山门与观音殿之间为第一进院，该院较小，东、西两端为围墙，无厢房。大殿、观音殿与东、西厢房组成第二进院，各建筑面向院内设廊，东、西厢房前廊北端与大殿前廊相连，南端与观音殿一层廊相连，从而形成廊院。第二进院北宽南窄，内院呈等腰梯形，大殿后檐凸出院墙（图1）。

图1 永安寺周边环境（由南向北摄）

［5］陶鸣宽、江学礼、曹恒钧：《四川阆中永安寺元代大殿及其壁画塑像》，《文物参考资料》1955年第12期。

［6］朱小南：《阆中永安寺大殿建筑时代及构造特征浅析》，《四川文物》1991年第1期。

二 建筑结构形制

（一）大殿

1. 平面

永安寺大殿面阔三间、进深四进八椽，明间面阔 7.56，左、右次间面阔分别为 3.925、3.84，通面阔 15.325 米。从前往后各进进深分别为 2.3、7.14、3.655、2.325，通进深 15.42 米，各椽平长分别为 2.29，2.02，1.655，1.605，1.655，1.68，1.995，2.36 米。大殿平面整体呈正方形，但四角间正面较侧面宽，平面呈长方形（图2）。

大殿前进为开敞外廊，门窗入口位于前内柱。现状在明间正中有双扇五抹格扇门，格子以方格为主，间以斜 45° 正方形木板，木装板雕海棠线脚。门两侧与次间为固定窗，形制与门扇接近，但改方格为直棂，直棂以上顶部雕镂空花草，下方装板无雕刻，仅由立框分隔（图3）。

大殿其余三面为实墙，后檐不设门。现状在后内柱间设编壁泥墙，之前为佛台，其上塑三身佛，佛像为 2014～2016 年之间制作，同时在编壁墙前另添新墙作背光。后内柱间现存雕花绰幕枋，绰幕枋之间内额底面曾有墨书题记，由此可知此处原本不设泥墙[7]。两根中内柱上塑有盘龙，为现代

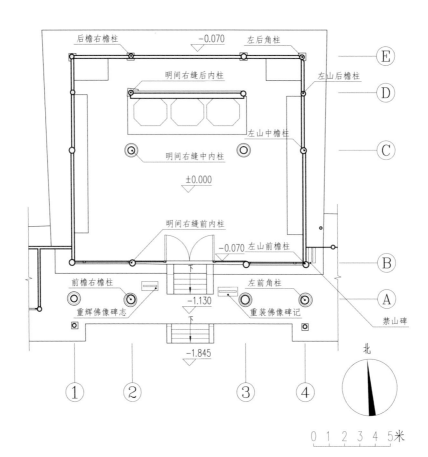

图2 大殿平面图

---

[7] 后内额题记在2014年时还能从佛像后的间隙看到，新的背光则完全遮挡了题记。

图 3　大殿正立面

图 4　大殿内景现状

图 5　大殿后内柱间雕花绰幕枋

作品。两山墙内壁绘制有彩画，沿墙设佛台，上塑十八罗汉，两次间后檐墙内另塑有文殊、普贤，也均为现代制作（图4、5）。

2. 台基

大殿前檐可见两层台基，底层为素平条石包砌，高约0.715米，上层为石砌须弥座，表面简洁无装饰，高约1.06米。采用两层台基可能是因为大殿后檐地面较高，围墙外地面大致与底层台基上表面齐平，使大殿在院墙之外只见上层须弥座。大殿前檐柱落于底层台基上，其余柱子均落于上层台基

a. 前檐双层台基

b. 左山面上层台基

c. 右山面和后檐台基

图 6　大殿台基

上。因此，前廊地面低于室内地平，前檐明间台阶也必须设置为两段，每段 5 步，上段台阶便设在前廊之中。前廊较低是阆中附近元代建筑的常见做法，阆中五龙庙文昌阁与剑阁香沉寺大殿也具有这一特征，而永安寺大殿由于上层采用须弥座，是这一特殊做法中最具代表性的案例（图 6）。

　　大殿室内铺地目前大部分采用方形石板，铺贴采用横向成排，各排石板错缝的方式，但铺地仍存在分区：明间正中为 45° 斜铺，斜铺石板四周由一圈长方形石板限定边界，整个区域呈正方形；中央佛台左、右和后侧采用尺寸显著增大的石板，宽约 0.45 米，与周围铺地相区别，强调了佛台位置；中心斜铺区北侧边框向左右延伸，用铺地将室内分为内外两个区域。

大殿台基与铺地后期改动较大：铺地石板尺寸过小，明显为后世材料；上层台基左山面分为三段，前檐有缺损与修补痕迹，后檐与右山面则在 2008 年后重新包砌，目前形制与左山面不同；前檐两段石阶材料的老化程度不一致，下段较新且垂带较窄，也是现代修缮的结果；下段台阶两侧，在阶条石上可见方形榫口痕迹，推测为原垂带位置，据此可知下段台阶应该较如今更宽（图 7）。

图 7　大殿台阶与两侧榫口（2014 年吴煜楠摄）

3. 柱与柱础

大殿有内柱 6 根，檐柱 14 根，除此以外，山面第二进由额上设蜀柱支撑补间铺作，室内梁架也多采用蜀柱。各落地柱中前檐柱最大，除右前角柱直径仅 47 厘米外，其余均不小于 57 厘米，其次为两根中内柱，直径约 52 厘米，其余柱子以中内柱为界，前两排较大，直径约 44 厘米，后两排较小，直径 36～39 厘米（见图 2）。

由于大殿后部斗栱减跳，前、后檐柱柱高不一致。以左山面为例，以前廊地面为基准，从前往后各檐柱柱顶标高分别为 5.49、5.51、5.805、5.835、5.865 米。现状大殿虽存在结构变形，但檐柱仍有显著侧脚，以前檐为例，柱顶通面阔为 15.185 米，较柱底减少 0.14 米，相当于角柱在面阔方向存在 1.3% 的侧脚（图 8）。

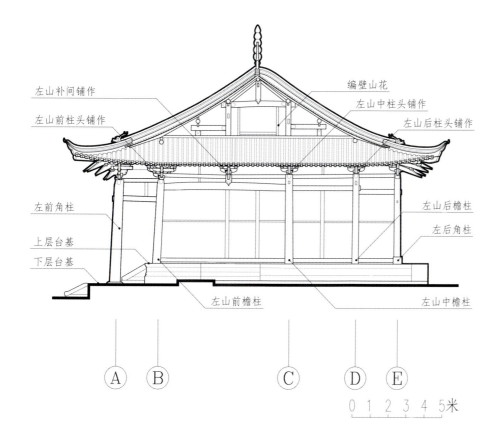

图 8　大殿左立面图

　　大殿目前存在多种柱础，应为后期改修的结果，原始情况暂不明确。其中，中内柱柱础保存完整，整体为鼓形，表面雕刻莲叶等植物纹饰，上部雕刻覆盆式柱硪，柱础表面还涂作金色，但其形制不常见于同期建筑。前檐柱柱础为覆盆式，但高度很低，可能缘于后期残损，也可能因为一部分被埋入铺地之下（图9）。后檐和右山面檐柱下为方形石块，与石地栿相连，推测并非柱础，而是柱底糟朽后填入的垫石。其余各柱直接落于地面，现状不见石础，是否为后期铺地覆盖柱础，仍需进一步勘查。

图9　大殿前檐柱础

4. 梁架

　　大殿为歇山厅堂结构。正缝梁架为前劄牵、四椽栿，后劄牵、乳栿，通檐用五柱，柱网前后不对称，三根内柱分别对应前、后下平槫和后檐上平槫。四椽栿与乳栿之上设三椽栿与劄牵，中内柱与三椽栿上蜀柱共同承平梁，平梁上再用脊蜀柱，脊蜀柱两侧现存叉手（图10、11）。

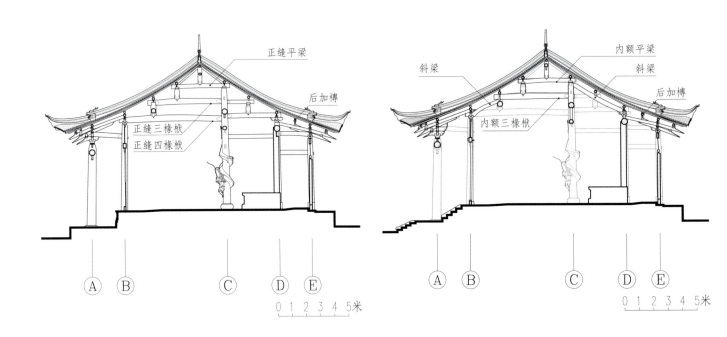

a. 明间右正缝梁架　　　　　　　　b. 明间右内额梁架

图10　大殿剖面图

图 11 大殿室内梁架

图 12 大殿后部右侧斜梁

图 13 大殿左后丁栿上设蜀柱固定角梁

图 14 大殿右山面梁架

大殿明间共有四处设置了内额，分别在前、后下平槫，前中平槫、后上平槫下方，截面多为圆形，仅前内柱间内额兼作门额，截面改用方形，并另设蜀柱支撑内额斗栱。大殿内额上有两组内额梁架及斜梁，由内额划分为前、中、后三段，辅助承担部分屋顶重量。其中，中段内额梁架进深三椽，三椽栿以上形制与正缝梁架相近；前段为斜梁，进深一椽；后段为斜梁，进深两椽，两斜梁上端与内额梁架相交，下端分别与前、后内柱间的内额斗栱相交（图 12）。内额梁架和进深两椽的斜梁都是四川元代至明初的特殊做法，是应对三开间歇山建筑明间开间过大，中上部脊槫和平槫长度过长的结构补强措施，永安寺大殿是现存案例中唯一兼有两种做法的单体建筑。

永安寺大殿四角间平面呈长方形，必须在丁栿上设蜀柱，由蜀柱固定角梁和支撑山面梁架（图 13）。山面梁架进深 6 椽，也是前四椽栿后乳栿，但四椽栿上不用三椽栿，而是在四椽栿中部另设蜀柱直接承平梁，与正缝梁架略有区别。此外，山面梁架四椽栿较乳栿位置低，其上另设缴背，与乳栿齐平，用于承山面檐椽（图 14）。

大殿内部梁架中，前、后内柱上有斗栱承素枋及前、后下平槫。四椽栿以上柱梁交接则多采用在柱顶设栌斗，由栌斗承梁头的形式。例外的仅有脊蜀柱和前中平槫下蜀柱，前者直接承脊槫，后者在顶部开槽与三椽栿梁头相交，柱顶另设替木承前中平槫（图 15 ~ 18）。

图 15　明间左缝前内柱柱顶斗栱和内额斗栱

图 16　明间左缝后内柱柱顶斗栱和内额斗栱

图 17　明间右缝平梁前端栌斗与脊蜀柱

图 18　前中平槫下蜀柱直接承梁

5. 阑额、普拍枋

大殿前檐仅用阑额不用由额，阑额为月梁形，截面为圆形，中部起拱，明、次间同高，阑额两端有绰幕枋支撑。山面与后檐在阑额之下另设由额，阑额与由额截面多为纵长方形，仅山面第二进用月梁形由额，形制与前檐阑额类似，该由额中部还立有鹰嘴蜀柱承补间铺作。由于大殿后部檐柱升高，山面阑额以前柱头铺作为界，其后阑额高于之前阑额。后部阑额升高是四川元代建筑的常见做法，永安寺大殿的特别之处在于山面前柱头铺作的泥道栱向后改为素枋，该素枋向后兼作阑额，与第二进由额上蜀柱相交（图 19、20）。

普拍枋仅用于前檐，山面和后檐不用普拍枋。前檐普拍枋与阑额之间存在较大空隙，没有直接接触，二者之间有竖向垫板，垫板上皮紧贴普拍枋，但垫板高度不足，仅明间正中与阑额相接。普拍枋截面上宽下窄，外侧轮廓为外凸的弧线，表面有雕刻，纹饰为斜向卷瓣，类似五龙庙文昌阁普拍枋做法；内侧轮廓为斗形，上半部竖直，下半部为内凹弧线，中间有刻线分隔，与醴峰观大殿普拍枋相同。永安寺大殿普拍枋现状按开间分为三段，明间左侧补间铺作附近也有分段痕迹，但 2013 年修缮前普拍枋已存在局部缺损，这些痕迹也可能是历史上修缮的结果。

根据现状形制判断，大殿后檐阑额与由额均不是原状，且与前檐和山面存在较大区别。不同之处

图 19　大殿前檐明间阑额、普拍枋　　　　图 20　大殿山面第二进阑额、由额

主要有两点：后檐三开间阑额高度不一致，由额尺寸明显小于阑额，且用材不规整，相比之下山面由额一般稍大于阑额；后檐阑额与角柱相交作霸王拳，由额出榫上有木质栓钉，这些节点构造少见于元代建筑，是晚期做法（见图 6c）。

6. 屋顶

永安寺大殿屋顶为单檐歇山，山面厦一椽，屋面出际约 1.4 米，现状在山面梁架之间做编壁山花，无搏风版。大殿前檐檐口用撩檐枋，自山面第二进起后檐和山面改为撩风槫。现状四角使用斜置角梁与递角栿，无隐角梁。角梁由转角铺作下昂支撑，昂尾作挑斡与丁栿上蜀柱交于柱顶，角梁后尾搭在下平槫交点上（见图 13）。大角梁伸出撩檐枋距离很短，梁头上另设子角梁。翼角为平行布椽，有飞椽和虾须木（图 21、22）。

大殿前檐撩檐枋至正脊水平距离为 8.69 米，正脊举高 4.353 米，屋架整体接近四举一，该比例与四川其他元代建筑接近，对照《营造法式》则呈现出屋面平缓的特点[8]。

图 21　大殿右前翼角　　　　　　图 22　大殿左后翼角

[8] 根据《营造法式》"如甋瓦厅堂，即四分中举起一分。又通以四分所得丈尺，每一尺加八分；若甋瓦廊屋及甌瓦厅堂，每一尺加五分；或甌瓦廊屋之类，每一尺加三分"可知，《营造法式》中所有厅堂屋顶的举折均大于四举一。见梁思成：《梁思成全集》第七卷，中国建筑工业出版社，2001，第158页。

a. 1988 年以前（引自《阆中古建筑》，第 41 页）

b. 2008 年（王书林摄）

c. 2018 年

图 23 大殿屋顶

大殿屋顶现用小青瓦，无望瓦，除正脊为砖脊外，其余为锤灰屋脊。正脊脊砖正面图案为双龙和水波纹，背面为密集涡卷。脊砖之上覆盖筒瓦，脊砖之下采用锤灰做法并使用两层横砖。垂脊与戗脊的构造相比正脊去掉脊砖，由筒瓦直接覆盖在锤灰屋脊上。正脊正中有中堆，两端有螭吻，表面均贴瓷片，中堆为 5 层宝珠，螭吻可见兽头，尾部细小。垂脊端部有龙头，戗脊端部向前延伸作弧线，无特殊雕刻。各类脊饰均做工粗陋（图 23）。

7. 斗栱

现状永安寺大殿外檐有斗栱 9 种 20 朵，前、后内柱间有斗栱 4 种 8 朵，蜀柱与中内柱上另有 12 处单独使用栌斗，复杂程度远超四川其他元代遗构[9]。斗栱单材广 190、厚 130、栔高 85 毫米。各小斗外尺寸相同，顶面边长 190、斗高与底面边长 130 毫米，用材接近一单材。栌斗现状有三种：前檐栌斗最大，顶面边长 390、底面边长 270、高 260 毫米；其次为前、后内柱与山面、后檐檐柱栌斗，顶面边长 320、底面边长 220、高 210 毫米[10]；四椽栿以上支撑梁头的栌斗最小，上宽仅 260 毫米，高度受柱高影响，不足 125 毫米。

---

[9] 虽然四川元代建筑常见后部斗栱减跳的情况，但基本以山面前柱头铺作或前进补间铺作为界，山面后部斗栱与后檐斗栱采用统一形制。

[10] 后内柱左、右丁栿上蜀柱柱顶也用栌斗，较后内柱柱顶栌斗略小，顶面边长约 300 毫米，也归入此类。

外檐斗栱中，柱头铺作与梁栿绞接，劄牵和丁栿出头作华头子。前、后檐明间设补间铺作2朵，山面第二进设补间铺作1朵，其余位置不设补间铺作。前檐斗栱为六铺作三昂，山面前柱头铺作为六铺作单杪双下昂，每跳出跳距离自内向外分别为390、390、340毫米。后部斗栱减为五铺作出两跳，现状总出跳距离与前部斗栱保持一致。外檐斗栱均不用令栱。后部五铺作斗栱为偷心造；六铺作斗栱中，前檐斗栱横栱均为翼形栱，只有山面前柱头铺作二昂上有普通瓜子栱，栱长800毫米。大殿斗栱下昂整体平直瘦长，仅接近交互斗的位置略作弧面，昂头上表面正中起脊，侧面紧邻边缘有单层刻线，端部昂嘴出尖。

外檐扶壁栱均为重栱素枋，泥道栱长920毫米，泥道慢栱则有三种长度：除明间右补间铺作外，前檐铺作和左山面中柱头铺作共4处泥道慢栱长1630～1670毫米，山面补间铺作泥道慢栱长约1450毫米，其余斗栱泥道慢栱长约1550毫米。

各类斗栱具体形制如下：

（1）前檐柱头铺作

外跳六铺作用三昂。头昂为假昂，上承雕花单材翼形栱；二、三跳为真昂，二昂上承雕花足材翼形栱和承椽枋；三昂上不用令栱，直接用交互斗承橑檐枋[11]。里跳第一跳作雕花实拍栱，上承劄牵；二昂挑斡抵住三昂；三昂挑斡则延伸至四椽栿梁头，紧贴下平槫。扶壁栱用泥道重栱加两层素枋，其上为檐槫，泥道慢栱上用4个散斗，素枋之间也排列有散斗（图24）。

（2）前檐补间铺作

外观与前檐柱头铺作相近，区别为里跳劄牵改为两层鞾楔，其上承二昂挑斡，三昂挑斡仍紧贴下平槫，位于前内柱间内额斗栱和斜梁头之上。现状三昂上交互斗缺失，橑檐枋与三昂之间以其他雕花构件填充（图25）。

a. 外跳　　　　　　　　　　　　　　　　　　b. 里跳

图24　大殿前檐左缝柱头铺作

---

[11] 目前明间左缝柱头铺作橑檐枋下有雕花替木。

a. 外跳　　　　　　　　　　　　　　　　　b. 里跳

图 25　大殿前檐右补间铺作

a. 外跳　　　　　　　　　　　　　　　　　b. 里跳

图 26　大殿前檐右转角铺作

（3）前檐转角铺作

正、侧方向与 45° 均出三重昂。其中，斜向头昂为假昂，里跳为实拍栱，上承递角栿；二、三昂为真昂，二昂挑斡抵住三昂，二昂与递角栿之间还设雕花垫块填充；三昂挑斡延伸至下平槫交点下，与蜀柱相交，做法和柱头铺作相似，但昂尾高度略低。正、侧方向各昂均为假昂，头昂、二昂为足材，三昂为单材，各昂与对应泥道栱和素枋相列。正面扶壁栱为泥道重栱加两层素枋，侧面为两层实拍栱加两层素枋。转角铺作外跳形制与前檐柱头铺作相近，但昂面平直没有弧度，侧面二昂上仅有雕花翼形栱，无承椽枋（图 26）。

（4）山面前柱头铺作

外跳六铺作单杪双下昂。第一跳为华栱，上承单材栱，该栱向前为正常栱头，向后为雕花翼形栱；第二跳昂头承瓜子栱，瓜子栱两端目前无散斗，也无承椽枋；第三跳昂头设交互斗，向前承橑檐枋，向后承橑风槫。里跳第一跳为实拍栱，上承丁栿；下昂里转作挑斡，头昂抵住二昂，与前檐柱头铺作类似，但二昂尾端高度较低，并未与下平槫产生联系。扶壁栱向前为泥道重栱加替木及两层素枋，素枋之间无空隙安散斗，应为后期改修所致。扶壁栱向后为泥道三重栱加单层素枋，其中第一层泥道栱

a. 外跳

b. 里跳前檐方向　　　　　　　　c. 里跳后檐方向

图 27　大殿左山前柱头铺作

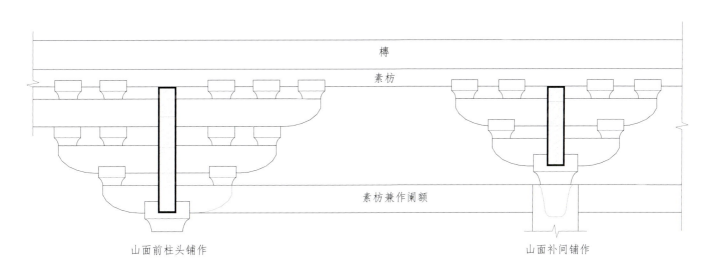

榑

素枋

素枋兼作阑额

山面前柱头铺作　　　　　　　　　　山面补间铺作

图 28　大殿山面前柱头铺作后侧扶壁栱示意图

为素枋隐刻，素枋向后入蜀柱作阑额。泥道慢栱上每一侧用散斗2个，第三重泥道栱上一侧用散斗3个。泥道慢栱上的散斗几乎不开槽，这是由于下层素枋兼作阑额，后方阑额上的栌斗较前方散斗高，只能通过加高扶壁栱来维持橑檐枋水平（图27、28）。

（5）山面后侧柱头铺作

山面后侧两柱头铺作形制相同，外跳为五铺作单杪单下昂偷心，昂出跳长度为山面前柱头铺作第二、三跳之和，不用令栱，昂头设交互斗承橑风槫。昂下有平出华头子，无雕刻[12]。里跳第一跳为实拍栱，其上为华头子里转作丁栿，丁栿上有蜀柱，与昂尾挑斡相交。扶壁栱为泥道重栱加单层素枋（图29）。

（6）山面补间铺作

外跳为五铺作双下昂偷心。头昂出跳距离等于山面前柱头铺作第一、二跳之和，不用令栱，二昂昂头设交互斗承橑风槫。头昂下有单瓣华头子，华头子里转作足材栱，上承头昂挑斡，二昂挑斡延伸至山面梁架四椽栿下皮。扶壁栱用泥道重栱加单层素枋。栌斗下有蜀柱（图30）。

　　a. 外跳　　　　　　　　　　　　　　　　　　b. 里跳

图29　大殿右山后柱头铺作

　　a. 外跳　　　　　　　　　　　　　　　　　　b. 里跳

图30　大殿右山补间铺作

[12]左山面中柱头铺作，丁栿伸出部分未做加工，应为后期更换的构件。

（7）后檐柱头铺作

外跳为五铺作双下昂偷心，不用令栱。头昂出跳距离约两跳长，二昂昂头设交互斗承橑风槫。头昂下有平出华头子，但伸出距离很短，华头子里转作劄牵。头昂里转作挑斡抵住二昂，二昂挑斡与后内柱相交。扶壁栱为泥道重栱加单层素枋。

（8）后檐补间铺作

外跳与后檐柱头铺作相同。华头子里跳作鞾楔，头昂挑斡抵住二昂，二昂挑斡伸至后内柱间内额斗栱栌斗之下（图31）。

（9）后檐转角铺作

正、侧与斜45°均出双下昂，无华头子。其中，斜向为真昂，偷心造，无令栱，设平盘斗承橑风槫。里跳栌斗上为递角栿，其上昂尾作挑斡，头昂紧贴二昂，二昂挑斡与丁栿上蜀柱相交，头昂与递角栿之间有短柱支撑。正、侧为假昂，与泥道重栱相列（图32）。

（10）前内柱柱头铺作

栌斗上承单层横栱与四椽栿，四椽栿梁头向外，与前檐柱头铺作挑斡相交。

（11）前内柱间内额斗栱

栌斗上承单层横栱与斜梁，斜梁向外出头，上承前檐补间铺作挑斡（见图15）。

（12）后内柱柱头铺作

栌斗上承单层十字栱，栱均为单材。华栱向内为雕花实拍栱，向外现状右缝为栱头，左缝为直截出头，其上支撑乳栿。

（13）后内柱间内额斗栱

栌斗下为雕花驼峰，栌斗上承单层横栱与雕花实拍栱，实拍栱向外直截出头，其上承斜梁（见图16）。

a. 外跳

b. 里跳

图31　大殿后檐斗栱

图32　大殿右后转角铺作

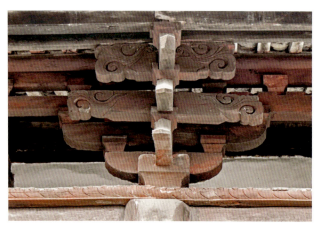

图33　大殿前檐右缝柱头铺作上雕花翼形栱

图34　大殿后内柱内额上右侧驼峰

图35　大殿前檐中平槫下左侧驼峰

图36　大殿前檐阑额下绰幕枋

8. 雕刻

大殿木构雕刻集中在斗栱与绰幕枋。与斗栱相关的主要有两类，即前进斗栱跳头上的翼形栱以及内额梁架下的驼峰，驼峰包括后内柱间内额斗栱下的驼峰和前中平槫下支撑内额梁架三椽栿梁头的驼峰。雕刻手法均较简单，双面雕刻卷草或卷云纹（图33～35）。

大殿绰幕枋分布在前檐阑额、中内柱与后内柱内额下，也是双面雕刻卷草或卷云纹样，具体存在两种形式，一种是前檐明间阑额与内额下绰幕枋，卷草轮廓较平滑，另一种是前檐次间阑额下绰幕枋，卷草外轮廓被切割为小段弧形，图案较紧凑，也更加复杂。阑额之上，普拍枋外侧也有雕刻，为斜向莲瓣，接近阆中五龙庙文昌阁做法（图36）。

此外，大殿梁柱端部通常采用钟形砍杀，蜀柱底部多雕作鹰嘴形。斗栱昂嘴两侧有单线刻纹，假昂还刻出华头子，里转实拍栱和韂楔雕作分段弧形。

9. 彩画

大殿内部梁架上广泛绘有彩画，根据目前保存情况看，平梁以下的木构件中，柱身、梁栿和内额的侧面应该都有分布。现状彩画出现褪色，但线条仍然清晰，可以辨认出题材大部分是植物纹饰。

水平构件如梁栿和内额上的彩画保存最好，大部分仅顶部存在残损，其构图可参考明清官式彩画

图 37　前中平槫下内额前面左端彩画

图 38　左山面梁架四椽栿前端彩画

分出"箍头""藻头"和"枋心"三部分,但具体图案更接近宋《营造法式》。以左山山面梁架四椽栿为例,其前端靠近砍杀处可清晰看到两圈花纹组成的箍头,外圈花纹为并排的叶片,叶尖向内,内圈为曲水纹;再往内为藻头,采用两瓣如意头,边缘为宽线条,所占宽度仅箍头一半;藻头之内枋心绘制卷草和花卉,题材包括"莲荷华"和"牡丹华",颜色至少包含红、绿和青,构图自由,无明显的对称轴或排列规律[13](图 37、38)。

落地柱上半部彩画保存较好,内容与水平构件相似。以左前内柱内侧为例,在距柱顶一定位置有明确的水平边界,往上不施彩画,往下开始依次为连续排列的叶片、曲水纹、两瓣如意纹藻头和植物纹饰。与梁栿彩画相比,箍头与藻头更短,颜色为黑色单色。除落地柱外,左山山面梁架四椽栿上蜀柱彩画保存较完整,前上平槫下蜀柱从下往上采用相同纹饰组合,中平槫下蜀柱较短,通体绘制六出龟纹(图 39、40)。

大殿的彩画在梁柱上均表现出端部意识,且未区分柱、梁彩画题材,但也有个别梁栿采用其他纹饰,如明间左缝三椽栿和前中平槫下内额后面施连续的多重菱形纹,呈浅色,较一般纹饰简单,可能是云秋木彩画(图 41)。

[13]《营造法式》卷第十四《彩画作制度》:"华文有九品:一曰海石榴华,宝牙华、太平华之类同;二曰宝相华,牡丹华之类同;三曰莲荷华……其牡丹华及莲荷华,或作写生画者,施之于梁、额或栱眼壁内……琐文有六品……六曰曲水,或作王字或万字,或作斗底及钥匙头。"见梁思成:《梁思成全集》第七卷,中国建筑工业出版社,2001,第 267 页。

图 39　左前内柱彩画

图 40　左山面梁架四椽栿上蜀柱彩画

图 41　明间左缝三椽栿彩画

（二）观音殿

1. 平面

观音殿为二层穿斗结构，上层面阔五间、进深九檩，悬山小青瓦屋面，砖脊，下层面阔七间，前后各外推一步架，四周出檐。下层山面屋顶向北延伸，与厢房屋面贯通。

观音殿上、下层平面布置接近，中心三间均为开敞大厅，两端其余各间隔为房间。观音殿北侧有廊，下层进深两步架，上层进深一步架，上层廊仅设于中间三间，西尽间该位置设楼梯。南侧则上、下层均无廊。观音殿上层梢间按柱网分隔为若干房间，每个房间进深约两步架，下层由于不方便向明间开门，内部分隔较少，房间进深较上层大。下层最内侧两次间在南向也隔出进深三步架的小房间，使中心大厅平面呈"凸"字形——南侧宽一间，北侧宽三间，与上层略有不同。

观音殿现状下层明间不设门，中心大厅为过厅，但从照面枋下皮榫卯判断，原来应该均有门窗，可能每间采用六扇门或者一门二窗的形式。下层大厅目前正中塑观音，左右沿墙各塑菩萨六尊，均为新做（图 42 ~ 44）。

a. 正面

b. 背面

图 42 观音殿外观

a. 上层

b. 下层

图 43　观音殿室内

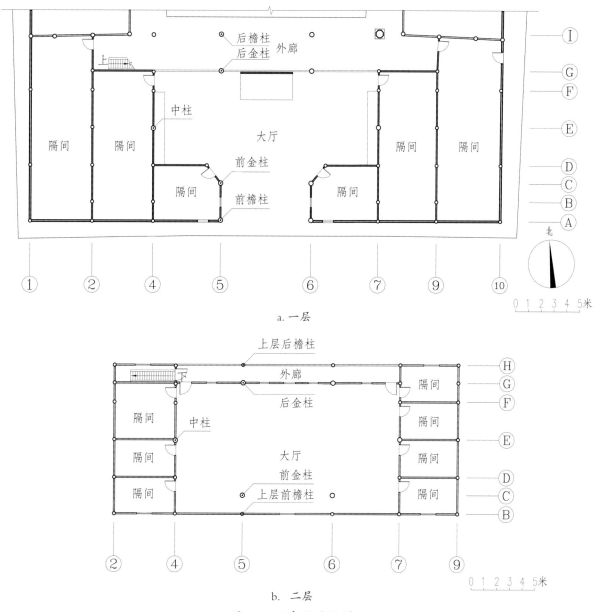

a. 一层

b. 二层

图 44　观音殿平面图

2. 梁架

观音殿由于中心三间为开敞空间，所以明间梁架采用抬担式，其余各榀仍用穿斗式。明间梁架进深三进，金柱为通柱，与上、下檐柱间分别用挑枋和穿枋相连，由下层穿枋支撑上层檐柱。中间用进深七步架的过担，上层前后向外再各出一步架，下层前后向外各出两步架。明间两榀以外的其他四榀梁架设中柱，中柱前后每隔两椽设一落地柱，上层梁架正好被均匀分为四份，但这样明、次间柱网未对齐，而北侧有廊，只能在对应明间后金柱的位置增加一根落地柱，才能保证外廊规整。南侧虽不设外廊，无需改变柱网，但梁架不同仍导致次间隔间出现斜墙。

观音殿二层楼面由楼欠支撑，楼欠均沿顺身方向，与上方檩条对位。各榀架的区别导致各间结构略有不同。除明间以外，各榀架于楼板之下设两层穿枋，上层穿枋高度与楼欠相当，上、下层之间对

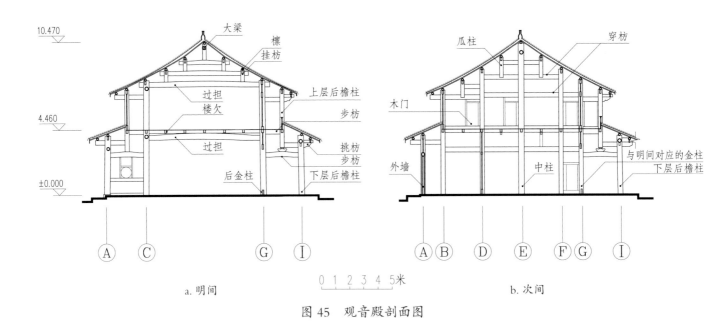

图45　观音殿剖面图

应楼欠位置设立枋，立枋上设雀替，这样楼欠或者与落地柱相交，或者与穿枋相交，由雀替支撑。明间则在前、后金柱中设一道过担，由过担支撑楼欠（图45）。

3. 装饰

观音殿整体构架简洁、古朴，现状下层木结构多施深色油漆，表面是否曾有彩画暂不可知，只有北侧檐口未做油饰，保留了部分彩画与雕刻。观音殿北侧檐口由中心四榀屋架支撑，其结构是先在后檐柱与后金柱间施两步架长的下步枋，再在步枋正中安装元宝形驼峰，由驼峰支撑上层檐柱，上檐柱与金柱间由上步枋联系，与下檐柱间施挑枋承檐。明间两榀梁架的挑枋在檐柱外侧另垫高一层，与挑檩下挂枋相交，次间梁架由于屋架转角与厢房相连，上层挑枋位置为厢房檐檩下挂枋。观音殿与厢房檐檩下挂枋的形制类似脊檩下大梁，中心略起拱，两端位置较低，截面为圆形。

以上构件中雕刻有四处：元宝形驼峰两面雕刻植物纹饰，中心靠近底部是一朵四瓣的花，两侧为对称卷草；上檐柱底雕刻出大斗的形状，斗上柱子还做出弧形砍杀；檐檩下挂落明间雕刻龙头鱼尾，鱼尾在上方，龙头在下口含宝珠，次间雕刻卷云；明间挑枋伸出檐柱部分，底面与端部雕成连续的数段弧线，弧面正中起脊。彩画集中在檐檩下挂枋、挑枋与檐柱头。檐柱以挑枋下皮为界，以上部分与上层挑枋均绘制云纹，往下为两圈几何图形。挑枋伸出檐柱部分绘制植物纹饰，檐柱以内仍分出箍头、藻头与枋心，枋心为连续六出龟纹。挂枋彩画分为三部分，箍头、藻头占比很小，枋心也是植物纹饰（图46）。观音殿上檐北侧挑枋的雕刻与下檐接近，但表面未保留彩画。

除木质构件以外，现状后檐与东厢房交接的檐柱改为石柱，但该石柱并非完整石材制成，从下往上，组成石柱的石材依次是2层方形底座，6层八边形石块和3层方形石块，其顶部高度至厢房檐枋，其上再立木质短柱固定檐枋、檐檩。第一层方形底座雕刻有案腿，可以看出原本就用于底座，第二层表面雕刻花草。中间的八边形石块中，上2层素平无雕刻，下4层每面先作海棠线脚，再在其中雕刻图案或文字，不过目前仅从下往上第三层中的一面残存了较多文字，能看到右侧为姓名"领袖，杨在

图 46 观音殿明间右缝后檐檐部梁架

图 47 观音殿左次间左缝后檐檐柱

□……邓……"，左侧为纪年"……元年八月卅日谷旦"。最上的三层石块没有特殊雕刻，表面有凿痕，仅中间层的凿痕较明显，呈菱形（图 47）。

（三）东、西厢房

东、西厢房位于大殿前两侧，南端至观音殿北廊柱，与观音殿封闭外廊形成的小房间相接；北端至大殿前内柱，前廊与大殿前廊相接，东厢房连廊尽头为通往院外的后门（图 48 ～ 50）。厢房外墙和屋面均与观音殿连为一体，所以受观音殿平面限制，两厢房南端内移，使院落平面呈北宽南窄的梯形。

图 48 东厢房外观

图 49   西厢房北端与大殿连接

图 50   东厢房北端连廊

图 51   西厢房梁架

　　左、右厢房外观相同，面阔六间，北起第二间及第六间较宽，其余各间较窄。进深均为七檩，前、后各进深一步架，前进为连廊，于前金柱位置设门窗[14]。两厢房北起第二间左、右缝中进为抬担架，中柱不落地，其余各榀屋架均采用中柱落地做法，由此推测北三间是完整的一组，南三间或为稍晚加建（图51）。西厢房北起第三间内现存方形石础2块，高度超过现有铺地，推测是此处早期建筑的遗迹。此外，东厢房现状隔墙与柱网不对位，内部分隔与外檐开间不一致。

[14]西厢房北起第一间外廊封闭。

图 52 山门南立面

厢房为双坡小青瓦屋面，叠瓦脊。前檐外墙以照面枋为界，其上为编壁泥墙，其下设木质格子门窗，窗下为木装板。其余三面上为编壁，下为厚墙。前檐檐柱位置，檐檩下挂枋截面为圆形，中心起拱，如脊檩下大梁。

（四）山门

山门面阔三间、进深五檩，歇山小青瓦屋面。山门明间前内柱处设门，后檐正中设隔断墙，隔断墙前后分别安放弥勒和韦陀的塑像，两侧为通

图 53 山门内部梁架

道，但未装门扇。两次间隔作房间，八字墙位置和大门两侧设窗，前檐明间悬"永安寺"匾额。

山门明间屋面升高，前檐改作歇山状，外观上形成明间高、次间低的组合。具体做法上，首先明间左、右前檐柱分别向两侧移动一步架的距离，明间入口则退至前金柱位置，形成八字墙入口；其次，将明间屋面升高，形成檐口高差；最后，在门额上设蜀柱，前内柱上出挑枋设坐墩，由蜀柱和坐墩固定翘角挑[15]，由此延长出檐并做出翼角，使明间前檐屋面改为歇山形式。山门明间后檐仅升高了屋面，未添加角梁，因此并无翼角（图 52、53）。

[15] 翘角挑即转角处斜向挑枋。

三　题记、碑刻及匾额

（一）　大殿题记

目前在大殿内一共发现有 32 处各个时期的墨书题记，其中 30 条题记保存较好，仅位于前廊的 2 处题记风化严重难以辨认。题记共计 2000 余字，所在位置与文字内容密切相关，可据此编为 T1 ~ T32[16]。

T1 ~ T7 为寺院及宗教界相关内容，按重要性自殿内中间向两边分布。最中间的 T1 记载了大殿的创建年代为元至顺四年（1333 年），主持修建的是宝传、悟一、悟真、悟理等僧人；与之相对的 T2 为颂词；T3 为相同宗派助缘修造的僧人。T4 ~ T6 则是其他寺院、道观的僧人、道士祈愿。T7 位置靠后，是为本寺院历代祖师祈愿，可能也包括已故高僧。根据 T3 中"师伯宝光、师兄悟因"等称谓，可知题记是以悟字辈僧人的口吻书写，这就说明 T1 中的"专管修造小师悟一"才是创建大殿的最核心人物。

T8 ~ T16 是僧人俗家亲属的相关内容，这些俗亲涉及多位僧人，以鲜于姓和何姓的内容最多，且亲缘关系越密切的位置越靠中间。其中，T8、T9 均位于室内明间靠前的内额上，位置最佳，内容涉及僧人父母。T8 僧人姓鲜于，其母姓何，T9 僧人姓何，其母姓鲜于，显示出鲜于姓与何姓间的联姻关系。T10 记载了袁姓僧人母亲。T11 ~ T13、T16 只记载一般俗亲，无法确定属于哪位僧人。T14、T15 位置靠后，文字涉及祖先姓名，应是为已故亲属祈福，从内容看应该也分属鲜于姓和何姓僧人，说明这两姓家族对永安寺影响最大。

T17 ~ T22 是其他信众的祈愿，主要分布于殿内后部两侧。T23 ~ T30 可以明确为后代历次维修题记，表明大殿至少经历过明崇祯三年（1630 年），清雍正二年（1724 年）、咸丰八年（1858 年），1991 ~ 1992 年四次维修（图 54 ~ 56）[17]。

1. 左内额梁架三椽栿（T1）

维大元至顺四年太岁癸酉，九月壬辰朔，二十八日己未，当院主盟比丘宝传，专管修造小师悟一，同师弟悟真、悟理等，罄竭囊资，革故鼎新创立。

2. 右内额梁架三椽栿（T2）

三身如来宝殿，庄严梵宇，永镇金田。上愿佛日增辉，皇风永扇，天长地久，岁稔时和，国界永安，法轮常转；次希院门镇静，僧行兴隆，进道无魔，修行有庆。

---

[16] 题记碑刻录文中，"□"表缺一字，"……"表无法判断字数的缺字，"｜"表换行，一行内又分多行的，多行内容外加"［ ］"，各行用"｜"隔开，如果多行的各行内又分多行，则用"｛ ｝"套"［ ］"的方式表示，"（ ）"内文字表根据文义或其他文献补足的缺字。

[17] 图 54 括号表示位置重叠的构件中高度较低的构件，一般是未被剖到的顺栿串。

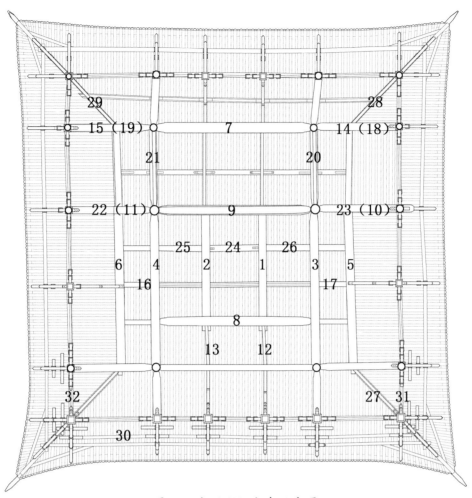

图 54　大殿题记分布示意图

3. 明间左缝四椽栿（T3）

本山师伯住持沙门宝光，座下长讲师兄悟因，师弟悟明，师侄永宁、永聪、永曦、永隆，师侄孙普仁等助缘修造，惟冀诸圣垂佑，龙天护持，道种弥坚，法幢永固。

4. 明间右缝四椽栿（T4）

法宝首座了仁，住持宝坤、妙冲，法眷法林、法泉、法秀、法玑、法音、法真、法因、法灯、法照、至显、至玄、至超、至果、至觉、至常、至山；醴泉禅院住持从善、从顺，座下宝昭、宝灿、宝真、宝炎、宝玄、愈和、愈聪、愈成、愈安，惟冀道树婆娑。

5. 左山面梁架四椽栿（T5）

……德泉、至圆、德成、德谦、德珪；寂照院首座继和、了义，座下慈光、善果、悟然、善融、善□、□应、至暹；慈恩院住持宝瑛、宝柱，法眷智知、元善、元福、法坤、元信、元顺、法喜、海金，祈法幢高耸。

6. 右山面梁架四椽栿（T6）

妙成□提点何德真、杨德宁、严德坚、吕德元、何德清，座下黎至和、何至仁、杨至能、曹至玄、严至英；永安观住持何道□、□道济，座下何得玄、赵契玄、苟至惠、侯至聪、王太玄；道隆观提点曾道传，座下刘惟正、王惟一、王惟德，祈道树婆婆。

7. 后下平槫下内额（T7）

目前已被背光遮挡，2014 年调查时有宝盖遮挡。

　　……大德开山处林，大德历代修造，诸位祖师，师……师叔宝□，大德师兄悟安，大德悟缘……愿仗殊勋，转隆胜报。

8. 前中平槫下内额（T8）

　　俗堂母亲何氏二娘，兄鲜于海泉、何氏，海□、何氏，海润、严氏，海桂、何氏，海潮、何氏，弟鲜于海□、李氏，海林、侯氏，海珠，侄男鲜于仕诚、仕明、仕炎、巳郎、震保一家人眷等，舍财助力，赞成修造，祈乞寿算遐长，子孙荣显者。

9. 后上平槫下内额（T9）

缺字被后加短柱和替木遮挡。

　　俗堂父母何妙闻、鲜于氏，叔（父）……（姑）何初娘，兄何炳桂、王氏，侯森桂、鲜于氏，弟何茂桂，姐何氏宝桂，甥鲜于德清……财并木植，冀子孙光显。

10. 左山面中丁栿顺栿串（T10）

　　俗堂母亲侯氏二娘，叔父母袁酉仲、施氏，兄袁嗣隆、李氏，嗣坤、王氏，嗣昌，侄男袁有义，一家人眷等赞助钱粮，祈家道昌炽者。

11. 右山面中丁栿顺栿串（T11）

　　俗亲［唐氏，侯坤林、袁氏，坤琮、何氏，坤惠、苟氏，］□氏，侯坤仁，侯坤正、张氏，坤载、何氏；］尊亲［文自□、张氏，文仁义、何氏，王永兴、侯氏，何继昌、侯氏，王永昌、袁氏，苟绍先、侯氏，］文才德、侯氏，文仁敬、袁氏，李天鉴、袁氏，李天祥、袁氏，冯□、侯氏］等施财助力，惟冀福寿绵远。

12. 前檐明间左前斜梁（T12）

　　俗亲何亘龙、赵氏，何绍龙、鲜于氏，侯……牟可大、鲜氏，何思恭、郭……

13. 前檐明间右前斜梁（T13）

　　俗亲王祖顺、侯氏，祖真、何氏，王德厚、何氏，德□、杨氏……祈寿算遐长。

14. 左山面后丁栿（T14）

左列文字无法辨识。

　　□门远化［祖考妣鲜于时观、何氏，化考妣鲜于志通、严氏，鲜于志□……鲜于志源，化兄鲜于……鲜氏□妹鲜氏梅娘，］……祖王坤……］祈生内院。

15. 右山面后丁栿（T15）

　　［□□□何□赵氏□□何智炎、苟氏，何汝亮、王氏，何□□，何才霍、蒲氏，蒲……何明午、侯氏，侯嗣□……何氏，何桂年、李氏，］□门远化祖考妣袁才富、严氏，外祖考妣侯道成、

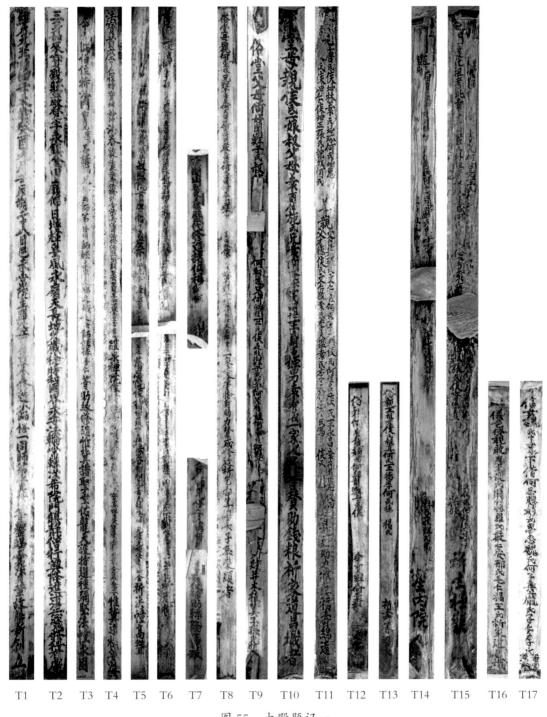

T1　T2　T3　T4　T5　T6　T7　T8　T9　T10　T11　T12　T13　T14　T15　T16　T17

图 55　大殿题记一

何氏、曹氏，俗考袁□……胜祖、张氏，侯宝德、袁氏，侯宝信、……保娘。〕祈生极乐。

16. 右次间前上平槫顺身串（T16）

仪邑俗亲严应圭、侯氏，严仁德、罗氏，严仁安、邢氏，毛仁福、王氏，祈家道昌炽。

17. 左次间前上平槫顺身串（T17）

信女魏氏十二□，下偕何思聪、赵氏，思忠、魏氏，何子兴、庞氏，子仁、李氏，希蒙慈座。

18. 左山面后丁栿顺栿串（T18）

檀越［何昌富、任氏，何炎之、蒲氏，何承之、侯氏，何复之、蒲氏，何德全，苟焕全、任氏，何普全、陈氏，何安仁、赵氏，何安义、侯氏，李自仁、白氏，自□、蒲氏，廖嗣宗、严氏，李天惠；］何才渊、才桂，何炎桂、苟氏，何炎海、苟氏，何艮全、震全，何至元、侯氏，何惠全、蒲氏，侯至聪、杨氏，何至金、王氏，李自荣、王氏，自昌、苏氏，侯福祖、文氏，李天锡、张氏。］各冀子孙昌盛。

19. 右山面后丁栿顺栿串（T19）

檀信［张仲举、仲新，王文坤，伏文顺，史文俊、文进，李仲德，张绍先、绍祖、绍源、绍福，张文昌，黎保珍，王焕璋，黎保祥，陈文桂，陈平富，王绍兴，曹应熊，谭应龙，杨元富，仇德贤；］李仲兴、仲庚，何福绍，李仲明、仲辛，严保林、保泉，李午林，何世全，杜德华、德荣，黎保璋，黎绍兴，王赵保，陈文进，刘艮孙，杨□□，施如山，严才昌，杨元之、杨元厚。］祈门业兴隆。

20. 明间左缝后乳栿顺栿串（T20）

檀信［冉大用、廖氏，廖□坤、冉氏，龙贵翔、冉氏，冉德新、余氏，德□、曹氏，德贵、王氏，德聪、龙氏，］冉圭全、何氏，王世安、冉氏，谢昌宗、冉氏，冉圭用、谢氏，黎应明、陈氏，冉绍祖、王氏；］施主［符大雷，符大用，李文兴、文进，龙汝楫，税绍宗，］龙光文，冉自兴，杨才志、才美，黎□复、龙有得。］祈各家均庆。

21. 明间右缝后乳栿顺栿串（T21）

施主［冉智明，杨孝承，□光玉、光华、光义、光德，冉垠、冉福缘，曹才聪、才美、才顺、才辉，柳文惠，王自富，杜子贤，王德坚，苏德通，李智通，杨仲珪、智明，何继嗣，］何三凤，陈僧保，何国宝，何国珍，吴世海，冯文炳，庞贵荣、贵显，冯之美、之善、绍宗，曹才习，王海源，李之泰，李应龙，蒲才智、才进，杨仲林、仲德，席妙应。］祈福寿增崇。

22. 右山面中丁栿（T22）

信士［曾德顺，何荣□，李……郭文昌，何桂钊，桂□……苟法缘，苟志全，苟法海，王……志，］杨兴华，何……杜子□、子渊，赵文昌、文珍、文兴，冉……鲜世忠、世兴、世隆，王世杰、世□、世贤，王□贤，杨兴贵、兴□、兴□。］祈家门昌盛。

23. 左山面中丁栿（T23）

崇祯三年岁次庚午，正月十四日望日良辰吉旦，□木更换明梁功德主……李蕚、同缘田氏，下男李应成、李氏，孙男丙子、童见一家等，更祈家道兴隆，子孙绵远，谨题。

24. 明间中段顺脊串（T24）

大清雍正甲辰年十二月二十五日吉旦。

25. 明间右段顺脊串（T25）

皇图永古，帝道遐昌。

26. 明间左段顺脊串（T26）

佛日增辉，法轮常转。

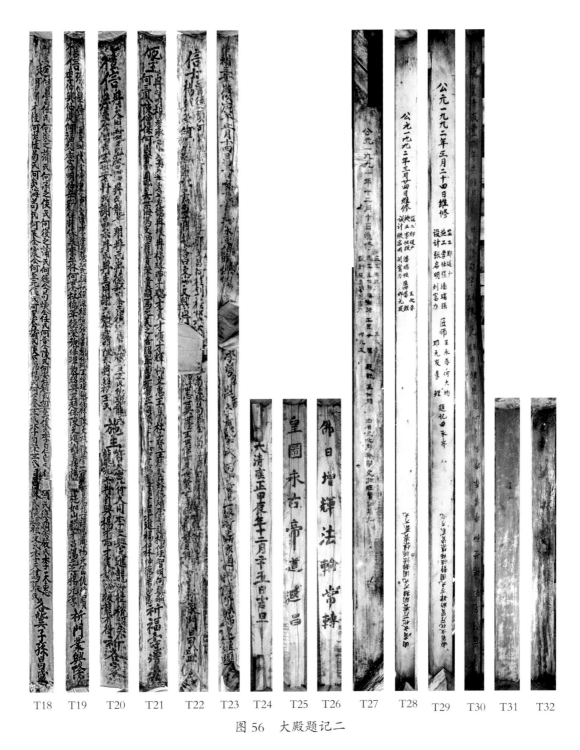

T18 T19 T20 T21 T22 T23 T24 T25 T26 T27 T28 T29 T30 T31 T32

图 56 大殿题记二

27. 左前角梁（T27）

公元一九九一年十二月十日维修，［监工郑延广，］施工李仕强、潘瑞强，］设计张启明、刘富力，］工匠［王永春、］□理、］邓元友，］题记李仕强，由省文化厅补助文物经费□万元。

28. 左后角梁（T28）

从内向外 公元一九九二年三月廿四日维修，［监工郑延广，］施工李仕强、潘瑞强，］设计张启明、刘富力，］匠师王永春、李鲤、邓元友。

从外向内　由省文化厅资助肆万元，圆静法师集资贰万元。

29. 右后角梁（T29）

从内向外　公元一九九二年三月二十四日维修，［监工郑延广，］施工李仕强、潘瑞强，］设计张启明、刘富力，］匠师［王永春、何大均、］邓元友、李鲤，］题记田承齐。

从外向内　由省文化厅资助肆万元，圆静法师集资贰万元。

30. 前檐右次间承椽枋（T30）

从左向右　龙飞皇清咸丰八年夹钟月□□日培修殿宇，木工陈应先、瓦匠李钟应造。

从右向左　会首刘克华、杨世和、李华春、李钟富立。

31. 左山面前进由额（T31）

字迹难以辨认。

32. 右山面前进由额（T32）

残存文字痕迹，目前尚可辨认的有"金氏""赵氏"等字，可能是捐资者姓名。

（二）观音殿题记

观音殿题记集中在上层，共发现15条，编为T33～T47，共3000余字。T33～T37分布于明间各挂枋下，内容包括观音殿重建于乾隆二十二年（1757年），本寺及周边寺观的僧道名号，以及阆中文武官员姓名。T38～T40分布于明间左、右缝梁架，T38记录了当地取得功名、职衔者的姓名。T41～T46分布于两次间前檐挂枋下，为功德主名录，功德主除阆中本地外，还有不少来自南部县和仪陇县。题记中部分姓名采用黑字写姓，红字写名的形式，可能用于官员和有功名的人，区别于吏和普通百姓（图57）。

除一般题记外，观音殿部分上层构件还保留了"鲁班字"，即施工时标记构件的符号化文字。这些字集中出现在次间挂枋，写于构件外端，自外向内书写。鲁班字的具体写法和符号含义在不同工匠流派中并不相同，但一般采取以临近柱子定位的原则，即首先书写所在开间或樀架，然后写柱子的位置，如果是与柱子相交的水平构件，最后再加上该水平构件的类型（图58）。

1. 明间脊枋（T33）

从右向左　大清乾隆贰拾贰季十月十一日寅时上梁大吉。

从左向右　师祖显机用老禅师竖立，法徒明真、徒孙智聪重建。更祈山门镇静，佛法常兴，远近檀那，增延福寿者矣。谨题。

2. 明间后中金枋（T34）

从右向左　保宁府观音寺永安院住持性［满、］实、］海、］杰，］任徒理［亨、］泰、］松，］醴泉寺住持普［明、］暎、］晖，］弥勒寺住持照环，吉祥观主持通宁。

从左向右　羊环山住持比丘源吉、通慈、广慧，宝台观住持大戒比丘普静、大戒比丘性灿，三教寺住持如珣。

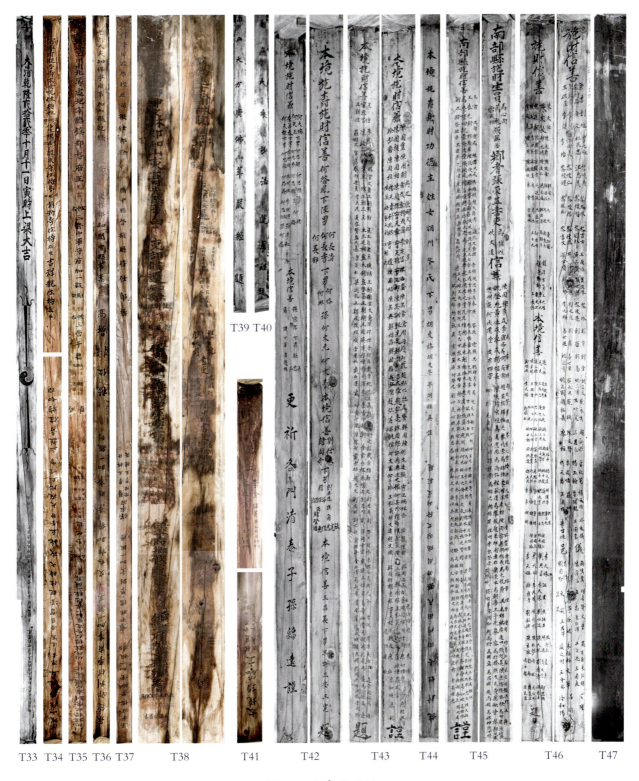

图 57　观音殿题记

a. 左次间前上金枋　　　　　　　b. 左次间前中金枋　　　　　　　c. 左次间前下金枋

图 58　观音殿左次间挂枋上鲁班字

3. 明间后上金枋（T35）

从右向左　镇守四川川北等处地方总镇都督府王光吉，［左｜中｜右］三营中军守府加一级［王淳、｜张誉、｜胡宪章，］［左｜中｜右］三营千总［马天爵、魏廷祐、｜姚华、孙世华、｜王子福、冒□光。］

从左向右　川北镇标左营副府纪录一次侯裔，川北镇标右营游击加一级纪录一次高麟端，［左｜中｜右］三营把总［袁尚□、胡雄、罗虎、｜韩大用、苏明、乔□佐、｜王长琳、薛交禄、刘尧护。］谨题。

4. 明间前上金枋（T36）

从右向左　中宪大夫知保宁府事加一级纪录十二次安定昌，文林郎知阆中县事叶开运。

从左向右　承德郎判保宁府事加一级王廷珏，文林郎知梓潼县事加一级刘应鼎。高增禄位，谨题。

5. 明间前中金枋（T37）

从右向左　保宁府经历经历司微仕郎徐用楫，阆中县督捕厅将仕郎杨继样。

从左向右　保宁府儒学［正、｜副］堂加一级［黄中美、｜汤懋德，］阆中县儒学副堂加一级唐开文，保宁府［医学正科任光吉，｜阴阳学正术张凤翔。］

6. 明间右缝七架梁（T38）

从前向后　保宁府阆中县乡绅文林郎知山东寿光县事白质，吏部候选知县［曹国弼、｜杜黄生、｜刘承莆、｜廖翼、｜何懿、］［宣德、｜朱常裕、｜罗经、｜赵思拙、｜罗绪，］保宁府阆中县儒学廪膳生员［吴末清、｜吴士鸾、｜刘世霖、｜赵晟、｜朱孔裕、｜廖镕、｜李舍、｜田裕金、］

［王之□、｜罗文郁、｜陈国□、｜陈谠、｜苟登玉、｜贾成芳、｜朱廷臣、｜刘诚意、］［罗文斌、｜张起鹏、｜陈张□、｜董经、｜刘懋禄、｜李玠、｜黎长林、｜杨廷元、］［王占春、｜赵□、｜李懿、｜王遇先、｜张仕英、｜王纲、｜罗文炳，］保宁府乡饮耆宾蒋承涓，保宁府阆中县乡耆［同阆、｜黎成高、｜任明忠、｜李全诏、｜王承先、｜任洪志、｜张新桀、］［林藻、｜陈誓禄、｜何现奇、｜蔡洪□、｜李□□。］

从后向前　钦赐进士翰林院［检讨严□龙、｜庶吉士李先校、｜兵部候推守备蒋南波，］｛吏部候选孟客文，｜［吏部候选训导廖□□、李天□、刘□□，｜教谕赵□□、刘承□、赵□，｜训导张□□、廖□、田□□，］｝［吏部候选州同张□□，｜兵部候选守备蒋□□、师天禄、周祯、雷应瑞，｜廪膳生员蒋□□，］［国子监监生蔡□、杨□林，｜钦天监天文生张鹏，］［学院、｜布政司］书吏［王国珩、｜戴元禄，｜阆中县书吏［易开圣、｜彭照林、｜侯希朝。］

7. 明间右缝五架梁（T39）

南无大方广佛华严经题。

8. 明间左缝五架梁（T40）

南无大乘妙法莲华经题。

9. 右次间前上金枋（T41）

从右向左　本境功德主｛李全诏，男李元枢，孙［李培、｜李坤；］｜黎成高，男黎吉［士、｜文，］孙黎［璲、｜珏、｜至宇。］｝

从左向右　本境功德主｛任应会，男任［遂、｜伟、｜□、｜壹，］孙学；｜王成先，男王遂。｝

10. 右次间前中金枋（T42）

从右向左　本境施财信善｛［何天瑞、｜何天玉，］下男［何思朝、何思礼、｜何思学、何思德，］孙何［经、｜纶；］｜李占春，下男李明俊、李明佐、李明德，孙李秘、李举；｜何天禄，下男何思敬、何思义、何思［文、｜行，］孙何恭。｝本境信善｛张永存，下男张［义、｜志、｜仁；］｜蒲谦，下男蒲茂桂。｝更祈各门清泰，子孙绵远。

从左向右　本境施木头施财信善何启凤，下侄男［何长清、｜何长秀、｜何长郁，］下男［何恪、｜何兴，］孙何文元、何文梦。本境信善｛刘仕泰，下男刘洪遠，孙尔［敏、｜宽、｜恭、｜信、｜惠；］｜韩国奇，（下男）韩［沛、｜滋、｜浩、｜治，］孙韩登遠。｝本境信善王昌义，下男王许、王安、王宽。谨题。

11. 右次间前下金枋（T43）

从右向左　本境施财信善［王佐、｜官永吉、｜王朝佐、］［李文□、｜陈经、｜罗锦文、］［李惟信、｜罗锦秀、｜官永眷、］［官文玺、｜丘璋、｜邸晋玺、］［王朝弼、｜王朝正、｜常天民、］［邓良、｜王立、｜夏启贤、］［王自玉、｜王廷相、｜盛天喜、］［王怀珺、｜盛天锡、｜常茂彩、］［王朝相、｜盛启昌、｜梁述孔，］［官文惠、｜王朝辅、｜王朝凤、］［陈邦杰、｜王国瑛、｜陈邦俊、］［管相臣、｜陈邦禄、｜管应林、］［戴原祝、｜母同泽、｜戴原星、］［况正鼎、｜李荣、｜戴坤、］［张斋、｜黄于嗣、｜黄于胤、｜［刘之枢、｜刘□、｜陈睿智、｜［戴原祯、｜戴原祥、｜戴原祜、｜［郭文、｜朱明玉、｜赵之文、］［刘思义、｜刘思明、｜刘思聪、］［刘澄、｜刘泮、｜刘之模、］［王国珍、｜杨步云、｜袁拱辰、］［李特吕、｜戴瑛、｜余起贵、］［马兴元、｜王佐臣、｜马起华、］［余吉、｜苟希坤、｜蒲间藻、］［冯迁、｜常天叙、｜侯玉琏、］［陈天佐、｜冯彩凤、｜陈天福、］［冯遏、｜冯遴、｜彭越先、］［常国炳、｜冯迨、｜黄现龙、］［冯迪、｜冯遵、｜常国珍。］

从左向右　本境施财信善［陈国玺、｜陈国模、｜徐弘爵、］［陈国朝、｜陈国相、｜陈国柱、］［冉之佐、｜常茂章、｜陈国禄、｜杨天贵、｜陈国梁、］［邢天相、｜杨茂藻、｜曹天章、｜舒兆林、］曹天材、］［刘景、｜李友富、｜曹天锦、｜曹瑗、｜王朝先、］［陈占鳌、｜曹正邦、｜陈国炳、］［陈其常、｜陈其训、｜陈其典、］［常国用、｜鲜见龙、｜鲜国昌、｜赵起龙、｜鲜国相、｜鲜国耀、］［赵弘仁、｜吕大璋、｜赵弘升、］［杜正学、｜赵弘亮、｜赵弘义、］［鲜国栋、｜鲜国梁、｜吕纯儒、］［胡文适、｜许国兴、｜何文宜、］［张秀、｜王之鉴、｜邸于珍、］［王瑞祥、｜何其珍、｜王弘义、］［余滋、｜胡守禄、｜胡文达、］［庞现章、｜胡文杰、｜胡文俊、］［鲜国英、｜王梅、｜鲜国珩、］［王开极、｜鲜国昭、｜胡守林、］［廖如璋、｜陈国梁、｜王弘美、｜曹天材、］［廖杰、｜陈世显、｜黄□龙、｜冯朝凤、｜廖恬、］［廖慎、｜廖如璜、｜蒲维礼、｜廖能、｜廖钦、］［廖铨、｜罗文章、｜廖如琏、］［廖桂兴、｜廖锐。］谨题。

12. 左次间前上金枋（T44）

从右向左　本境施木头、施财功德主、姓女胡门訾氏，下男胡友梅、胡友年、弟胡钟英。

从左向右　施财姓女田门田氏，孙田国瑞、田文翰、田文彩。谨题。

13. 左次间前中金枋（T45）

从右向左　南部县施财信善［王沛、｜王春先、｜马学礼、｜刘正绪、］［王自有、｜韩祥、｜田纪荣、｜柴继宗、］［马林、｜张星耀、｜张文璧、｜王进孝、］［潘义成、｜张我兴、｜张继成、｜巩仕禄、］［马锦禄、｜黎占鳌、｜杨藻怀、｜廖龙滕、］［赵天爵、｜苟尔居、｜杨在仕、｜张汉英、］［周璪、｜张述思、｜张大元、｜郭现雯、］［孔文学、｜张思宽、｜马元、｜马超行、］［孙晋、｜王玉章、｜王进孝］、周秀、］［胡现忠、｜王遇吉、｜黎弘德、｜王天锦、｜杨敏、］［李万春、｜杨必华、｜李之贵、｜王成章、｜刘起福、］［张贤、｜何魁、｜孔文礼、｜胡现臣、｜杨茂林、］［张琦、｜王焕章、｜杨英、｜高志世、｜侯贡、］［张思聪、｜马元、｜朱朝相、｜黎文早、｜张翼屏、］［韩美章、｜杜成业、｜徐永昌、｜王灿章、｜何登元、］［马超凡、｜周世敏、｜李应奇、｜杨玉林、｜刘仲美、］［王朝玉、｜张含玉、｜张翼廷、｜刘君弼、｜何耀先、］［何起坤、｜张琳、｜赵开椎、｜何永佐、｜张思恭、］［王之秀、｜马继周、｜何永祯、｜何永兴、｜杨鼎、］［雍玉台、｜李文运、｜王之伦、｜何永泰、｜何允奇、］［周义泰、｜杨弘、｜张文成、｜李俸教、｜柴仕英、］［张翼廷、｜杨启秀、｜刘在舟、｜杨起朝、｜赵乾生、］［余登鳌、｜柴永衣、｜张述贤、｜张联、｜柴林间、］［黄堂、｜李昂、｜杨福景、｜马锦常、｜马锦元、］［张殿臣、｜马景奎、｜黄玉、｜胡朝俸、｜张坤芳、］［赵

星比、│杨林、│赵星辰、│程先秀、│韩文祥、〕〔纪所元、│马锦连、│赵俸扮、│郭永杰、│
马天禄、〕〔李之奇、│赵斯美、│王自敏、│熊全美、│马锦华、│赵连杰、〕〔马琦、│张
元宗、│杨英、│赵瑞林、│张恒益、〕〔黎占春、│张大兴、│程寿林、│黎弘模、│杨易、〕
〔马锦祥、│彭忠玉、│马如蛟、│程寿康、│马锦先、〕〔陈天福、│马锦珍、│张文达。〕谨。

从左向右　南部县施财生员〔马心周、│马彪、│雷咸恒、│张翼藩，乡耆张荣益，书吏〔马锦恒、│
伏文达，〕信善〔陈国栋、│姚登魁、│蒲明选、│李成学、│黄俸成、│何伏还、〕〔马梅、│雍居义、│
牟成、│涂达、〕〔曹瑄、│周长云、│杨福长、│李联芳、〕〔周文芳、│赵星枢、│陈天赐、│邓玲、〕
〔董兴、│张换延、│宋恒英、│马护福、〕〔葛秀之、│黎伏荣、│马应举、│苟以明、〕〔李续宗、│
马锦柱、│马尚仁、│孙应学、〕〔张元□、│李明臣、│程敏道、│马锦之、〕〔侯联升、│马攀龙、│
杨福星、〕〔陈登鳌、│周云恭、│赵星辉、│程明秀、〕〔何秀袍、│杨福义、│周连非、│熊登荣、〕〔周
裕、│马元龙、│蒲荣生、│张□坤、〕〔曹瑾、│黄正、│马朝唐、│侯联第、〕〔曹琼、│马锦林、│
王子先、│宋润如、〕〔周枋、│侯连甲、│蔡容、│赵尚珩、〕〔葛云春、│张起义、│马非滕、│
马锦盛、〕〔朱廷俊、│陈宗侑、│张茂成、│马忠杰、〕〔张洪们、│张登禄、│黄应秘、│赵尚祯、〕
〔王梅、│马明星、│涂林、│马锦坤、〕〔张继宗、│郭现荣、│张世明。〕

14. 左次间前下金枋（T46）

从右向左　施财信善〔陈天佑、│陈友敬、│杨廷相、│陈友直、│高成美、〕〔陈天爵、│邢元德、│
陈友谅、│李世英、│陈三用、〕〔陈友章、│陈友仁、│陈耀宗、│陈友义、│陈友王、〕〔鲜国仁、│
鲜国住、│冯玉俸、│冯廷俸、│李贵、│李会、〕〔冯巡、│冯逌、│鲜国甫、│冯义凤、│廖志、│
常国栋、〕〔董如兰、│周良玉、│陈显宗、│鄢思明、│王占先，〕{阆庠生员王之璠，│仪邑乡约
〔曹卓凡、│严友谅、│王长龄，〕}本境信善〔陈三乐、│马见、│陈三德、│陈云龙、│郑明德、〕
〔王俊章、│陈友惠、│王永昌、│陈兴、│王雄章、│李天福、〕〔黄正乾、│陈友伦、│吕九信、│
胡文玉、│胡璟、│郑登敏、〕〔姚三永、│姚三思、│姚三富、│姚三佑、│姚士勋、〕〔侯福宁、│
周连芳、│姚士学、│蒲启益、│周连贵、│周洪道、〕〔魏天建、│姚士俊、│姚士洪、│马魁斗、│
邢天祥、│魏天民、〕〔胡汉章、│蒲洪、│魏天书、│蒲宽、│蒲检、│曹章、〕〔魏锡、│贾正先、│
魏忠、│张丕、│贾伟、│魏镛、│魏铸、〕〔侯国玉、│姚士超、│侯国玺、│侯国珍、〕〔李天禄、│
刘思富、│李天培、│李天植、〕〔汪云、│李天荣、│李天茂、│徐应贵、〕〔焦德昌、│刘弘道、│
侯国用、│刘弘佐、〕〔张行仁、│杨连、│陈天荣、│陈彩龙、│陈良栋、〕〔袁青、│葛文景、│
刘应寿、│周政、│赵伦、│周士龙、〕〔鄢思明、│徐应吉、│马公之、│周良玉、│周良臣。〕

从左向右　施财信善〔余吉、│李特品、│余启贵、│王佐臣、〕〔刘旭、│余文、│李盛□、│李湛、〕〔李
元极、│杜民思、│汪士美、│李培、〕〔黎怀义、│汪志美、│黎怀仁、│黎怀礼、〕〔黎玉林、│
黎怀智、│黎怀信、│黎锡林、〕〔黎吉士、│黎逌林、│黎怀德、│黎吉文、〕〔王国祯、│黄占鳌、│
甘泽、│黄金贵、〕〔萧应举、│罗世扬、│罗□扬、│赵珍、〕〔黎珍、│黎怀亮、│刘之茂、│
李元枢、〕〔刘芹、│刘蕃、│刘贾、│姜世畏、〕〔刘堂、│刘□、│姜世重、│姚三奇、〕〔姚

三文、｜姚三重、｜庞永先、｜姚三刚、］［庞永秀、｜左世英、｜庞纯、｜赵弘义、］［赵弘仁、｜王恩佑、｜陈友贤、｜廖柱、］［贾化□、｜杨玉翰、｜李栽培、｜杨天爵、］［杨天位、｜贾耀龙、｜罗坤、｜王国柱、］［冷凤仪、｜王国玺、｜李世依、］仪邑［顾鸣鸾、｜陈虞书、｜吕玮、｜刘国珍、］［胡希贤、｜王忠、｜□永宁、｜文英、｜王良、］［文璧、｜朱弘泽、｜徐斌、｜王君宰、］［严有盛、｜王占先、｜朱维新、｜严之明、］［朱弘绪、｜王国良、｜文华、｜王会□、］［吕瑾、｜吕珩、｜冷和阳。］谨题。

15. 下层左梢间后金柱至山面顺四架梁（T47）

双向文字，字迹保持很浅，靠近金柱端还有磨损，内容已难辨认。

（三）厢房题记

东、西厢房目前可辨认的一共有 6 条题记，东厢房 4 条，西厢房 2 条，编为 T48 ～ T53。T48 内容涉及大殿建造时的当院主盟比丘宝传，说明该构件应该是元代旧料。T52 内容为施主姓名，其中"侯坤林、侯坤仁、侯坤正"见于大殿 T11，"何才渊、何才桂"见于大殿 T18，"鲜于海潮"见于大殿 T8，"伏文顺、史文进"见于大殿 T19，推测该构件也是旧料。T51 和 T53 是修缮题记，记录了相关人物姓名，纪年分别为民国十三年（1924 年）和清光绪八年（1882 年），其中 T53 中"罗省环、李钟秀、李钟魁、李忠富、刘克福"也见于光绪九年（1883 年）石碑《重装佛像碑记》[18]。

T48 与 T52 构件上发现了彩画痕迹，前者彩画保持较好，与大殿彩画接近；T49 构件北端与 T50 构件南端做钟形砍杀，这些也都是使用旧料的证据，但以上构件端部都有斜 45° 砍杀，说明旧料均为截短后再利用（图 59）。

1. 东厢北起第三间脊枋（T48）

元年十月辛巳朔初五日乙酉良辰，当院修造比丘宝传自□资粮命……

2. 东厢北起第四间脊枋（T49）

从北向南　俗门伯叔母［鲜氏王……｜……］……各□门业兴隆者。

从南向北　……俗……［……何氏｜……何氏］各□家道昌□。

3. 东厢北起第五间脊枋（T50）

从北向南　……［……赵氏……昌□、｜，］俗亲［鲜于□孙、｜鲜于□□，］各祈福算增新。

从南向北　……檀信［……｜……鲜于鼎全、鼎应，］各祈寿算绵远。

---

[18] 李钟秀、李钟魁可能是碑记中人名李中秀、李中魁。

T48　T49　T50　T51　T52　T53　T54　T55

图 59　厢房和山门题记

4. 东厢北端院门后檐檐枋（T51）

从西向东　皇图巩固，帝道遐昌，本院李厚□住持僧法证。

从东向西　中华民国甲子岁仲冬月望九日吉旦，值□首人：总□李忠魁、正办刘万福、副办李云海、经理李传位，合会等。

5. 西厢北起第一间后下金枋（T52）

　　□□施主［蒲林桂、侯坤源、侯坤林、□□隆、侯坤仁、侯坤□、侯坤正、何坤□、侯福□、侯坤□、侯□□、□□坤、蒲可芳、李自荣、蒲可厔、张□□、张仲录、严祖昌、□福元、何福绍、李午林、李午椿、□□□、李应□、王□有、黎宝□、黎保□、刘嗣宗、鲜于海潮、严福海，」何才渊、何才桂、何昌□、何炎□、何思聪、何思忠、何炎之、何□保、文□□、何□之、何仁顺、何复之、何子兴、陈智明、李自仁、李□□、□□□、李仲庚、伏文顺、史文□、史文进、王世荣、张□□、张□□、张文□、□□□、□□□、黎保璋、□□用、曹……］祈各家均……

6. 西厢北起第六间前檐檐枋（T53）

从北向南　敕赐本觉院莲台会值年总管领［罗省环、」李钟秀、］［李钟魁、」李忠富，］匠师刘克福、」韩成槐、」李应明，］老安少怀，增福延寿矣。

从南向北　大清光绪八年孟冬月望四日，明星黄道，上梁大吉，皇图巩固，帝道遐昌。

（四）　山门题记

1. 脊枋（T54）

从右向左　皇图巩固，帝道遐昌，佛日增辉，法轮常转。

从左向右　大清道光五年岁次乙酉，月建丙戌廿二日谷旦。

2. 后上金枋（T55）

从右向左　阖邑绅士、耆老、远近檀那、合场众善同造，更祈四方祯祥，众善增福者矣。

从左向右　敕赐永安禅院，明朝□粮住持比丘成用，复古建修，师太佛成，师爷祖慧，徒先［如、」性，］［更祈山门镇静，道慧长存。」徒明，庆转授永安观万庵派大戒。悟宽，］徒［真如、」实，］复培修。谨题。

（五）　碑刻

　　永安寺现存清代石碑3块，立碑时间分别为道光七年（1827年）、咸丰八年（1858年）和光绪九年（1883年），碑文内容为当时的维修、募资情况。碑文所记主要人名与寺内相近年份的题记人名部分重合，二者互相印证，能更全面地还原维修过程（图60~62）。

1. 道光七年（1827年）《禁山碑》

　　位于大殿左山墙外，方首抹角，额题"禁山碑"，碑文记载了嘉庆十九年（1814年）以来，僧悟宽赎回寺院土地，与周围檀信约立禁山碑的经过。悟宽、真如、真实的姓名也见于山门后上金枋T55。该碑录文如下：

　　　　窃思敕赐永安寺，建自唐祚。其在当时禅关丕振，净土聿彰，巍巍□」称极盛焉。越宋、元、明以至我清，世风日下，人心叵测，罔顾」日后之报应，只图目前之私欲。或毁坏庙宇，或押当田地，或砍伐树竹，或纵放牛马，如此积弊，难以指数。嘉庆十九年间」有戒僧悟宽者住持以后，不忍前

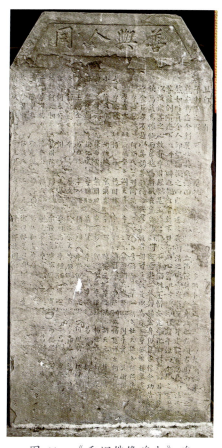

图 60 《禁山碑》　　　　　　　图 61 《重辉佛像碑志》碑

人之功果废堕，自捐衣钵，｜培补庙宇，退赎常土，护蓄三宝，并清各处界畔。虽未媲美於｜先年，而一望丛林，庶几差胜于昔日。为此特邀四围檀信，竖｜立禁碑三座，以定画一。嗣后常土只宜退赎，不许押当，山厂｜只宜培植，毋得剪伐。倘仍蹈前习，骚扰三宝，僧俗彩蚀，故意｜违禁，一经发觉，僧则逐出，俗则重罚。如有恃强不服，必鸣□｜究治，绝不姑纵，以长习风。特禁。

阆中县礼科书吏何其超撰，｜阆中县儒学生员刘德馨书。

四围檀那，［李钟明、｜韩品、｜李文聘、｜刘延瑞、｜何元相、｜李芝俊、｜何元儒、］［王绘、｜何多慧、｜李荣寿、｜刘锐、］［李国佐、｜常遇时、｜何元法、｜李国举、］［刘延均、｜刘文灼、｜罗有乾、｜李昌隆］公立。

本邑匠师张万来敬刊。

龙集大清道光柒年玖月十九日，住持僧悟宽，徒真［如、｜］实］监立。

2. 咸丰八年（1858年）《重辉佛像碑志》碑

位于大殿前廊台阶右侧，方首抹角，额题"善与人同"。碑文右侧记载了咸丰七年（1857年）至咸丰八年（1858年），殿内法云地菩萨像损毁，李钟富、李钟秀兄弟募化重塑金身的经过。碑文左侧为捐资者名录，人名按行排列，每行下为捐资数目，通常采用"各施/出钱×文"的形式，"钱"字为异体字"亇"。

大殿前檐右次间承椽枋上有咸丰八年（1858年）二月题记（T30），记载了大殿培修的情况。该佛像碑立于三月，且刘克华、李钟富的名字在两处均有出现，李钟富还兼任了两次会首，说明殿宇培修和佛像塑造可能是连续的工程。该碑录文如下：

且自□□有……」圣天子敕赐之隆，岂可任其□□，况本觉禅院□□□塑多佛，卜年已踰五世，而大雄之光华著美，」巍巍焉迄今独异。登其殿，海面尽□□璃。□其上佛像，莫非金身具也。左顾右盼，而十地之俨」然如昨。真令人仰望焉，拟之而靡尽。延及我朝清之咸丰，岁在丁巳[19]，月建蕤宾，忽焉而法云地」菩萨倒躓座下，嗟乎！斯时也！睹之者莫不□□而心惊。其幸哉！虽世远年湮，而十地之灵尤足，」以启众善之心。故有李君钟富、钟秀昆玉，善念勃发，不吝锱铢，不惜奔走，募化乡村。时诸君子莫不」欣焉、慕焉，慷慨而厚施焉。斯夙夜皇皇，□砌莲台，重装二尊，满饰金身，仍复古像。今功告竣，垂」之金石，亦不过以善诱善，而后之从善如流者，胡可量哉？是以为序。

李登相撰并书。施□四□文。

大小观音会各出钱二千文。

□首李钟［富、」秀……，］会首[20]李有富、李隆槐，各施□二百文，蒲永升、罗省元、李佐朝、王万全、僧当应，……四百文，何太修、何元□、李□兴、陈学春、李□顺，各施钱一□。

何罗氏施钱一千，贡生张映奎、贡生杨森、胡维城、徐步云、徐化成、□□□、李□□、□□、杨国升、陈仕□、徐应杰、任张□，各施钱四百文。

邢开洪、刘天喜、杨国林、官洪宗、戴国田、李国［佑、」岱、］李□□、□□□、王□□、杨□□、杨文［□、」英、］□冯氏、王□元，各施钱□百文。

李□□、李钟法、李钟□、李钟□、李□彩、聂相贤、何友瑞、□昌荣，……四百文，李国忠、李隆通，各施钱三百文，刘克华、杨仕和、徐国福，各施钱二百文。

□华春、□遇□、赵国□，各施钱□百文，陈应元，一百六十文，刘□□、李钟□、李钟［□、」伟、］李钟［喜、儒、］」李钟［华、」义、］李有□、李有□、李有□、李有□，各□钱一百文。

李□朝、李隆［玉、」保、］李隆［时、」□、］李隆［应、」□、］李隆［全、」□、］李隆［□、」文、］李忠□、□省□、罗心□、罗□□、罗省□、罗省□、罗省□，各施钱一百文。

杜天保、刘子贵、杨应祥、胡天元、杨世春、易明华、何□明、李嘉春、王万［书、」□、］王应忠、王万［春、」宝、］王□□、王岱□，各出钱一百文。

何仁法、吴树国、何玉珍、蒲文寿、向登春、胡姜氏、□国柱、程□坤、廖学升、僧秉芳各施钱一百文，□工朱登，石工郑大，住持僧永□。

---

[19] 咸丰七年，1857年。

[20] “首”字位于何太修上方。

清之咸丰戊午八年三月十六日重辉佛像碑志同众，竖立。

3. 光绪九年（1883年）《重装佛像碑记》碑

位于大殿前廊台阶左侧，方首抹角。碑阳额题"金容如古"，碑阴额题"同种福田"。碑阳碑文追述了本觉院历史，记载了光绪九年（1883年）重装佛像的经过；碑阴文字记载了光绪十年（1884年）培修寺侧桥梁，赎回周围土地的情况。两面碑文中，捐资者名录均列于左侧，按行排列，名字下方紧接捐款额。文字中以"𢆡"作"钱"字，"艮"作"银"字，还有特殊的计量单位"钏"。

西厢房北起第六间前檐檐枋题记（T53）年代为光绪八年（1882年），稍早于碑文年代，题记与碑阳文字中存在相同人名，先建筑后佛像的维修次序与咸丰时情况相似。

碑阳录文：

重装佛像碑记

西域之神，惟佛为至尊。汉哀帝时博士弟子□□使伊存口授浮屠经，中土常疑之。自明帝夜□金丨人，长丈余，飞行殿庭，以问于朝。傅毅时以佛对，乃遣中郎蔡愔使天竺求之，得佛经廿四章。及东□，丨而晋恭帝始铸像于瓦官。厥后大梁武帝同泰寺三舍其身意者，好佛之意深也。迨唐宪宗法门迎丨佛指骨，人皆尊奉而禋祀焉。举而不敢废者，何可胜道哉？此本觉院所以建。由诸唐，宋英宗治平四丨年奉敕褒修，至元文宗至顺二年而规模始大。越明朝有李君永用者，于洪武初增其旧制，换金容，丨又嘉靖丁丑岁[21]，僧宝峰子继起而补葺之。藉非佛光普照，焉能递相辅理，其尽，章章如是乎？逮丨我朝膺图受禄，相传二百余年，佛像颓败，谁复知何者为释迦，何者为十地，何者为接引准提？有心者不丨胜今昔兴替之感，因而积佛会，邀善人，募化十方，更为之装金饰彩。岂求福哉？抑亦恢复前人之志丨也。是以为序。

梓里文生李齐楷撰，李雨亭书，壹千。

莲台会承首总领，娘娘会捐资捌钏，二月观音会捐资四钏，六月观音会捐资四钏，牛王会捐资四钏，佛祖会捐资贰钏，鲁班会捐资壹钏，玉皇会捐资贰钏。

罗省环捌钏，李中秀贰钏，李中魁贰钏，李忠富贰钏，蒲兴伦贰钏，刘大瑞贰千，王万保壹千，严相荣壹千，何宗谟贰千，罗寿修贰千，李宗桂贰千，李钟富贰千，徐应林壹千，刘克富壹千，徐应相壹千，易占魁贰千……

募化首人。

李隆道、何映彤各壹千，罗省珠贰千，冯大和壹千，李忠进壹千，何映德壹千，常天斗壹千，胡荣祥壹千，刘日发、王大荣各壹千，刘天善贰千，李桂朝，杨仕玉贰千，胡显荣二千，武任玉□、徐化成各一千……

文生何兆熊四百，刘日银、谢顺、王大清、陈廷和、陈□俸、王加广，各出钱壹千，李中荣、李中□、□生徐应文、李忠□、王□□、僧心德、僧□忠、王□敬、王陈氏……，以上各出钱一千□。

---

[21] 嘉靖朝无丁丑年，此处应为误记。

　　源兴、李有齐、李有华、谢大顺、陈万隆、李罗氏、李中□、李中斗、李隆秀、杜国田、彭富贤、徐应忠、李忠隆、赵光富、李□□、李应清、李……，每名各捐钱壹千□。

　　何年修、李荣华、韩林槐、韩华林、韩成槐、韩富槐、□贵瑞、杨世和、陈延仁、何昌仲、刘天榜、何中庸、何映旭、徐应奇、何宗华、徐国□……，每名各捐钱壹千□。

　　李中贤、李有才、王廷富、何保修、何宗祯、何宗伯、程文氏、聂益炳、聂庞氏、刘克金、张万全、刘大春、刘克贵、刘克□、刘克禄、张发、刘长禄、□□□、汪德□，每名各捐钱壹千□。

　　刘长富、刘克福、刘大尧、刘大双、刘克仁、刘中成、刘映、胡华平、杜仕选、□万春、罗省诗、罗心荣、罗心明、罗省惠、罗省□、吕□□、李福朝……

　　胡正千、刘克□、刘克□、刘克兴、□文、刘克玉、李□□、□□□、王加玉、李宗□、□仁□、李有□、罗心□、李有□、罗省□、杨□□、李□□、李□□、吕万金、曾成□、刘瑞□、陈□□、□大□、左春元、□万林、□大顺，以上……

碑阴录文：

　　癸未[22]冬，众首士重装□□□□□刻神匾，越明年春，工未竣而寺侧新桥忽然崩踬，又培修之，一一费锱铢」者数百余千，功愈大□□□灵。俟来，宝龙台僧常住捐金贰拾余钏，赎本院四围常土，以益僧用，再勿当」压。岂非佛之感欤？抑亦领袖募化之诚，士庶喜施之笃致之也。所以善士之名不可泯，特镌姓字于左。

　　宝龙台僧常住银拾两，李中发钱七千，何兴德钱七千，李有义钱五千，徐应周钱四千五，王加俸钱四千，何中兴钱四千，李忠传钱四千，杨文元钱三千，刘大奎、徐国举、李有廷、何宗绪、李有才、王朝相、祝荣华、李有能，每名出钱贰千，罗心福钱一千六，王加寿钱一千四，李有善、何明扬、李中廷，各一千二，徐应武钱贰千，李有寿一千。

　　徐应俸、李逢春，各一千，徐国明、何应德、郑宗泽、邹元仲、陈兆英、陈万顺、徐国文、王登耀、胡万全，每名各一千文，徐志山、王廷选、王廷贵，各八百，李有仪、陈兆义、徐应德、何宗富、何宗俊、何群修、何勤修、王廷仲、王□成、李有富，各六百。

　　罗有福、邓荣宗、刘万秀、刘曰富、罗心仁、杨世春、罗省禄、罗省兴、罗心才、王永高、罗省金、罗省银、胡有年、王永庚、王来章、陈延贵、经才安、刘万春、王永富、王永廷、李有春、李中位、李中星、刘中礼、刘中谟、刘映福、陈万全、陈廷银、陈宗礼、李中伟、李中兴、李中炳、何宗儒、杜天保，每名各出钱六百。

　　刘长隆、刘万金、徐应祥、刘万明、丁文学、何映润、何映纲、何映举、何中宴、何昌杰、李忠相、李忠吉、李忠连、李忠明、李隆伸、杨应贵、胡荣禄、胡荣福、聂一斗、聂相文、王加福、王朝春、易明有、郑宗喜、吕万福、刘克成、李李氏、徐张氏、徐温氏、徐福山、徐应超、徐应晋、张万朋，每名各出钱六百。

---

[22] 即光绪九年，1883 年。

　　张德、刘克银、祝荣才、刘克勤、刘克全、李应贵、刘克举、刘信、黄玉明、刘大谟、何文德，每名六百，僧源住、常天泗、罗省志、罗省发、李忠斌、罗省春、李忠映、何伦修、李忠朝、常天庆、徐文彦、李厚福，每名五百，胡华兴、刘万保，各八百，胡荣邦六百，李华春五百，李有林一千，邓良健六百，刘克林六百。

　　陈长升、陈发春、经茂武、陈学舒、刘兆均、刘克义、何泽元、刘大顺、刘长庚、刘长斌、杨遵道、任大荣、张宗彦、罗心堂、罗心龙、罗省同、罗省贵、代国训、曹国润、代廷用、代廷富、王坤元、朱碧龙、罗□修、何映福、易明华、何映祯、何明福、李忠廷、郑宗映、吕万俸、李发阳、刘映魁、李中长、李有□，每名各出钱四百。

　　赵光德、胡大贤、李有臣、李有林、刘万朋、常天文、□孝德、何宗万、李忠钦，每名四百，张崇春、黄中清、王加善、罗省才、程维坤、何映斗、蒲兴隆、蒲银隆、刘万斗、刘映章、李中孝、常永鉴、冯廷奎、冯朝保、陈应顺、王怀有、胡荣俸，每名出钱三百，秦仕洪四百。

　　卫青山、李忠奎、李忠德、何宗发、李忠贤、李忠谟、李厚富、李忠尧、李忠敖、李隆诰、李忠训、李忠才、李忠平、李忠品、李忠禄、何昌郁、何中亭、何中岱、何映林、何昌孝、何映朝、何中荣、王仁先、何中良、何泽深、庞崇美、何明彩、何中贵、李应龙、罗省成、张仁保、

a. 碑阳　　　　　　　　　　　　　b. 碑阴

图 62　《重装佛像碑记》碑

刘大侔、李永益、冯登龙、刘映斗、张元，每名各出钱二百。

常天星、常天田、常珍龙、何宗祥、何宗传、何宗学、常天志、常天思、李有炳四百、徐国玉、徐国武、徐文献、韩荣寿、朱崇周、胡荣朝、李应龙、李应荣、王有元，各出钱二百文。

丹青工师［王承基、｜王公田、｜罗心海、｜蒲品隆，］石师何宗春钱二百，住持常惠，徒永隆。

大清皇上光绪十年岁次甲申，孟夏月朔八日，寿诞佳辰，明星黄道，仝众竖立。

4. 明《重修敕赐本觉院记》碑

碑文记载的本觉院创建者与大殿后下平槫下内额题记（T7）中的"大德开山处林"一致，宋代以后的历史沿革与光绪九年（1883年）《重装佛像碑记》所记一致，但两碑皆记"嘉靖丁丑"僧宝峰重修，而嘉靖一朝并无丁丑年，当属误记。现永安寺内未见此碑，《四川阆中永安寺元代大殿及其壁画塑像》一文称此碑立于嘉靖二十七年（1548年），并节录了碑文[23]：

本觉院，地去阆东六十里许，先宋僧处林之所创建者也，宋英宗治平四年奉敕褒修，元文宗至顺二年式廓增大殿……我朝洪武敕僧姓李讳永用、号君贤者尝补茸之……嘉靖丁丑岁，僧号宝峰者夙夜惶惶，思为此惧，乃敬捐衣钵，募工匠，土木金石次第毕举，楼阁廊宇，门殿台砌，焕然而更新之……

（六）匾额、楹联

1. "永安寺"匾

现代匾额，悬于山门明间前檐，黑底金字"永安寺"三字，落款"陈志明、王大海、谢晓玲、李仕强，乙未，敬献"。2014年调查时，旧"永安寺"匾也是现代匾额，旧匾形状为上宽下窄的梯形，"永安寺"三字为黄底黑色美术字，尾款"大清光绪甲寅年秋"[24]。

2. "观音殿"匾

现代匾额，悬于观音明间前檐照面枋外侧，朱底金字"观音殿"三字，上款"阆中市水观镇永安寺"，下款"刘鸿玖、李仕权，捐赠，二零一四年腊月"。

3. "西天慧月"匾

悬于观音殿前檐照面枋内侧，位于"观音殿"匾额背面，匾额边框绘有彩画，匾心朱地金字，立于清同治三年（1864年）。该匾现仅存"西天慧月"四字，上、下款文字均已脱落，从痕迹判断，上款为"乙口科进士口封奉政大夫｜……，敬书。"下款为"本邑口林……｜大清同治三年秋菊月中浣九日立"（图63）。

[23] 陶鸣宽、江学礼、曹恒钧：《四川阆中永安寺元代大殿及其壁画塑像》，《文物参考资料》1955年第12期。王书林在其硕士论文中节录碑文与上文一致，仅将时间记为嘉靖丁未，即嘉靖二十六年（1547年）。见王书林：《四川宋元时期的汉式寺庙建筑》，硕士学位论文，北京大学考古文博学院，2009，第55、56页。

[24] 光绪朝没有甲寅年。

图 63 "西天慧月"匾

4. "大雄宝殿"匾

悬于大殿前廊门额上，无框，黑地金字"大雄宝殿"，尾款印文"刘先湜"[25]。

5. "祇园毓秀"匾

悬于大殿中内柱间内额上，无框，朱地金字"祇园毓秀"，尾款印文"李文银印"。

6. 山门两侧楹联

"静禅入定天中天，慧光普照紫金莲；上乘佛法被生原，师施甘露洒尘秒。"落款"李伟赠"。

四　修缮改易情况

根据现场调查和之前的调查报告，永安寺大殿于20世纪50年代发现时已经受损严重，构件缺失较多，之后又受到破坏，室内壁画与塑像已完全不存。之后历经多次维修，包括20世纪90年代初大修与2013年第二次修缮，以前者影响最大，复原补配了大部分外檐斗栱，但这次复原并不准确。

（一）平面

永安寺大殿目前的平面布置与20世纪50年代发现时不同，当时"殿内中部砌石台一座，台上塑佛像三尊。靠两山的墙下，各砌一长条形石台，台上塑十地菩萨（图64）。两次间窗下各砌长方形石台一座，台上各塑六臂菩萨一尊。紧接大佛背后砌长方形低石台一座，台上塑接引佛一尊"[26]。对照寺中石碑碑文，咸丰八年（1858年）《重辉佛像碑志》中的"法云地菩萨"即属十地菩萨，光

---

[25] 刘先湜，曾任阆中市书法家协会主席。

[26] 陶鸣宽、江学礼、曹恒钧：《四川阆中永安寺元代大殿及其壁画塑像》，《文物参考资料》1955年第12期。

a　　　　　　　　　　　　　　　　b

图 64　大殿内塑像（引自《阆中古建筑》，第 42 页）

a　　　　　　　　　　　　　　　　b

图 65　大殿内壁画（引自《阆中古建筑》，第 43 页）

绪九年（1883 年）《重装佛像碑记》中也出现了"释迦""十地"与"接引准提"等塑像名称。如今，殿内正中为新塑的三身佛，东、西次间沿墙为十八罗汉，次间窗下不再设石台，改为紧靠北墙设石台并塑文殊、普贤，三佛后也未见接引佛及低石台。三身佛现位于后内柱前，后内柱间背版与绰幕枋相冲突，而且后进进深仅一椽，再设接引佛空间会显得局促，原有佛台应该比现在靠前。现状中内柱上盘龙为当代新塑，中内柱间底层内额下皮平整无题记，可以设置版壁，推测为原来佛像位置。

除佛像损毁外，最迟至 1988 年，永安寺内部元代壁画也已经不存[27]。壁画内容可参考《四川阆中永安寺元代大殿及其壁画塑像》："两壁上均有彩绘天龙八部。值得注意的是东山面壁画上有元至正戊子题记两则，西山面壁画上有至正戊子题记一则。西面题记为：'当院住山修造比丘宝传，小师悟真、悟理，师孙永用、永宝、永坚、永和……以功德庄严，放孜乞智惠方便，粤自癸酉之秋季，欲修大殿，以兴工，供启愿诚，用求加护，创业未半而上足迁化，营修以备而庆贺当陈，内外土木之作已周，壨妆彩画之功俱毕……至正戊子□□□□□□□□。'"[28]（图 65）

（二）斗栱

永安寺大殿山面后部斗栱与后檐斗栱并不统一，山面柱头铺作为单杪单下昂，补间铺作为双下昂，后檐斗栱虽然也为双下昂，但里转剳牵高度与山面不同，也不设雕花华头子。此外，转角铺作正、侧方向为假昂，使出跳总高度显著高于其他斗栱，造成橑檐枋不水平。以上问题应该都源于 20 世纪 90 年代的大修。

1. 文献中的修缮情况

20 世纪 50 年代的调查显示："（永安寺大殿）檐下施用斗栱大部毁失，因而后檐已全改用挑枋代替，西山面则仅有残骸存在，另以小柱承托橑檐椽……檐下斗栱尚完整者仅有前檐柱头铺作两朵及当心间补间铺作两朵。"[29]20 世纪 90 年代的记录为："大殿现存斗栱 16 朵，分布于前檐、两山面和殿内梁架之攀间部分，后檐因清代维修时改动较大，已无斗栱。前檐斗栱一共四架，分别是明间两个檐柱上部的两朵柱头铺作，和明间普拍枋上的两朵补间铺作……两山面共用斗栱八朵，每一面四朵，其中柱头铺作六朵，补间铺作二朵。"[30]

对照两次调查，最有可能延续原始形制的是前檐 4 朵斗栱（图 66），山面斗栱保存较差，报告中均未提及的转角铺作则可能已经不存在了。20 世纪 80 年代出版的《阆中古建筑》收录了修缮前大殿翼角的照片，能明显看出水平挑枋承檐，说明如今看到的转角铺作是修缮补配的（图 67）。

王书林 2008 年调查时，永安寺尚未重做漆饰，"山面柱头铺作……均明显有后世改修痕迹，其出跳之华栱和昂的木色不同，应是不同时期的产物，昂为后世改修。但考虑到铺作其余部分（如扶壁作法、华头子等）又自成体系，因此，推测其本为五铺作单杪单下昂，只是后世更换了昂身"[31]。

[27]《四川古建筑》《四川民居》编辑部、阆中县建设委员会合编《阆中古建筑》，1988。

[28] 陶鸣宽、江学礼、曹恒钧：《四川阆中永安寺元代大殿及其壁画塑像》，《文物参考资料》1955 年第 12 期。

[29] 同上。

[30] 朱小南：《阆中永安寺大殿建筑时代及构造特征浅析》，《四川文物》1991 年第 1 期。

[31] 王书林：《四川宋元时期的汉式寺庙建筑》，硕士学位论文，北京大学考古文博学院，2009，第 59 页。

a.1988 年以前　　　　　　　　b.2008 年　　　　　　　　c.2014 年
（引自《阆中古建筑》，第 41 页）　　（王书林摄）　　　　　（吴煜楠摄）

图 66　大殿前檐明间右柱头铺作

图 67　大殿右前翼角　　　　　　　　图 68　右山面补间铺作
（引自《阆中古建筑》，第 41 页）　　　　（2008 年王书林摄）

目前山面后部斗栱的昂用材稍小于华栱，印证了后期更换的推测（图 68）。《阆中永安寺大殿建筑时代及构造特征浅析》一文也基本支持这一说法，只是认为第二跳为华栱，"斗栱为五铺作双抄里转五铺作双抄偷心造，柱头铺作于第一跳华栱上承与内柱搭接之丁栿，丁栿头部砍作第二跳华栱，与泥道慢栱相交"[32]。

至于内额斗栱，在 20 世纪 90 年代仅记录了 4 朵："攀间铺作共四朵，前后内额上各二朵，均为四铺作出单抄，栌斗置于驼峰上，华栱后尾成为华头子，上部置一足材枋，此枋自华栱中部斜向上交于平梁端部。"[33] 从现状看该记录可能没有包含内柱上的 4 朵斗栱。

2. 外檐斗栱原状推测

对比前檐柱头铺作、补间铺作与山面、后檐新做斗栱，前檐斗栱昂面在靠近交互斗位置有平滑弧线，而新做斗栱昂面平直，侧面所做弧线较短促。但是，山面前柱头铺作在木材老化程度与昂面形制上均更接近前檐，与山面其他斗栱有明显区别，应该与前檐斗栱同期，而非 20 世纪 90 年代补配（图 69）。除此以外，其余后部五铺作斗栱基本为新做，且原始形制应与现状不同。

［32］朱小南：《阆中永安寺大殿建筑时代及构造特征浅析》，《四川文物》1991
　　　年第 1 期。

［33］同上。

图 69　右山面前柱头铺作与补间铺作
（2008 年王书林摄）

图 70　后檐右补间铺作挑斡与内额斗栱

大殿现存五铺作斗栱中，山面补间铺作与后檐斗栱为双下昂。其中，山面补间铺作的华头子形制与前檐斗栱不同，却与华栱里转实拍栱轮廓接近，应该是原华栱水平旋转180°后加工而成。后檐柱头铺作华头子里转作劄牵，劄牵之上后内柱外侧柱身保留有榫口修补的痕迹，说明原劄牵位置较高，现劄牵位置仍是华栱。因此根据构件痕迹推测，后部五铺作斗栱的第一跳应该是华栱。

五铺作斗栱第二跳则推测为下昂，斗栱出跳整体应为单杪单下昂。依据首先是橑风槫高度，由于前进斗栱昂头下降高度远超《营造法式》规定[34]，后部斗栱若仅采用华栱，最外跳高度将超过屋面坡度限制；其次，后内柱和后内额上斗栱的雕花实拍栱是后檐斗栱挑斡与内额斗栱相交后向内伸出的部分，而柱头铺作只有采用真昂时才会有挑斡（图 70）。但是，下昂出跳距离应该没有加长，五铺作斗栱最外跳仅相当于山面前柱头铺作第二跳，即橑风槫需内移。因为山面前柱头铺作第二跳瓜子栱上原来应该有散斗承槫，作为橑风槫内移的过渡支点。而且，山面与后檐斗栱挑斡的里端低于前檐斗栱挑斡，这使外跳昂头升高，若仍保持总出跳距离不变，最外跳昂头也将高于前檐斗栱。

3. 昂头形制

大殿前檐斗栱虽基本为原构，但昂头形制却不统一。对比2008年与现在的照片，可以发现2013年的修缮痕迹（图 71、72），涉及全部头昂与补间铺作二昂（表 1）。修补结果延长了昂头，也使昂嘴由厚变薄。至于三昂为何均未修补，可能是由于目前出檐较短，无法解决昂头延长后的防雨问题。以上修缮思路表明，现存较厚的昂嘴可能是前端被锯掉的结果，昂嘴原形制应该较薄。现状昂头侧面的刻线就是佐证，原状上、下刻线应交于昂嘴，类似做法可参考梓潼大庙盘陀殿（图 73）。所以，在大殿前檐各昂中，只有明间左缝柱头铺作二昂最接近原状，而明间右缝柱头铺作二昂由于里转挑斡较其他挑斡长，挑斡端部砍杀未像其他挑斡一样出尖，推测为20世纪50年代以前已更换的构件（图 74）。

---

[34]《营造法式》卷第四《大木作制度一》："凡昂上坐斗，四铺作、五铺作并归平，六铺作以上，自五铺作外，昂上斗并再向下二分至五分。"见梁思成：《梁思成全集》第七卷，中国建筑工业出版社，2001，第92页。以永安寺大殿前檐明间右柱头铺作为例，二昂上交互斗下降160毫米，相当于12分半。

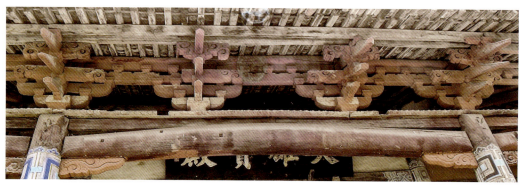

a.2008 年（王书林摄）

b.2014 年（吴煜楠摄）

图 71　大殿前檐斗栱修缮前后对比

图 72　大殿前檐左补间铺作头昂　　　图 73　梓潼大庙盘陀殿左前斗栱　　　图 74　大殿前檐明间右缝柱头
　　　　修补痕迹　　　　　　　　　　　　　　　　　　　　　　　　　　　　　　　　　铺作里跳

表 1　　　　　　　　　　　　　大殿前檐斗栱 2013 年修缮情况一览表

		右柱头铺作	右补间铺作	左补间铺作	左柱头铺作
昂	头昂	修补昂嘴	修补昂嘴	修补昂嘴	修补昂嘴
	二昂	未更改（薄）	修补昂嘴	修补昂嘴	未更改（薄）
	三昂	未更改（厚）	未更改（厚）	未更改（厚）	未更改（厚）
横栱	泥道栱	未更改	未更改	未更改	未更改
	泥道慢栱	未更改	未更改	未更改	未更改
	头昂上横栱	未更改	修补西侧雕花	修补东侧雕花	未更改
	二昂上横栱	未更改	修补西侧雕花	修补东侧雕花	未更改

（三）屋顶

大殿现状采用斜置角梁，有子角梁，但在四川元代建筑中，平置角梁居多，而且一般角梁伸出距离较远，无需再设子角梁。观察丁栿上与角梁相交的 4 根蜀柱，现状除左前蜀柱外，其他蜀柱在角梁下均有榫口修补的痕迹（图 75），说明现有角梁不仅为 20 世纪 90 年代重新补配，而且很可能采用了错误形制。若大殿采用平置角梁，现有平行椽做法也非原状，而应采用与之适应的放射椽。

图 75　右山前丁栿上蜀柱榫口痕迹

除木结构外，大殿瓦面也存在多次改变（见图 23）。对照王书林的调查，现状应是 20 世纪 90 年代修缮的结果，与之前两篇调查报告的记录有差异。20 世纪 50 年代大殿屋顶为"盖平瓦，正脊上安绿色琉璃大吻，并饰狮虎等物，正中安刹顶一座，垂脊也有人、兽等饰物"[35]。20 世纪 90 年代则变成"屋面改为小青瓦，屋脊也为清代灰条脊"[36]。由此可知，20 世纪 50 年代的瓦面可能更接近原状，后期修缮没有延续这一形制。

五　结　语

永安寺大殿在现存四川元代木构中明间面阔最广，进深 8 椽仅次于进深 10 椽的眉山报恩寺大殿，是三开间遗构中平面最大的单体建筑。结合寺内碑刻与题记记载的历次修造活动可以看出，永安寺历史上确有一定影响力，在普遍位置偏僻、规模较小的四川元代建筑中，显得尤其重要。

永安寺原为本觉院，其等级较"寺"低，可能从属于规模更大的佛寺，因此敕建的说法可信度较低，或者仅与创始有关。目前的大殿并没有显示出敕建建筑所应有的规制或技术水平。相反，永安寺的修建与当地主要家族关系密切，可能属于元代常见的香火寺。

大殿前檐采用两层台基，前廊低于室内地平，而且上层为须弥座，是四川明以前此类建筑中特征最显著的个案。此外，大殿角间面阔加大，采用外推山面梁架做法。以上两点也都存在于阆中五龙庙文昌阁和剑阁香沉寺大殿，体现出地域性的共同技术特点。

大殿后部斗栱减跳，这虽然是四川元代建筑常见做法，但同期普遍使用斗口跳，大殿的五铺作斗栱更加复杂。大殿内还采用了不对称梁架，以及内额梁架与斜梁的组合，出现了斗栱与驼峰等多种节点。同时，大殿构件普遍保存了彩画，与同期遗构相比相对完整。总之，永安寺大殿是研究四川元代建筑技术与艺术的重要例证。

［35］陶鸣宽、江学礼、曹恒钧：《四川阆中永安寺元代大殿及其壁画塑像》，《文物参考资料》1955 年第 12 期。

［36］朱小南：《阆中永安寺大殿建筑时代及构造特征浅析》，《四川文物》1991 年第 1 期。

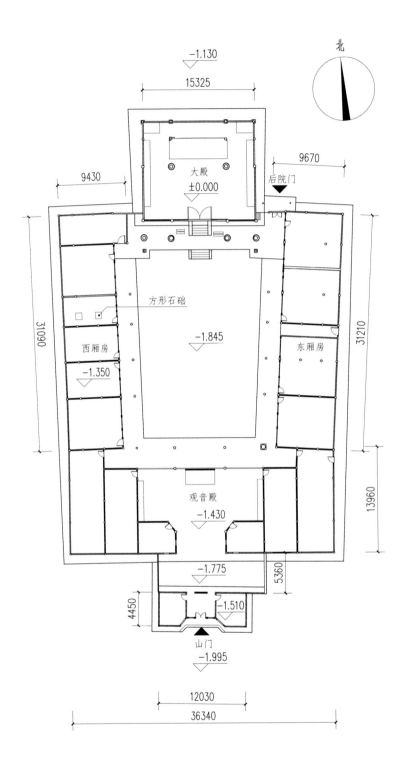

-1.130

15325

9670

北

大殿
±0.000

后院门

9430

方形石础

-1.845

31090

31210

西厢房

东厢房

-1.350

13960

观音殿

-1.430

5360

-1.775

4450

-1.510

山门

-1.995

12030

36340

永安寺总平面图 1:500

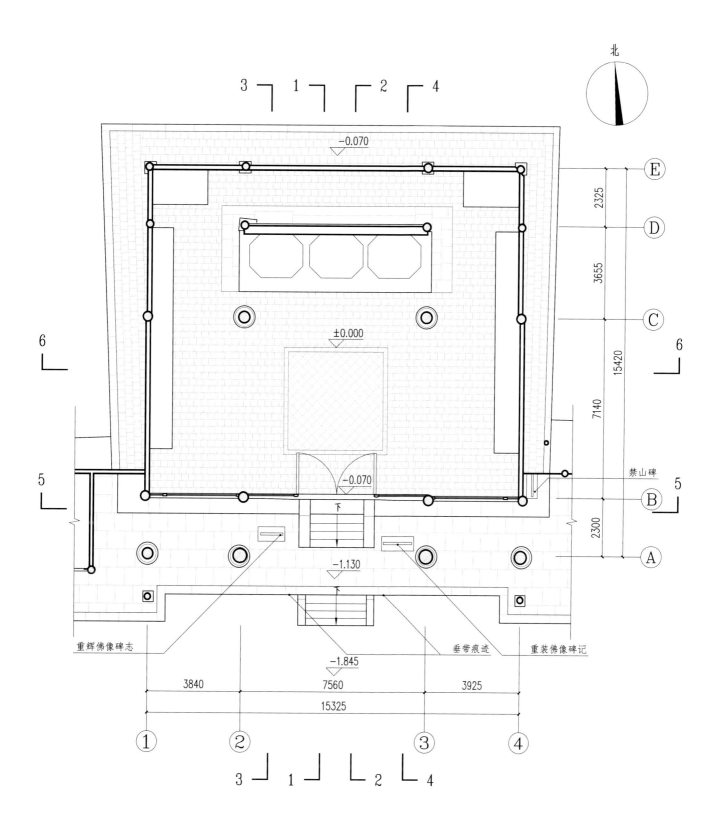

北

3 1 2 4

−0.070

E

2325

D

3655

6 6

C

15420

±0.000

7140

禁山碑

5 5

−0.070

B

下

2300

A

−1.130

重辉佛像碑志

垂带痕迹
重装佛像碑记

−1.845

3840 7560 3925

15325

① ② ③ ④

3 1 2 4

大殿平面图 1：150

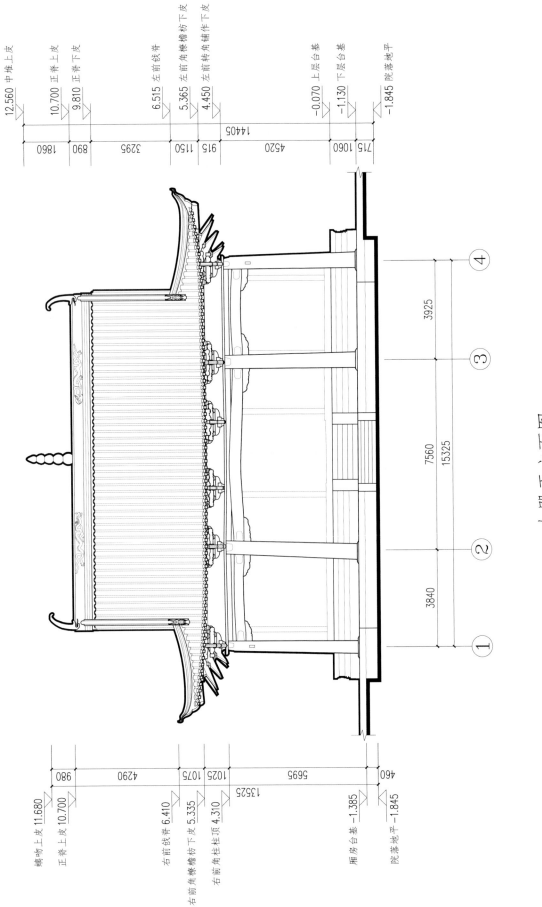

大殿正立面图 1：150

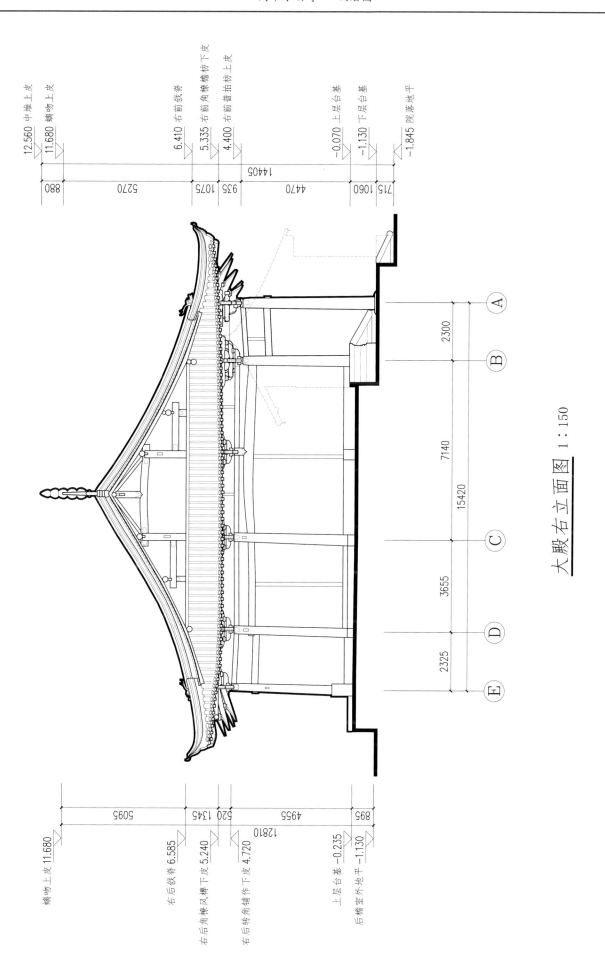

大殿右立面图 1:150

12.560 中堆上皮
11.680 螭吻上皮

6.410 右前鈒脊
5.335 右前角檩檐枋下皮
4.400 右前普拍枋上皮

−0.070 上层台基
−1.130 下层台基
−1.845 院落地平

880 | 5270 | 1075 935 | 4470 | 1060 715
14405

A
B 2300
C 7140
15420
D 3655
E 2325

螭吻上皮 11.680
右后鈒脊 6.585
右后角檩风槫下皮 5.240
右后转角铺作下皮 4.720
上层台基 −0.235
后檐室外地平 −1.130

5095 | 5095
1345 520
4955 895
12810

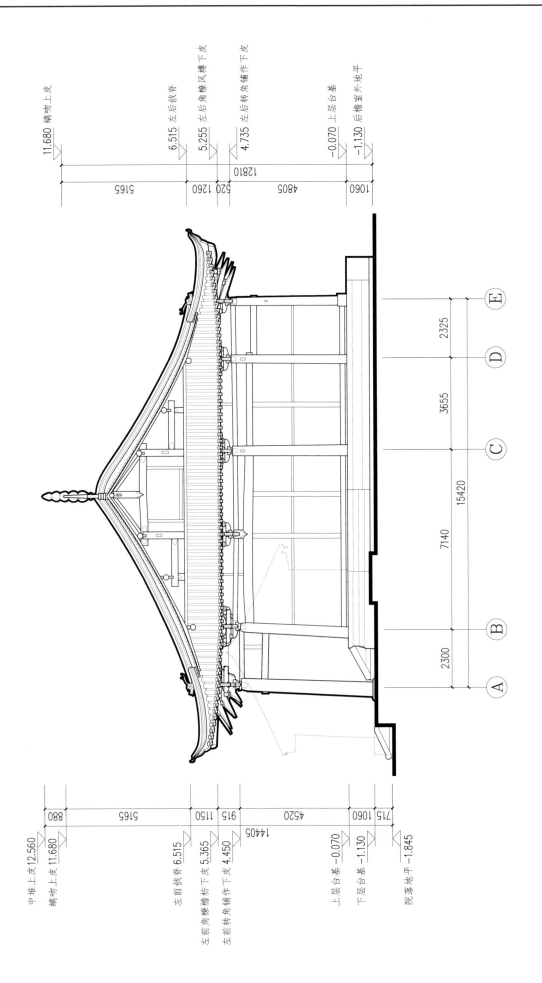

大殿左立面图 1：150

11.680 螭吻上皮

6.515 左后铁脊
5.255 左后角榛风槫下皮
4.735 左后转角铺作下皮
-0.070 上层台基
-1.130 后檐室外地平

12810
5165 520 1260 4805 1060

E 2325 D 3655 C 15420 7140 B 2300 A

中槫上皮 12.560
螭吻上皮 11.680
左前铁脊 6.515
左前角榛檐枋下皮 5.365
左前转角铺作下皮 4.450
上层台基 -0.070
下层台基 -1.130
院落地平 -1.845

880 5165 1150 915 4520 1060 715
14405

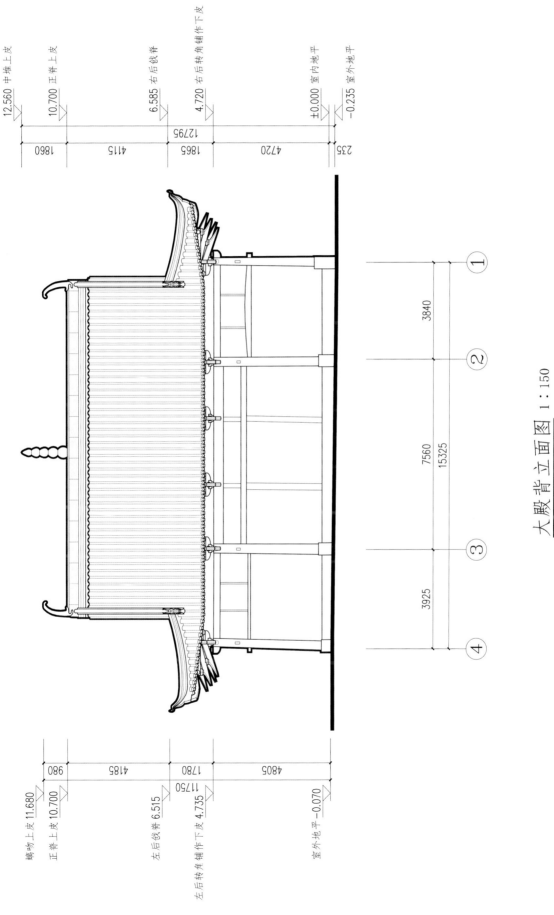

大殿背立面图 1:150

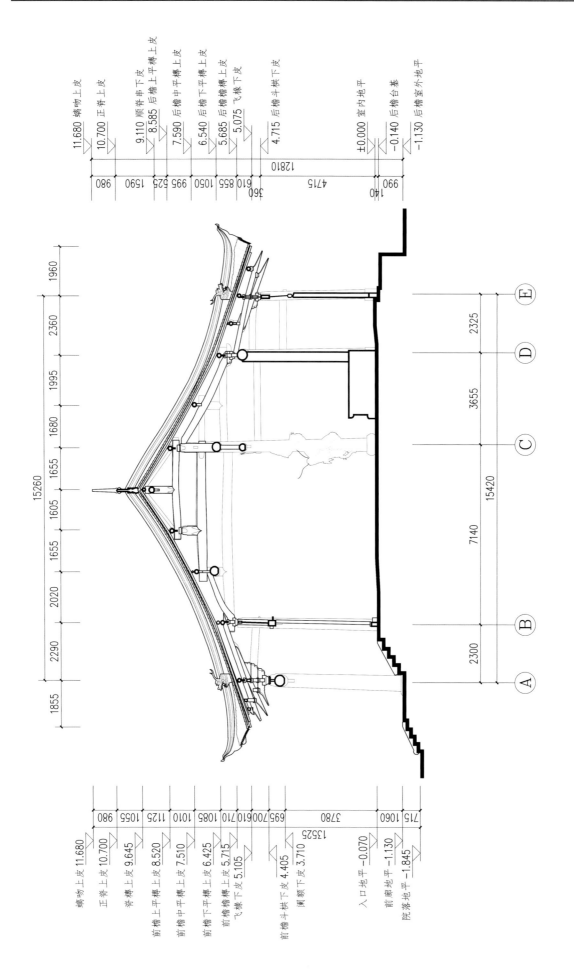

大殿1-1剖面图 1:150

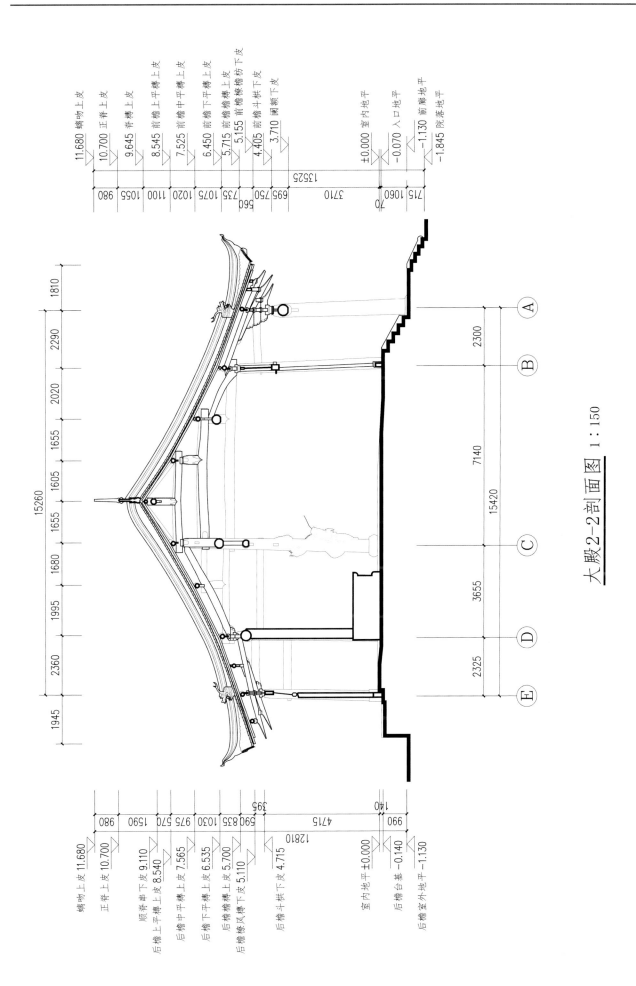

大殿2-2剖面图 1:150

上部标注（右侧）:
11.680 螭吻上皮
10.700 正脊上皮
9.645 脊槫上皮
8.545 前檐上平槫上皮
7.525 前檐中平槫上皮
6.450 前檐下平槫上皮
5.715 前檐檐槫上皮
5.155 前檐橑檐枋下皮
4.405 前檐斗栱下皮
3.710 阑额下皮
±0.000 室内地平
-0.070 入口地平
-1.130 前廊地平
-1.845 前廊院落地平

尺寸: 980 1055 1100 1020 1075 735 750 695 | 560 | 3710 | 70 | 1060 | 715
13525

轴线标注（下部）: A 2300 B 7140 C 3655 D 2325 E 15420

顶部尺寸: 1810 2290 2020 1655 1605 1655 1680 1995 2360 1945 15260

左下标注:
螭吻上皮11.680
正脊上皮10.700
顺脊串下皮9.110
后檐上平槫上皮8.540
后檐中平槫上皮7.565
后檐下平槫上皮6.535
后檐檐槫上皮5.700
后檐橑风槫下皮5.110
后檐斗栱下皮4.715
室内地平±0.000
后檐台基-0.140
后檐室外地平-1.130

尺寸: 980 1590 570 975 1030 835 590 | 395 | 4715 | 140 | 990
12810

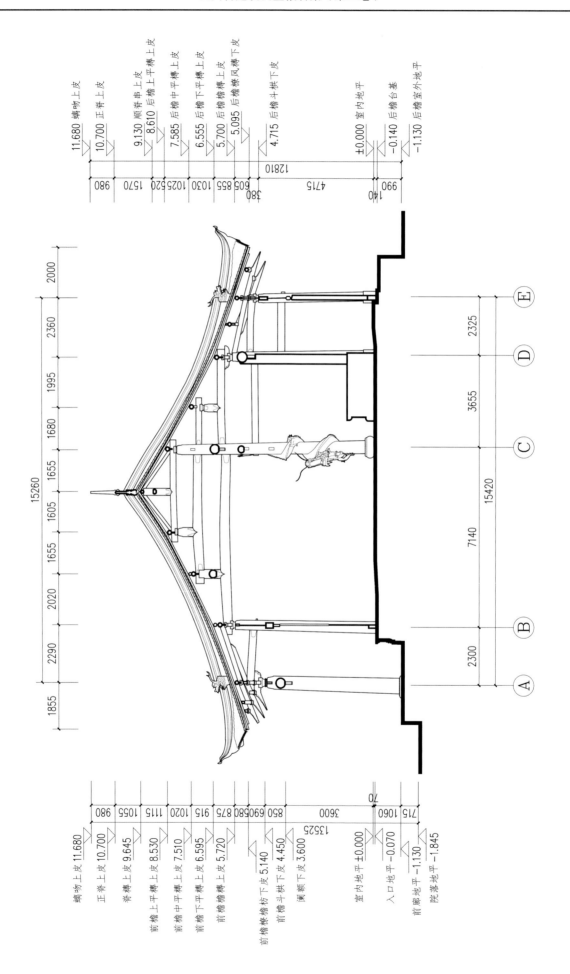

大殿3—3剖面图 1：150

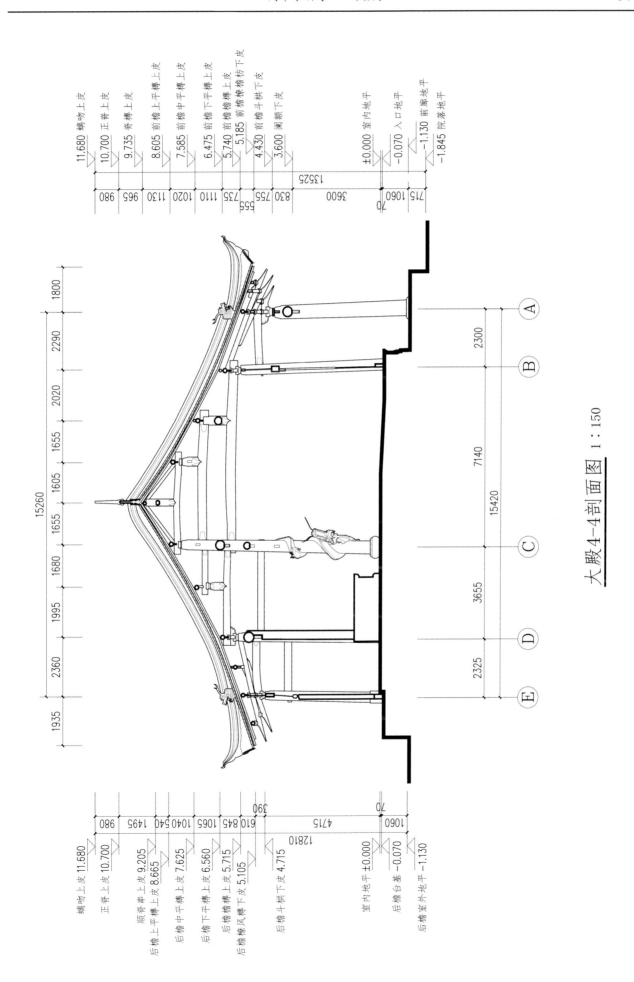

大殿4-4剖面图 1:150

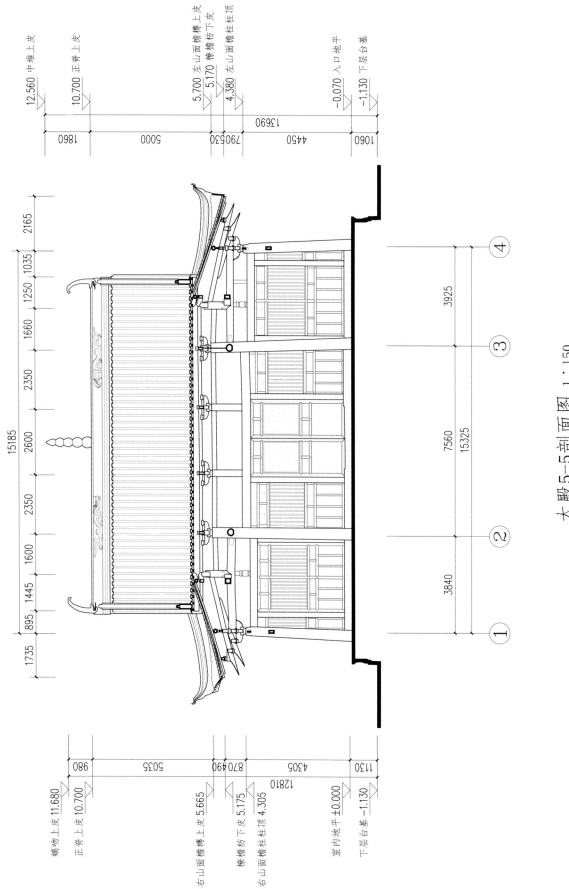

大殿5-5剖面图 1∶150

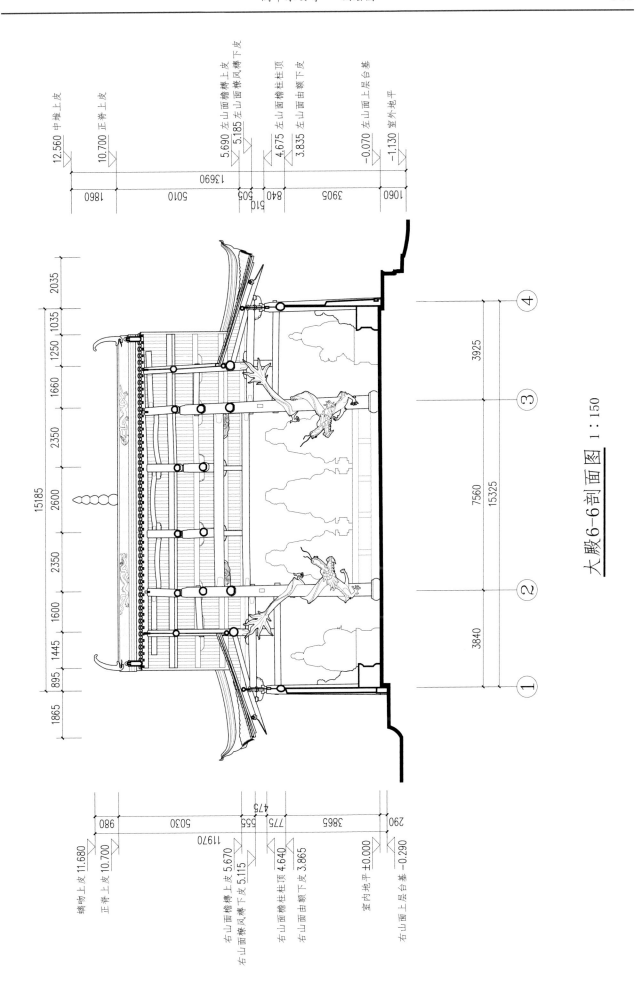

大殿6-6剖面图 1:150

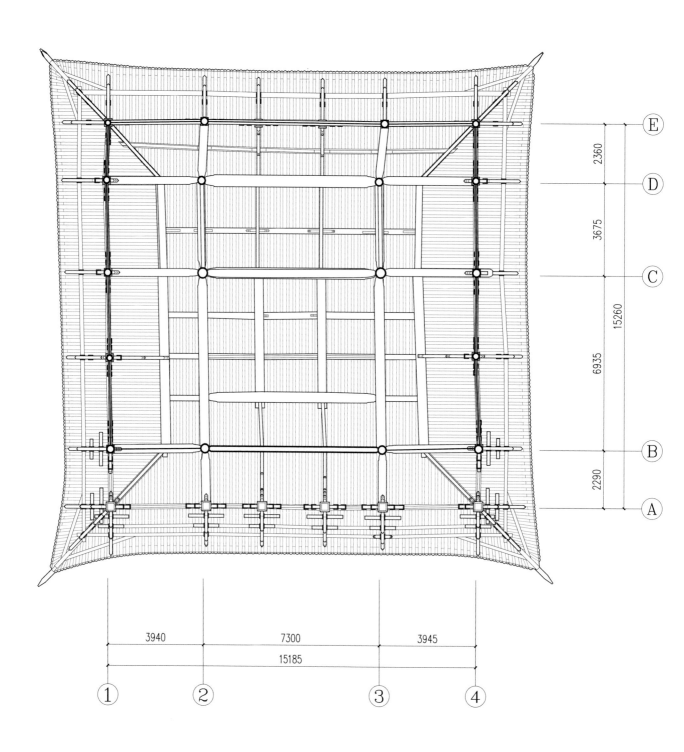

大殿梁架仰视图 1 : 150

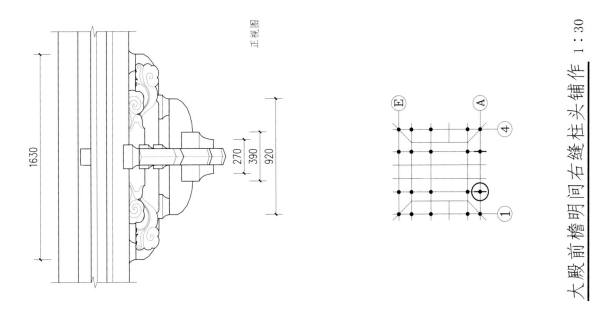

正视图

1630

270
390
920

Ⓔ
Ⓐ
④
①

大殿前檐明间右缝柱头铺作 1：30

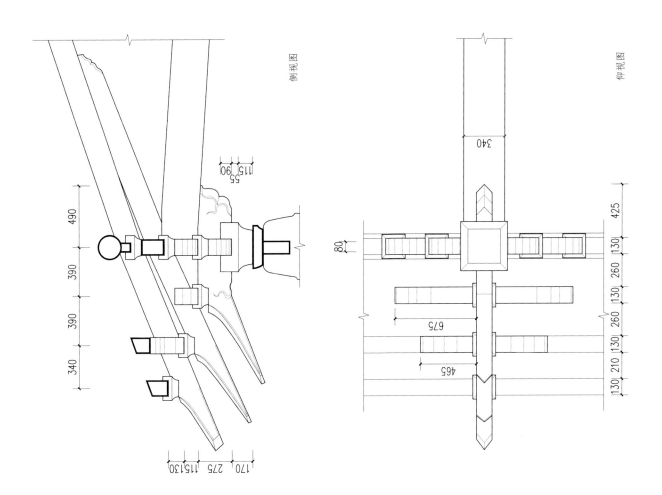

侧视图

490
390
390
340

55
115 90

170 275 115 130

仰视图

340

425
130
260 130
260 130
130 210 130

80

675

465

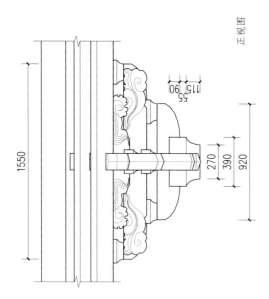

正视图

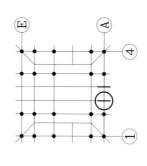

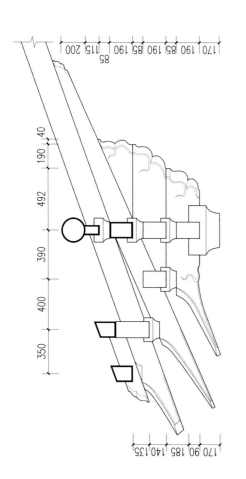

侧视图

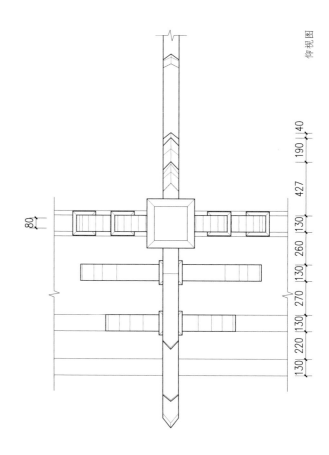

仰视图

大殿前檐明间右补间铺作　1：30

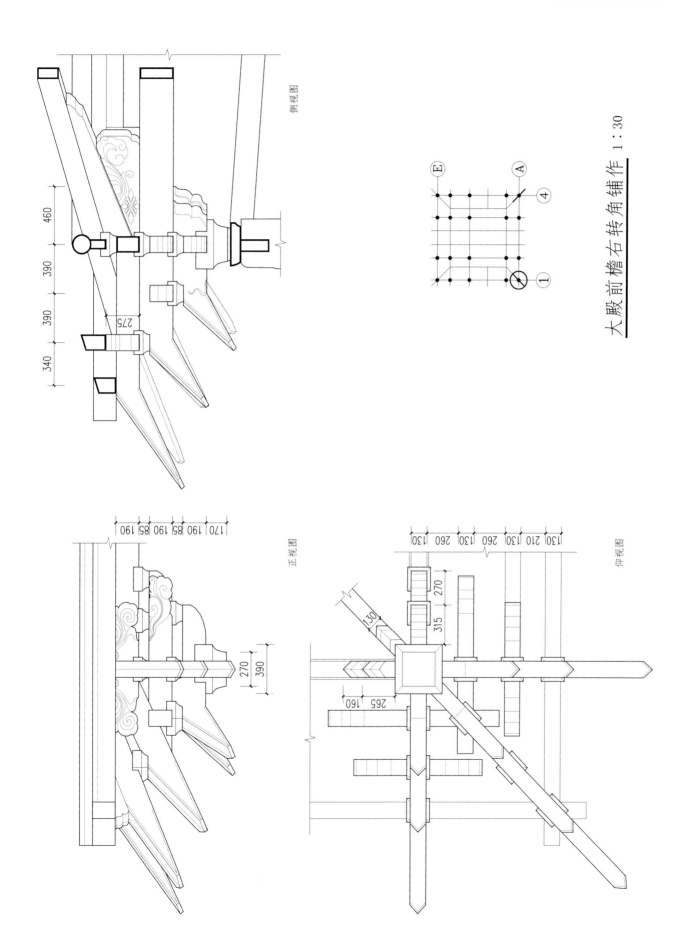

侧视图

460

390

390

275

340

E

A

4

1

大殿前檐右转角铺作 1 : 30

170 190 85 190 85 190 190

正视图

270
390

130 260 130 260 210 130 130

仰视图

130

315

270

265 160

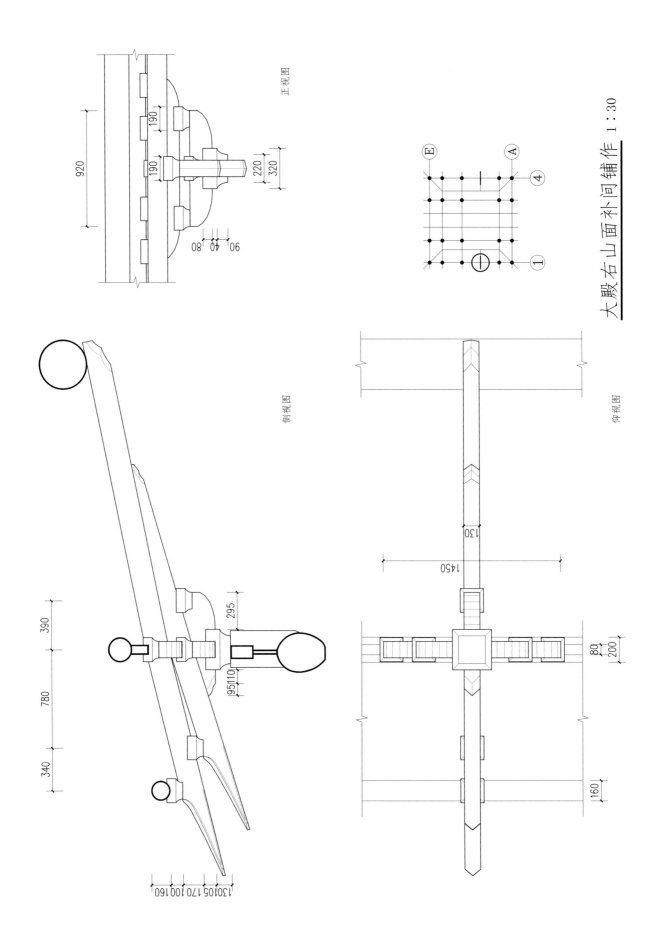

正视图

920

190

190

220
320

80
40
90

侧视图

390

780

340

295

95 110

130 105 170 100 160

仰视图

E

A

4

1

130

1450

80
200

160

大殿右山面补间铺作 1：30

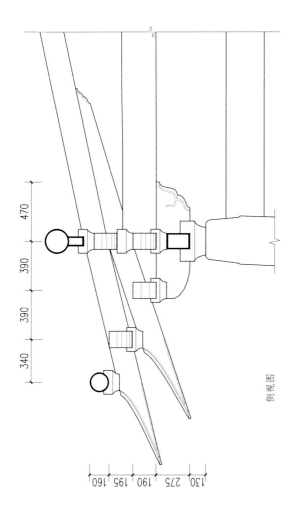

470
390
390
340

侧视图

130 195 190 275 130

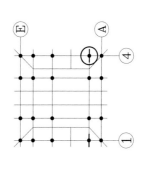

E A

4

1

大殿左山面前柱头铺作 1：30

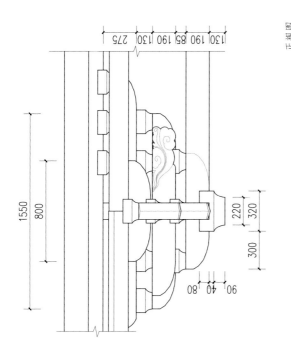

275 130 190 85 190 130

正视图

1550
800
220 320
300
80 80 40 90

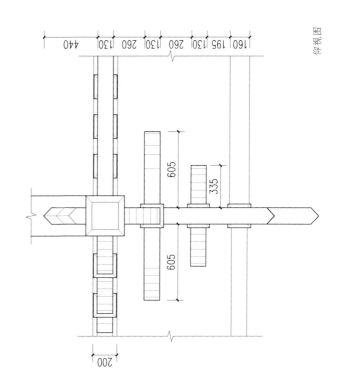

440 130 260 130 260 130 195 160

仰视图

605
335
605
200

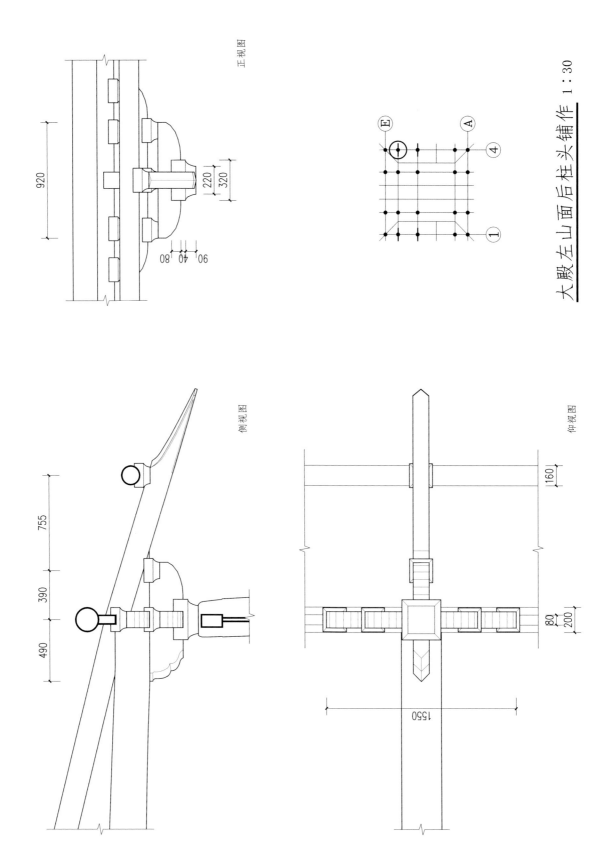

正视图

侧视图

仰视图

大殿左山面后柱头铺作　1：30

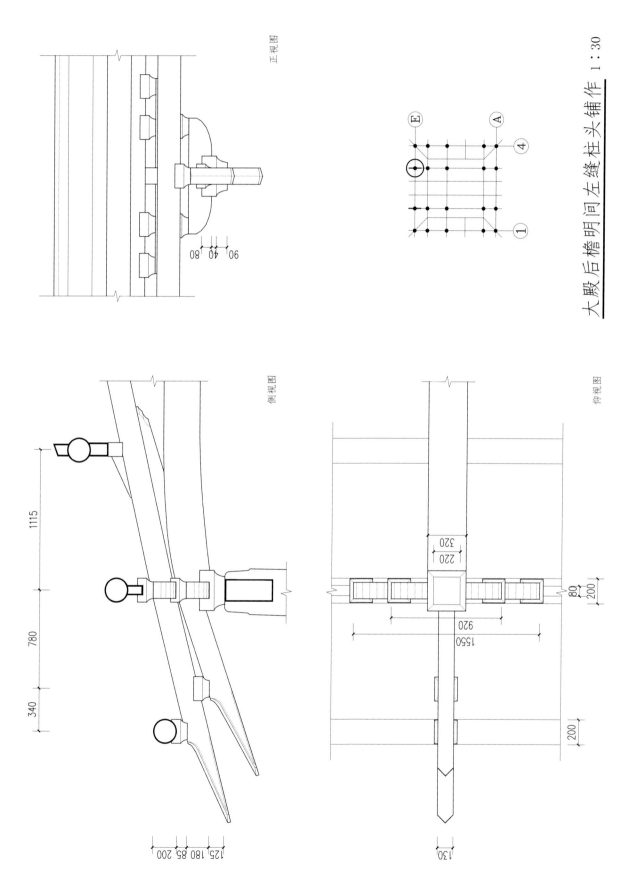

正视图

侧视图

仰视图

大殿后檐明间左缝柱头铺作 1：30

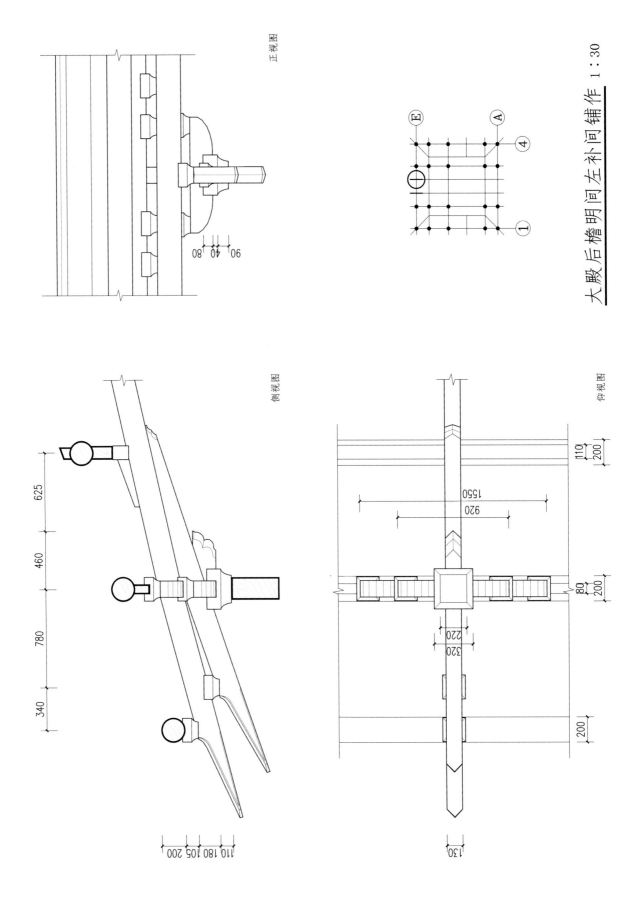

正视图

侧视图

仰视图

大殿后檐明间左补间铺作　1∶30

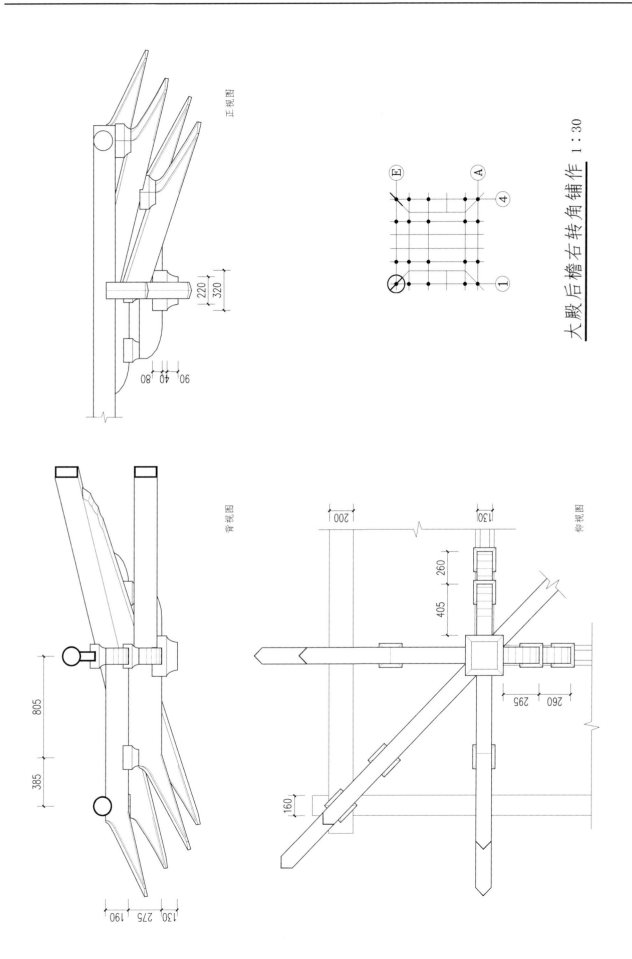

正视图

背视图

仰视图

Ⓔ Ⓐ ④ ①

220
320
80 40 90

805
385
130 275 190

200 130
260 405
295 260
160

大殿后檐右转角铺作 1：30

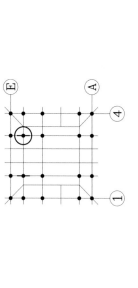

大殿明间后内柱间左内额斗拱 1:30

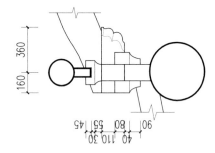

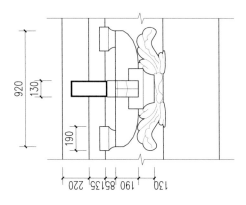

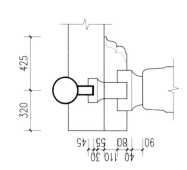

大殿明间左缝后内柱柱顶斗拱 1:30

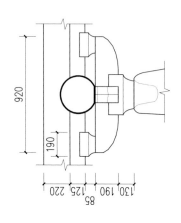

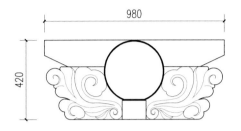

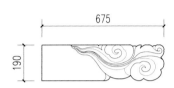

大殿明间中平槫下内额驼峰 1:20   大殿前檐斗栱头昂上翼形栱 1:20

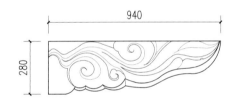

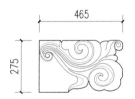

大殿前檐明间绰幕枋 1:20   大殿前檐柱头铺作二昂上翼形栱 1:20

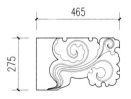

大殿前檐次间绰幕枋 1:20   大殿前檐补间铺作二昂上翼形栱 1:20

浏览全景照片
请扫描以上二维码

精兰院位于四川省南充市阆中市二龙镇红土地村，现存古建筑群为两组院落，一组院落包括大殿及西厢房；一组院落包括露台、山门、观音殿及左右厢房。2019 年 1 月，四川省人民政府公布"阆中精兰院"为第九批省级文物保护单位。成都文物考古研究院于 2019 年 1 月对精兰院大殿进行了古建筑调查和数字化测绘，现将主要调查成果报告如下。

一　历史沿革及寺院布局

（一）历史沿革

精兰院始建年代不详，在明代《保宁府志》中被称为"土观寺"，位于恭思寺西南[1]。"恭思"作为地名，沿用至清代，所指位置即今天的二龙镇[2]。民国《阆中县志》中，寺名写作"精蓝院"，又名"土官寺"，位于县东九十里（今阆中市区以东约 38 公里），明代重修。根据大殿上保留的题记可知现存大殿于清乾隆元年（1736 年）重修。清光绪三十一年（1905 年）在寺内创立初级小学，宣统二年（1910 年）改为乡立第一初、高级小学校，神像俱毁。民国时期，寺产每年出谷十余挑，概归学校[3]。

中华人民共和国成立后，精兰院改作红土乡中心小学校舍。1996 年，红土乡政府拆除精兰院鸾楼及楼两侧厢房，修建新校舍。同年，学校从精兰院迁出。2005 年，红土乡并入二龙镇[4]。2010 年，南充市人民政府公布精兰院为南充市级文物保护单位。2011 年，阆中市政府拨款对精兰院大殿、西厢房进行了修缮。2016 年，阆中市二龙镇政府对山门、厢房、观音殿进行了修缮。2019 年 1 月，四川省人民政府公布"阆中精兰院"为第九批省级文物保护单位，公布时代为明至清[5]。

（二）寺院布局

精兰院位于阆中市二龙镇红土地村 2 组一处山腰台地上。这里位于阆中市区以东约 40 公里，距红土地村仅 2 公里，距二龙镇场约 9 公里。精兰院分为两组院落。第一组院落呈南北向，大殿坐北朝南，西侧有一厢房，东侧厢房已不存，南侧现在是一片空地。第二组院落位于第一组院落东南，海拔略低，呈东西向，分布有山门、观音殿、左右厢房等建筑，均建于清代（图 1）。

[1]（明）杨思震纂修《保宁府志》卷六《名胜纪》，嘉靖二十二年刊本，中国国家图书馆藏。
[2]四川省阆中市地方志编纂委员会编著《阆中县志》，四川人民出版社，1993，第 82 页。
[3]（民国）岳永武修，郑钟灵等纂《阆中县志》卷十二《宗教志》、卷十八《教育志》，民国十五年刊本，中国国家图书馆藏。
[4]2005 年，阆中市乡镇行政区划建制由原来的 22 个镇、48 个乡、3 个街道办事处调整为 21 个镇、25 个乡、3 个街道办事处。
[5]根据阆中市文物局提供的文物基础资料整理而成。

二 大殿结构形制

大殿据传建于明代，面阔三间，十三檩单檐歇山顶，用五柱。大殿通面阔13.4、通进深15.2、明间面阔5.8、次间面阔3.8米。进深方向依次排列前檐柱，前、中、后金柱和后檐柱，各柱距离由前至后依次为：2.5、2.5、5.2、5米（图2）。

大殿台基总长17.36、宽15.8米，是一个进深大于面阔的长方形台基。前廊台基边缘高出前檐地平1米，明间设7级踏步。前金柱一线是前廊和室内的分界线，室内地面又抬升了0.36米，因此在明间又设置了2级踏步。后檐台基边缘与后檐地平高差为0.33米。

台基在2011年修缮后采用砂石材质铺地。修缮中保留了原有的石质柱础，柱础样式较多，但均没有雕饰：明间前檐柱和前金柱为双层八边形柱础；前檐角柱、山面柱、后檐柱均为方形柱础；中金柱柱础风化较严重，呈现为轮廓不太规整的覆盆式柱础；后金柱为六棱形覆盆式柱础。大殿的柱础样式如此丰富，可能与建筑多次重修、补修有关（图3）。

前檐柱与前金柱之间是大殿的前廊部分，开敞通透。围合室内空间的柱础之间有一圈地栿石，柱子之间也有下槛拉结，前金柱之间的木质门窗为近年修缮时重新安装。山面柱间是近年重新更换的木装板，后檐亦新做木质门窗一排（图4、5）。殿内后金柱之间下部做木装板，上部做编壁墙，前面有一新建的佛台，上有新造神佛塑像5尊。

图1 精兰院组群航拍图（上北下南）

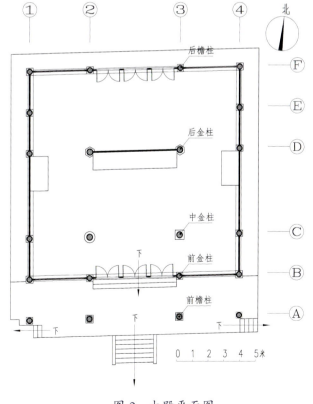

图2 大殿平面图

a. 明间前檐柱　　　　　　　　　　　b. 明间前金柱（阆中市文物局提供）

c. 明间中金柱　　　　　　　　　　　d. 明间后金柱

图 3　大殿柱础

图 4　大殿正面外观

大殿的中金柱和后金柱是殿内用材最大的柱子，共计4根，高6.61米，平均柱径40厘米。这4根柱子围合成核心柱网，柱高最高，相互之间联系的构件也是殿内尺度最大、形制最古的。前金柱和周围檐柱用材相当，平均柱径32厘米，高度根据所在位置的不同而有所不同，最短的前檐柱高3.52米。所有柱子均无侧脚，室内金柱柱头整体略向后偏移，偏移量0.18～0.31米不等。

室内的中金、后金4根金柱，左右由内额拉结，前后由五架随梁拉结，中金柱间内额下及五架随梁下各施一对雀替，中金柱内额正中施柁墩和大斗，上承金枋。金柱顶上承五架梁，梁头下半部做箍头榫，榫肩做钟形砍杀，卡入金柱柱头上。梁头上承柁墩，前柁墩带雕饰，后柁墩为素面，左右缝柁墩之间连接矩形断面的中金枋，之上承中金檩。五架梁上立2根瓜柱，左右缝之间连接圆形断面的上

图5 大殿侧面外观

图6 室内梁架（由西向东拍摄）

金枋，前后瓜柱之间穿三架梁，三架梁与瓜柱的交接方式不同于五架梁，采用的是梁头整个做箍头榫，完全卡入瓜柱之中，梁上皮低于柱头，瓜柱头承上金檩。三架梁上立脊瓜柱，脊瓜柱安一雕花构件与大梁相交，与《营造法原》中"山雾云"类似[6]，大梁下施一对雀替，脊瓜柱上承脊檩。（图6~9）。

与中、后金柱相比，前金柱的柱径明显偏小，作用也主要是作为室外与室内的分隔界线。前金柱之间施明间高、次间低的照面枋，枋下安门窗。前金柱与中金柱之间有上下2道步枋拉结，上下步枋间施瓜柱，瓜柱上下两端均有雕刻。下步枋作月梁形，上步枋为素枋，上承柁墩。左右缝柁墩间施圆形断面的金枋，上承金檩（见图6）。

---

[6] "山雾云"与斗栱相交，见姚承祖原著，张至刚增编，刘敦桢校阅《营造法原（第二版）》，中国建筑工业出版社，1986，第22、183页。与瓜柱相交的多见于江西、福建、浙江、皖南、云南等地，有梁帽、梁纱帽、蝴蝶木、梁冠、判官头等称谓。

图 7　室内梁架（由南向北拍摄）

图 8　明间左缝梁架上部

图 9　脊瓜柱与山雾云

　　前檐柱间施月梁形额枋，额枋至角出头作简单曲线卷杀，额枋下各施一对雀替。柱头上施扁长方形断面的平板枋，上施七踩斗栱。前檐柱与前金柱间由月梁形步枋拉结，前檐斗栱上承挑尖梁，梁后尾入前金柱。步枋与挑尖梁间施瓜柱，瓜柱两端均做雕刻。挑尖梁中间承雕花柁墩，左右缝柁墩之间施下金枋，柁墩上承月梁形单步梁，梁头承下金檩（图 10）。后檐和山面除角柱上有七踩斗栱外，其余檐柱上均不做斗栱，而是采用穿斗式梁架与金柱相连。其中次间顺身方向为三步架，山面出单挑；后进为四步架，后檐出双挑，两层挑枋挑出长度相同，之间施鹰嘴瓜柱（图 11~13）。

　　大殿的 4 个角间呈长方形，观察室内 4 根金柱，向外 45° 方向均未见残留榫口，由此推测大殿角间从未采用过正方形。前檐转角做法为次间前金柱照面枋上立一瓜柱，柱底垫平盘斗，前檐角科上的斜挑尖梁后尾入此瓜柱。斜挑尖梁上也立瓜柱，柱脚刻莲瓣，前檐和山面的下金枋、下金檩在此相交。角梁长三椽，后尾搭在前金柱与中金柱之间柁墩支撑的金檩上，沿45°方向伸至挑檐檩外，上施子角梁（图14、15）。后檐转角做法与前檐类似，只是瓜柱下无平盘斗及雕饰，角梁后尾搭在瓜柱支撑的金檩上（图16）。山面檐椽搭在五架梁外侧瓜柱支撑的金檩上（图17）。山面出际为3个椽距（图18）。翼角椽从下金檩交角外侧开始呈放射状排布。大殿屋面在修缮后保持了素筒瓦屋面，在修缮过程中还发现了几片有题记的仰瓦。

图10 前廊梁架

图11 后进梁架（阆中市文物局提供）

图12 山面挑枋

图13 后檐挑枋

图14 左前转角梁架

图15 右前角梁后尾

图 16　左后转角梁架

图 17　山面金檩、山面椽（阆中市文物局提供）

图 18　山面出际（阆中市文物局提供）

a. 柱头科外拽

b. 柱头科里拽

图 19　前檐柱头科

　　大殿斗栱皆施于平板枋上,平板枋分布于前檐及山面后进。斗栱有柱头科2攒,平身科4攒,角科4攒,共计10攒,均为三翘七踩,足材广135、厚90毫米。平身科中,前檐明间用2攒,攒当平均1.93米,次间用1攒,攒当1.9米。正心栱形制,柱头科和平身科均为"四重栱+枋",其中第四重栱为实拍栱;角科为三重栱,栱端立短柱承正心枋。外拽出三重翘,柱头科和平身科上出耍头,角科无耍头,左右各出三重45°斜翘,前檐第一、二翘头上施翼形栱,山面及后檐则无。里拽均用三重翘,左右各出三重45°斜翘,前檐第三重翘上施里拽枋,平身科耍头后尾平伸至下金枋下(图19~22)。

a. 平身科外拽 　　　　　　　　　　　　　　　　　b. 平身科里拽

图20　前檐平身科

a. 角科外拽 　　　　　　　　　　　　　　　　　b. 角科里拽

图21　前檐角科

a. 角科外拽 　　　　　　　　　　　　　　　　　b. 角科里拽

图22　后檐角科

三　题　记

（一）大殿题记

本次调查通过红外摄影，发现大殿室内构件上有9处题记[7]（图23、24）。

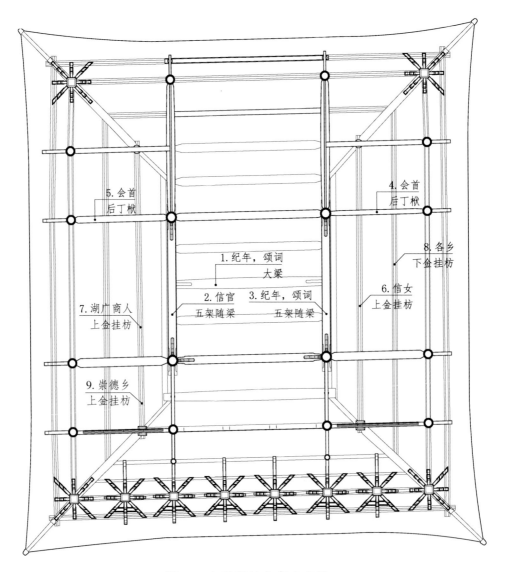

图 23　大殿题记分布示意图

[7] 题记碑刻录文中，"□"表缺一字，"……"表无法判断字数的缺字，"丨"表换行，一行内又分多行的，多行内容外加"［ ］"，各行用"丨"隔开。

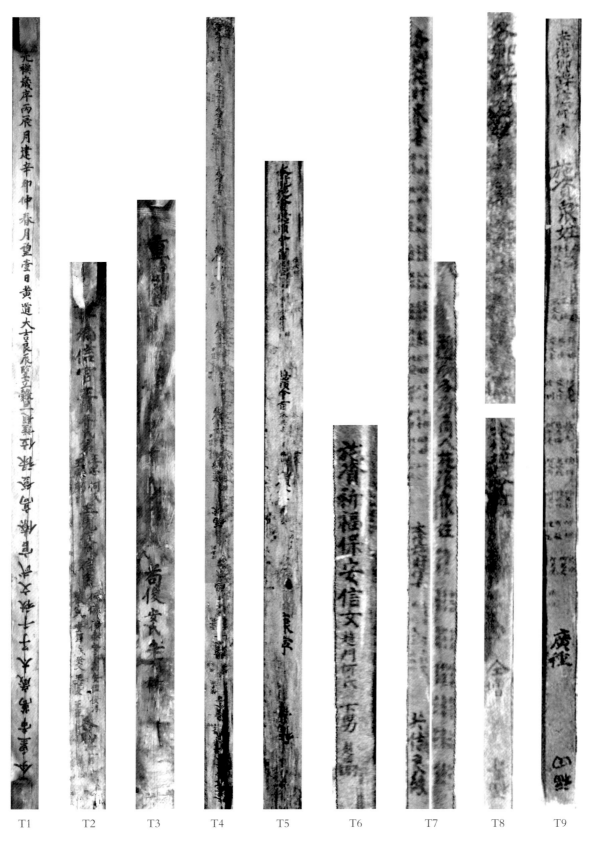

图 24 大殿题记

1. 大梁

从右端向中间　□□元年岁序丙辰，月建辛卯，仲春月望壹日，黄道大吉良辰竖立榖旦。

从左端向中间　□今皇帝万岁，太子千秋，文武官僚，高登禄位，谨题。

2. 右缝五架随梁

太平乡信官王清、胥氏；弟［王忠、何氏、］王廉、廖氏，］王虎、侯氏；信吏［何□、何泰、安永富、安鉴、安淳、］严□、安铎、□泰文、王庆、王□，］各助……

3. 左缝五架随梁

重锦乡……李氏、王氏，苟俊、安氏，老人杨……

4. 左后丁栿

从右端向中间　……会首［……］侯□□］侯□□；］总领会首［……］侯□□］侯□□］侯□□；］总领会首……总领会首……；总领会首……；

从左端向中间　本境……总领会首……福禄绵远。

5. 右后丁栿

本境施资总领会首……总领会首……福寿康宁。

6. 左山中进上金挂枋

施资祈福保安信女赵门何氏，下男赵……福寿康宁。

7. 右山中进上金挂枋

各乡施财众善……，本境施财信士……，共结良缘。

湖广各府商人施资众姓……

8. 左山中进下金挂枋

各乡……本境……福寿仝增。

9. 右山前进上金挂枋

崇德乡施财信士何清，施资众姓……广种福田。

其中题记1位于大梁，表明上梁的时间为丙辰年二月十六日，且当日属辛卯月。明清时期，既符合干支年月又符合某某元年的年份有正统元年（1436年）、乾隆元年（1736年）和嘉庆元年（1796年）。该建筑大部分构件的形制符合四川地区清代中前期建筑的特点，因此推断这条题记的题写时间为乾隆元年（1736年）。

其余题记均为捐资人题名，从这些人名中可以看到，王姓、安姓、侯姓捐资人占有较大比例。题记2中的太平乡和题记3中的重锦乡，在明、清两代阆中县均有此名[8]；而题记9中的崇德乡则是

---

[8]（明）杨思震纂修《保宁府志》卷一《舆地纪上》，嘉靖二十二年刊本，中国国家图书馆藏。

清代才出现的乡名[9]。

（二）瓦件铭文

此外，根据阆中市文物局提供的资料，2011年对精兰院进行揭瓦修缮时，发现了几块带铭文的青瓦（图25）。

1.瓦1

领袖安自来、侯文官、｜侯尚美、安国理、王□、｜戚正国、杨中元、安□□、｜戚国喜、侯天［福、｜寿、］王□□、｜高洪□、赵士朝、侯□□。

2.瓦2

领袖赵国先、侯之□、｜侯正魁、赵国均、侯之□、｜戚正才、赵国□，｜匠师□国□。

3.瓦3

咸丰八年，重盖｜庙□，经理僧人心一、法朗，徒照［喜、｜田、｜琳，］仝造。

这些铭文先阴刻在瓦片上，瓦片烧制成形后，再用墨重新描写了一遍。从铭文中可知，清咸丰八年（1858年），大殿进行过一次屋面翻修，参与者有当时的寺僧和安、赵、戚、侯等姓民众。今日精兰院2公里范围内，以这几个姓氏命名的村落有：安村观、安家坪、安家湾、赵家湾、赵家祠和戚家沟，结合题记和现代村名，安姓是这里居住时间最久、一直延续至今的家族；赵姓和戚姓出现在清咸丰八年（1858年）的铭文中，至今也有一二个村以其命名；侯姓在清代一直延续，但现代村名中已不见。

a. 瓦1　　　　b. 瓦2　　　　c. 瓦3

图25　瓦件铭文

［9］（民国）岳永武修，郑钟灵等纂《阆中县志》卷二《疆域志》，民国十五年刊本，中国国家图书馆藏。

四　结　语

阆中精兰院大殿五架梁与金柱柱头节点为梁头下半做箍头榫，而不像抬担式建筑梁头整个做箍头榫；五架梁、五架随梁及内额榫肩做钟形砍杀，是四川地区常见于明代建筑的形制做法。此外，精兰院大殿前廊地面低于室内地面，类似实例还有阆中永安寺大殿（元代）、阆中五龙庙文昌阁（元代），这可能是元明时期阆中地区较为流行的一种地方结构。大殿五架梁以上的部分，采用抬担式结构，三架梁做箍头榫完全卡入瓜柱之中，梁上皮低于柱头，瓜柱头承檩；额枋、步枋、单步梁等构件多作月梁形；使用带雕饰的柁墩、山雾云等构件；瓜柱下垫平盘斗，瓜柱柱脚有莲瓣等多种雕刻样式，前檐斗栱用材高宽比为 1.5∶1，明显小于明代常见的 2∶1，出斜栱但不用横栱，用薄木板做翼形栱，是四川地区清代中前期建筑的典型特征。其中，月梁形构件、脊瓜柱施山雾云等做法可能是受到江南地区建筑的影响，在四川地区的清代建筑中并非主流。这些可能的南方因素，还需要调查和比对更多的四川及周边地区建筑实例，以确定它们出现的年代区间和传播路径。

综上所述，通过现场调查，结合红外相机拍摄到的题记，我们认为这座建筑室内 4 根金柱及带有钟形砍杀的构件可能是明代遗留下来的，建筑的平面布局也可能是明代的；清乾隆元年（1736 年），在已有平面和 4 根金柱的核心梁架基础上，重建了周围及五架梁以上的部分。因此，可将精兰院大殿看作含有少量明代构件的清代建筑（图 26）。

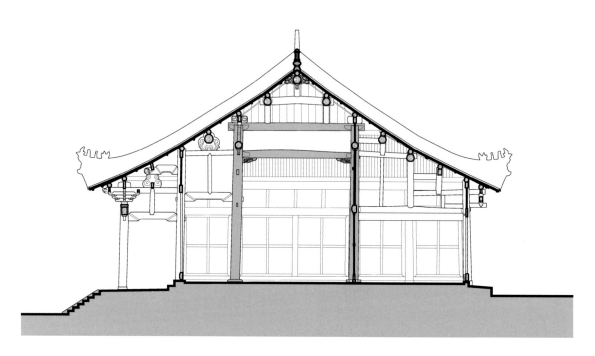

图 26　推测大殿明代遗留部分（阴影标记）示意图

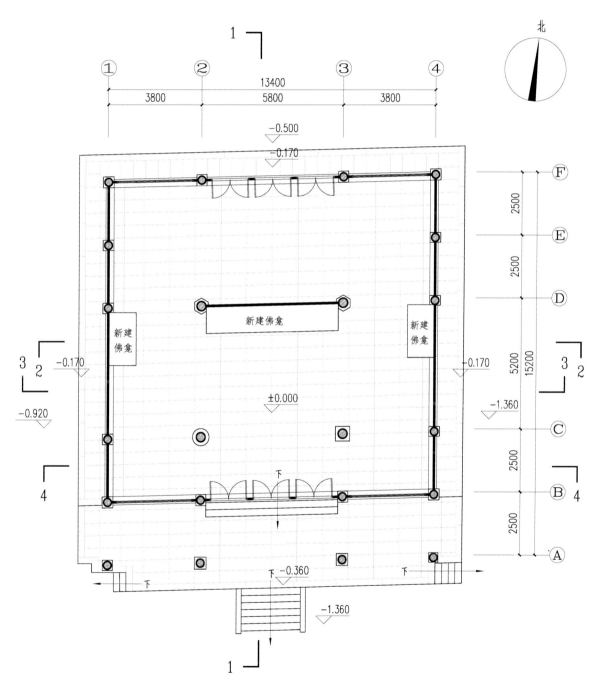

北

① ② ③ ④
13400
3800 5800 3800

−0.500
−0.170

F
2500
E
2500
D

15200

5200

新建佛龛　　新建佛龛　　新建佛龛

−0.170 −0.170
−1.360

±0.000

−0.920

C

2500

B

2500

A

3 2　　　　　3 2
4　　　　　　4

下

下 −0.360
−1.360

1

大殿平面图 1：150

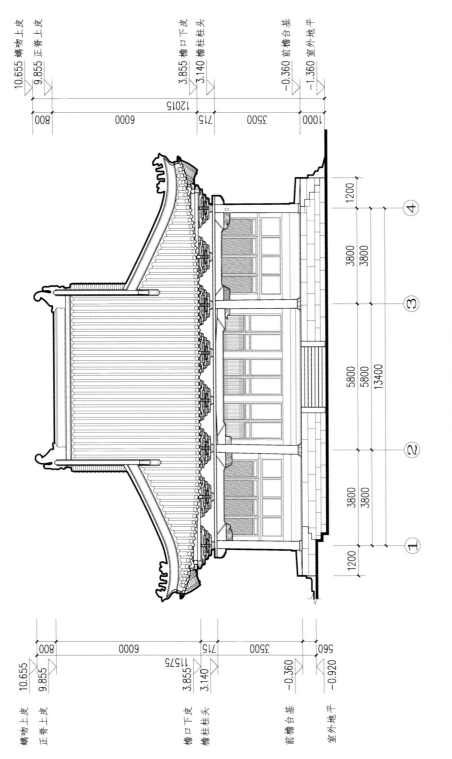

大殿正立面图 1：150

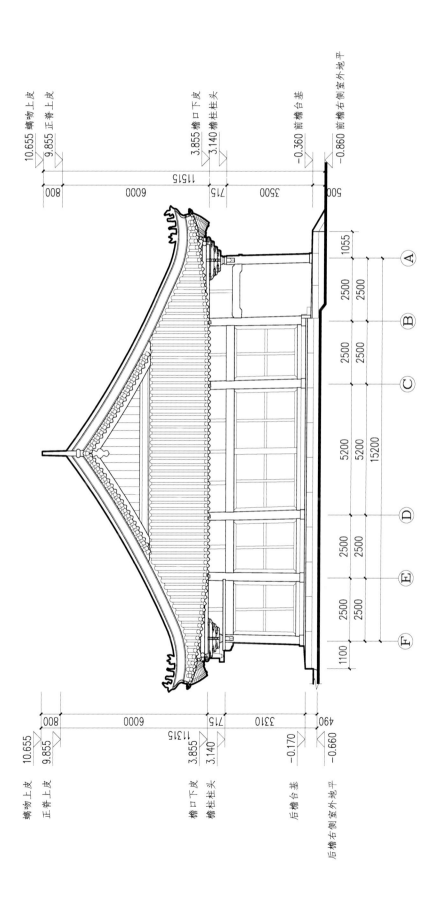

大殿右立面图 1∶150

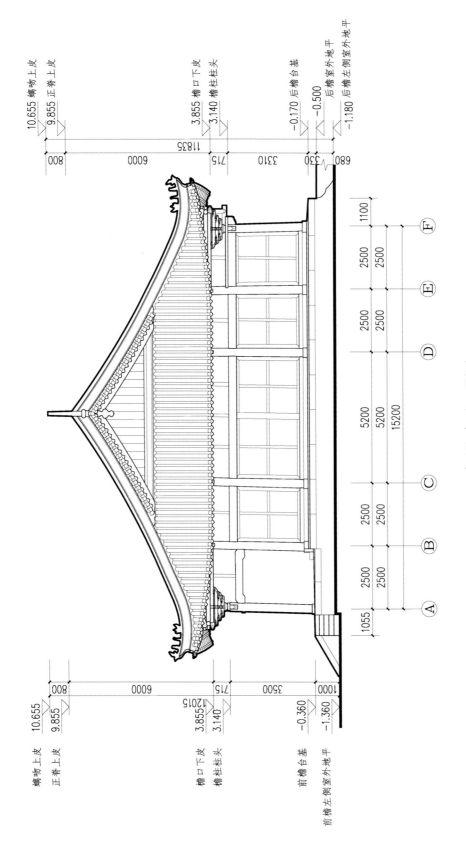

大殿左立面图 1∶150

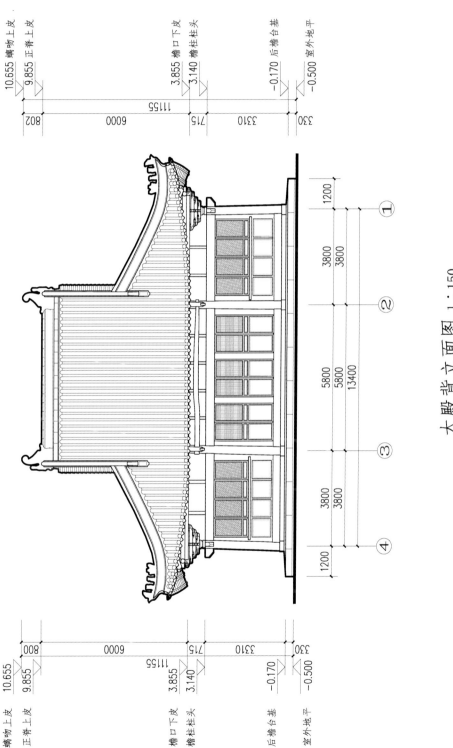

大殿背立面图 1:150

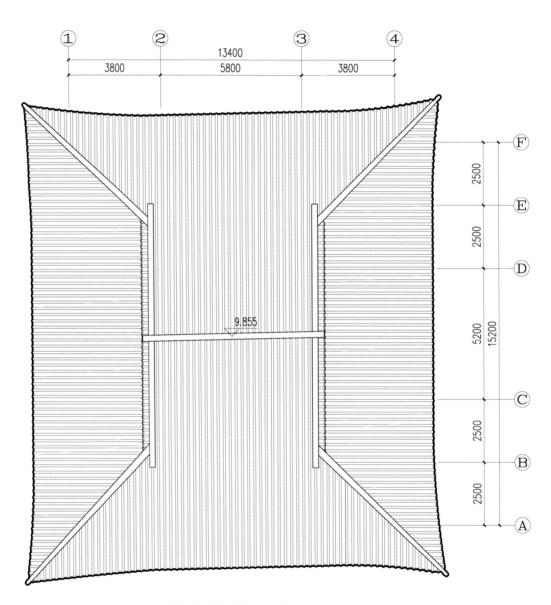

大殿屋顶平面图 1：150

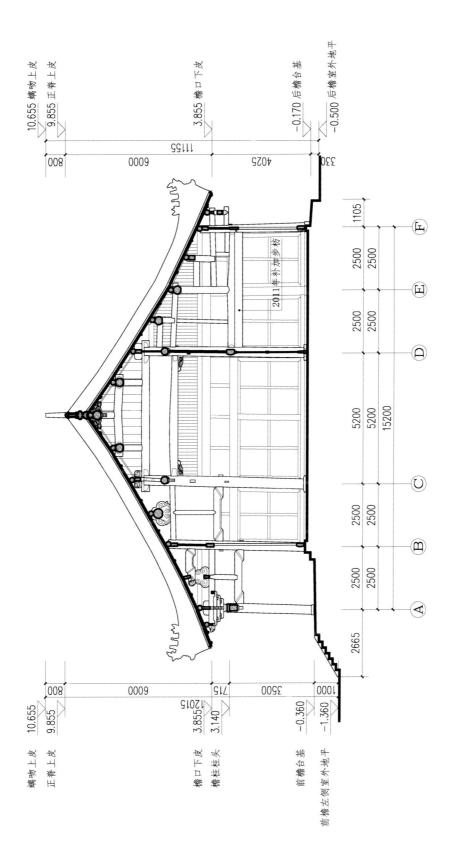

大殿1-1剖面图 1：150

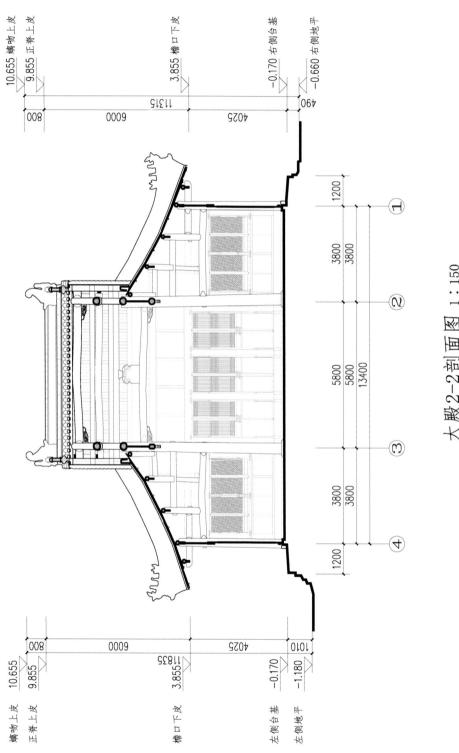

大殿2-2剖面图 1∶150

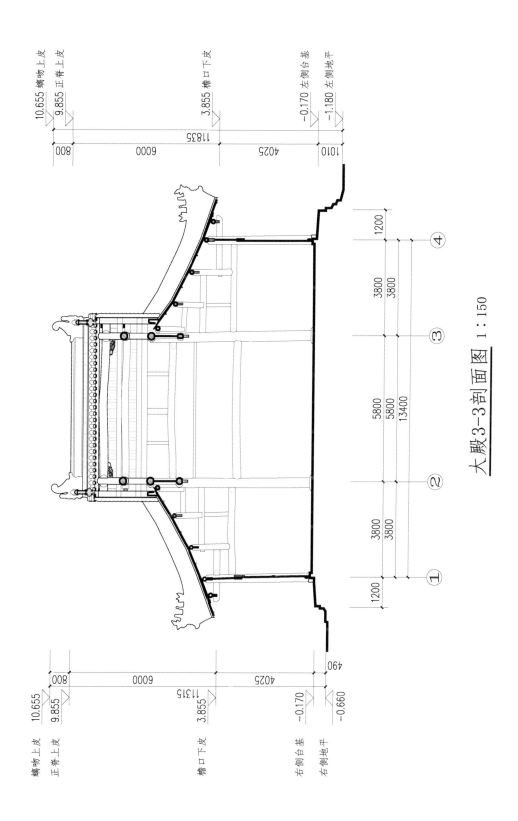

大殿3—3剖面图 1:150

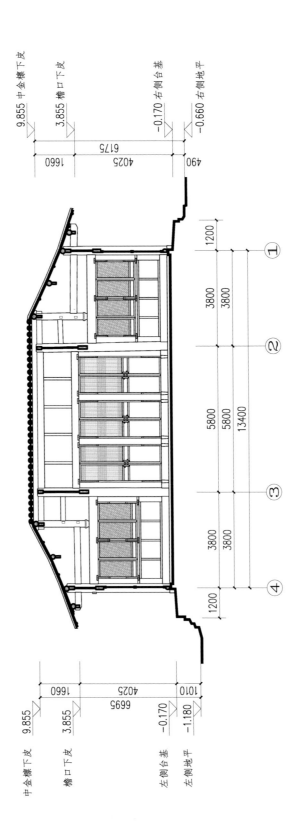

大殿 4—4 剖面图 1∶150

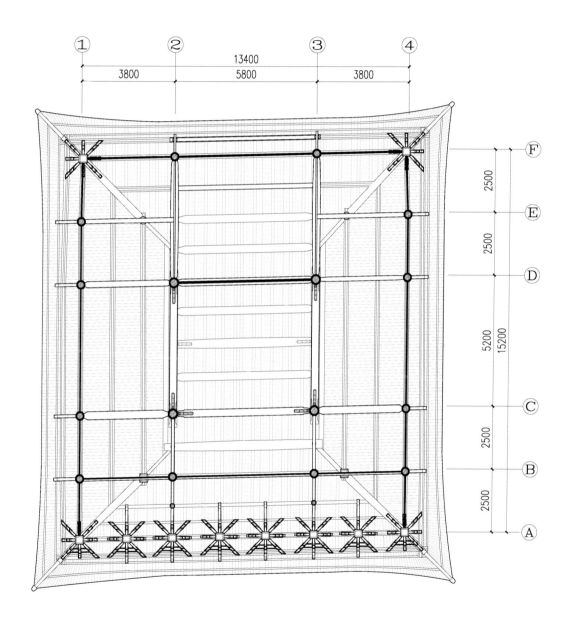

大殿梁架仰视图 1:150

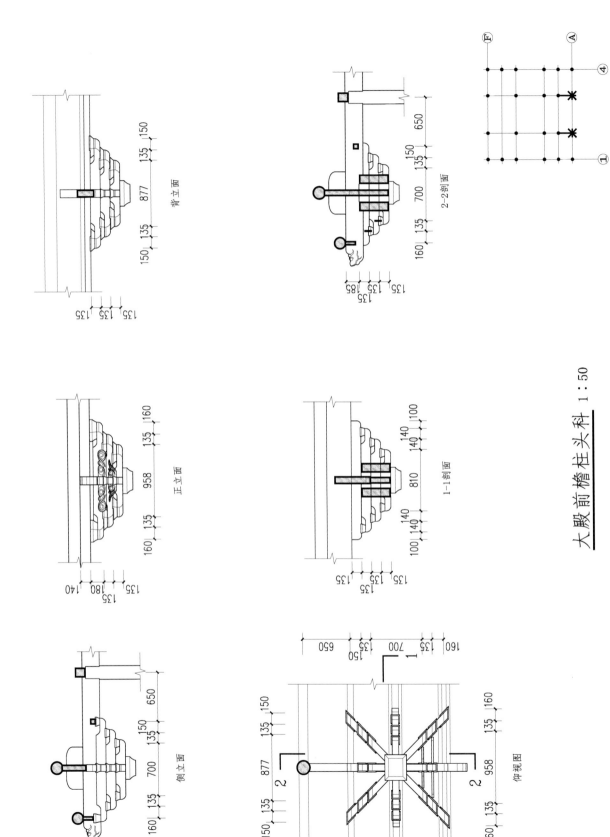

大殿前檐柱头科　1：50

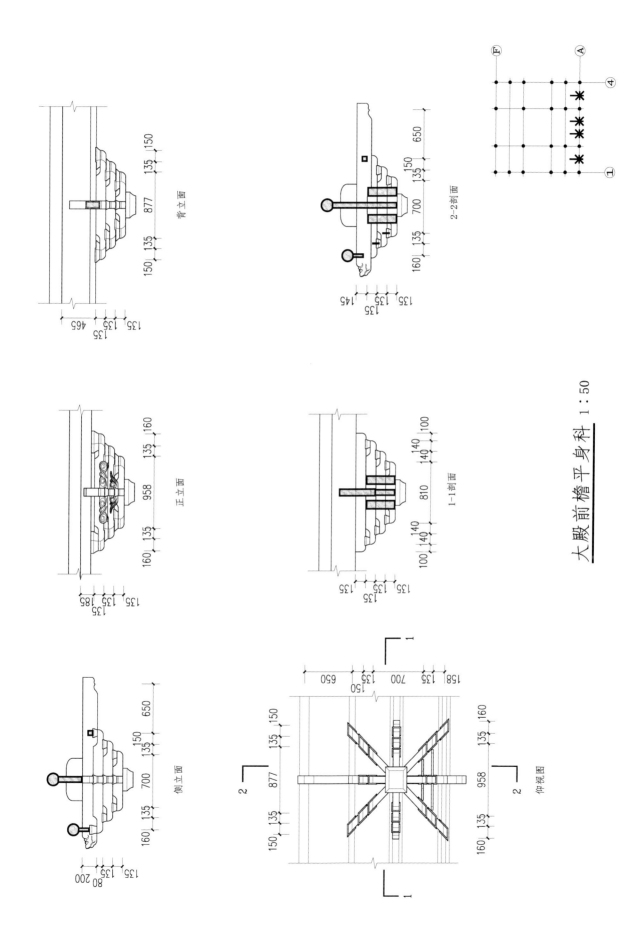

背立面

正立面

侧立面

2-2剖面

1-1剖面

仰视图

大殿前檐平身科 1:50

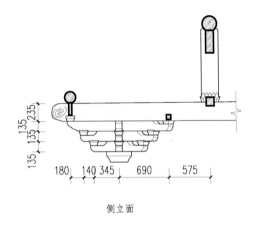

侧立面

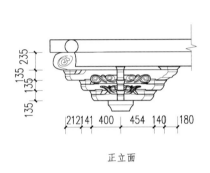

正立面

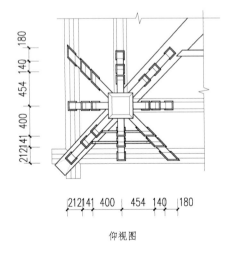

仰视图

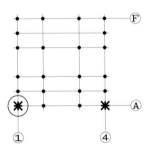

大殿前檐角科 1:50

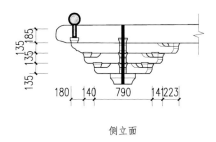

侧立面

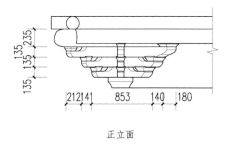

正立面

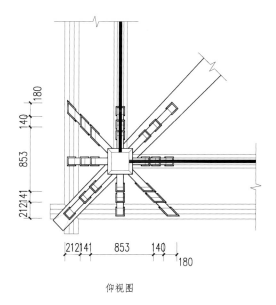

仰视图

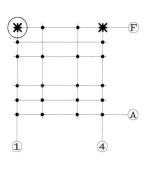

大殿后檐角科 1:50

　　醴峰观位于南充市南部县大坪镇丘垭场社区[1]大铜锣山，是第六批全国重点文物保护单位，现存山门、东西厢房、拜殿、大殿和皇娘殿，其中大殿建于元代，为四川现存有题记纪年的最早建筑。成都文物考古研究院于2012年3月、2014年11月、2016年12月、2018年3月前往调查、测绘，现将主要成果公布如下。

一　历史沿革及寺院布局

（一）历史沿革

　　醴峰观又被称作"李封观"或"里峰观"，其中"李封观"见于道光《南部县志》卷二《舆地·陵墓》："陈尧咨墓在李封观山麓去县一百八十里。"[2]这一称谓可能源自当地传说，认为此地与成汉皇帝李雄有关。而且，醴峰观所在大铜锣山也名皇后山，道光《南部县志》卷二《舆地·山川》记载："皇后山在县西北，舆地纪胜在西水县东二十余里，蜀李特妻罗氏家于此，故名。"[3]李特与罗氏即李雄父母[4]，醴峰观后皇娘墓传说为罗氏之墓，寺内皇娘殿为供奉罗氏之所。"里峰观"出自陈尧咨墓晓喻碑："所有香火一切，向归附近之里峰观住持经理。"陈尧咨[5]是北宋人，谥康肃，欧阳修《卖油翁》中曾记载"陈康肃公善射，当世无双"。

　　醴峰观缺乏文献记载，创建时间与历代营建变化均不可考。除大殿外，其他建筑均为后代添建。大殿左缝梁架顺栿串下有题记："大元大德十一年太岁丁未正月丙寅朔二十四日己丑，爰有修造何信……发心创此仙宫，以光胜地，祈乞方境清宁，家门吉庆者，谨题。"可知大殿修建年代为元大德十一年（1307年）。

　　醴峰观位于南部县西北，向南临近盐亭县，与盐亭富驿镇花林寺年代接近，捐资者也存在关联。南部县宋时属利州路阆州，元至元十三年（1276年）罢阆州置保宁府，隶广元路，至元二十年（1283年），新井、新政、西水三县并入南部县，醴峰观所在皇后山应处原西水县境内。明

---

[1] 丘垭场社区原属丘垭乡金星村，南部县政府2019年10月撤销丘垭乡，其所属行政区域划归大坪镇管辖，2020年初又将民主村和金星村合并为丘垭场村，12月撤销丘垭场村，设立丘垭场社区。

[2]（清）王瑞庆等纂修《南部县志》，收入《中国地方志集成·四川府县志辑》第57册，巴蜀书社，1992，第389页。

[3] 同上书，第382页。

[4]《晋书》卷一百二十一《载记第二十一》："李雄字仲俊，特第三子也。母罗氏，梦双虹自门升天，一虹中断，既而生荡。后罗氏因汲水，忽然如寐，又梦大蛇绕其身，遂有孕，十四月而生雄。"中华书局，1974，第3035页。

[5] 陈尧咨，字嘉谟，阆州阆中人，陈省华之子，陈尧叟、陈尧佐之弟，宋真宗咸平三年（1000年）进士第一，初授将作监丞、通判济州，后擢右正言、知制诰，历任右谏议大夫、集贤院学士、尚书工部侍郎权知开封府、翰林学士、宿州观察史知天雄军、武信军节度使等，死后赠太尉，谥康肃。见《宋史》卷二百八十四《列传第四十三》，中华书局，1974，第9588、9589页。

洪武十年（1377年）南部县并入阆中，十三年（1380年）复置，仍隶保宁府，清代沿旧。民国三年（1914年）南部县隶属嘉陵道，民国二十四年(1935年)隶属四川省第十一行政督察区（治今南充）。1949年以后，南部县隶属南充至今，但醴峰观所在丘垭乡曾在1953年的县境调整中随富驿场、花林、大坪等划入盐亭县，1974年因升钟水库淹没，又随大坪区划归南部县[6]。

醴峰观于1994年被公布为南充市文物保护单位，2002年被公布为省级文物保护单位，2006年被公布为第六批全国重点文物保护单位。1993~1994年，丘垭乡政府组织了醴峰观维修。2010、2012年，醴峰观分别启动一期与二期修缮工程，其中二期工程包含元代大殿维修，修缮过程中拆除了后期添建的与大殿屋面交接的抱厦。

（二）环境与寺院布局

醴峰观位于大铜锣山南坡，坐北朝南，地势前低后高，观后紧邻皇娘墓，再往后为新建大殿、通澄和尚墓碑及陈尧咨墓。观前有平台广场，对面是现代戏台，广场两侧为现代平房。醴峰观中心地势较两侧略高，上下山道路在山门前转折，东侧为上山，西侧为下山（图1、2）。

图1 醴峰观卫星影像图

---

[6]四川省南部县县志编纂委员会编纂《南部县志》，四川人民出版社，1994，第48页。

图 2　醴峰观航拍图（由西南向东北，丁伯仪摄）

　　醴峰观现存两进院落，从前往后共有三级台地。其中元代大殿居中，前檐紧邻拜殿，拜殿、山门及东西厢房围合成前院，院内地面较大殿低1.38米。大殿之后紧靠高台，台高1.475米，之上为皇娘殿。大殿西侧有现代水池。现状大殿正面开敞，与拜殿形成贯通空间，拜殿后檐柱处设置四步台阶连接大殿。

二　建筑结构形制

（一）大殿

1. 平面

　　醴峰观大殿面阔三间、进深三间，前檐明间减柱，由普拍枋和阑额支撑前檐斗栱。柱底通面阔7.99，明间面阔4.02，左右次间面阔1.98、1.99米；通进深7.96、中进深4.02、前后进深均1.97米；各椽平长从前至后分别是1.95、1.98、1.95、1.95米。大殿平面整体呈正方形（图3、4）。

　　现状前檐开敞无门窗，后檐明间设门，山面和后檐次间设版壁墙，并与东西厢房北墙相连。后内柱之间设置木隔墙，隔墙前为佛台，佛台上塑释迦牟尼与阿难、迦叶，塑像均为新作。前内柱与左山面前檐柱柱底有榫口，表明此处原有地栿。地栿的存在说明原始门窗位于前内柱一线，大殿前进为开敞外廊。地栿左端为单榫，右端为双榫，通常双榫外边缘与地栿齐平，中间向内多挖一段，安装时先

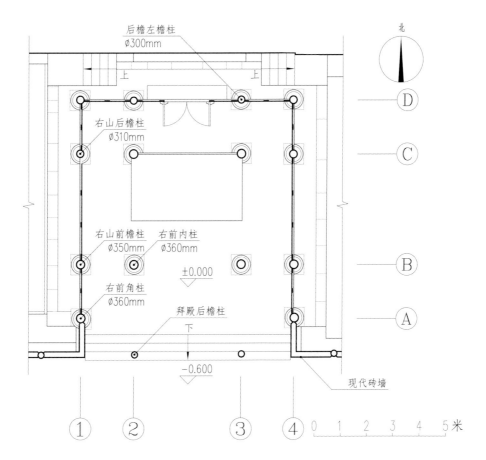

图 3 大殿平面图

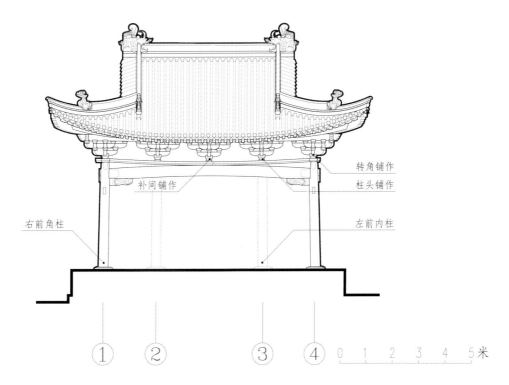

图 4 大殿正立面图

a. 左前内柱的单榫　　　　　　　　　　　　　　b. 右前内柱的双榫

图 5　大殿前内柱柱底榫口

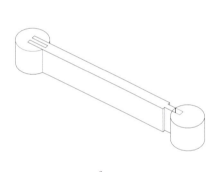
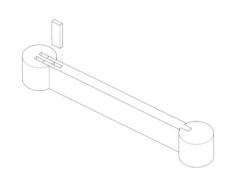

a　　　　　　　　　　　　　　　　　　　b

图 6　大殿地栿安装步骤示意图

a. 2012 年　　　　　　　　　　　　　　　　b. 2018 年

图 7　大殿室内修缮前后对比

装双榫一端，可以为另一端单榫留出空间，单榫入榫后再退出部分双榫，双榫之间填入木销，同时也能保持地栿外观完整（图5、6）。后内柱与后檐柱之间柱底也有榫口，尺寸较前内柱小，可能原做隔断，也可能是后期改建的结果。

地面铺地是 2012 年修缮以后新铺的正方形石板，每块边长约 0.6 米，修缮以前是水泥地面，原始做法不明。大殿台基现为条石包砌，修缮之前左侧为石板包砌，右侧为碎石包砌（图7、8）[7]。

a. 2012 年

b. 2018 年

图 8　大殿右山面修缮前后对比

[7] 2012 年大殿室内照片中有匾额的柱子为当时未拆除的拜殿柱子，后方有盘龙的柱子为大殿前内柱。

图9　大殿明间左缝顺栿串上蜀柱砍杀

图10　大殿右山面中进由额上蜀柱砍杀

图11　大殿后檐明间由额上蜀柱砍杀

图12　大殿左前内柱柱顶砍杀

2. 柱

醴峰观共用柱子14根，内柱与前进檐柱共8根，柱径较大，直径约36厘米；后进檐柱共6根，直径较小，不超过33厘米，其中又以后檐明间2根檐柱最细，仅0.3米。由于大殿外檐斗栱采用后侧斗栱减跳的做法，前后檐柱不等高。以地面为基准，从前往后前角柱、山面前檐柱、山面后檐柱、后角柱柱顶标高分别为3.89、3.89、4.285、4.315米。现状角柱还存在生起，后檐明间檐柱柱顶标高为4.285米，后檐角柱生起0.03米。

醴峰观在平梁上、内柱间顺栿串上、外檐由额上均施蜀柱，柱端做砍杀。其中，内柱间顺栿串上及山面由额上的蜀柱柱底为鹰嘴砍杀，平梁上和后檐由额上的蜀柱柱底为弧形砍杀[8]。落地柱与蜀柱柱头四面均有砍杀，无阑额处砍杀为钟形，与阑额交接一侧则于砍杀处开榫（图9~12）。

---

[8] 后檐由额上蜀柱柱底内侧砍杀为鹰嘴形，内外砍杀不同，目前无法确定是否存在后期改动。

2012年的维修磨去了柱子表面红漆，露出木原色，可以根据木材老化程度判断此次修缮更换了左后角柱，对左山后檐柱柱底进行了墩接，对右山后檐柱柱底外侧进行了包镶。现有柱础为圆形石础，高度低矮，外缘竖直，由形状相同但上小下大的两部分组成。柱础均为修缮后添配，修缮前未见柱础外露。

3. 普拍枋、阑额

醴峰观仅前檐及山面第一进用普拍枋，普拍枋截面为斗形，表面无雕刻，侧面正中有一道水平刻线，刻线以上竖直，以下作内凹弧面。前檐普拍枋由两段组成，分界处在前檐补间铺作下方，右侧普拍枋榫头压在左侧之上，出头水平且短促。前檐普拍枋与山面普拍枋在角柱相交出头，现状叠压次序为山面在上前檐在下。普拍枋端面形制与侧面相同（图13~15）。

前檐由于减柱，采用通长三间的檐额，檐额中间略起拱，截面为圆形，外观呈月梁形。檐额两端下部设绰幕枋，不设由额，与普拍枋间的空隙由木板填充。山面和后檐用阑额与由额，二者截面均为纵长方形，尺寸相近，如重楣做法。山面明间和后檐明间由额上设蜀柱，蜀柱上皮与阑额上皮平，之上承补间铺作。檐柱前低后高，阑额与由额高度也随之调整。其中阑额高度有两种，以山面补间铺作为界，前侧阑额低于后侧，由额高度则有三种，山面前进最低，中进与后进其次，后檐由额最高。现状山面与后檐以由额为界，之下为木质版壁，之上为编壁泥墙（图16）。

图13　大殿前檐檐额与普拍枋

图14　大殿前檐普拍枋分段位置

图15　大殿右山面前进普拍枋

图16　大殿左山面与后檐阑额

4. 梁架

醴峰观大殿为前后劄牵四架椽的歇山厅堂。前檐劄牵绞入前檐柱头铺作[9]，梁头伸出作第二跳华栱承橑檐枋，梁尾插入前内柱，劄牵下无顺栿串。后檐劄牵自后檐柱头铺作栌斗伸出，梁头作华栱承橑檐枋，梁尾插入后内柱，劄牵下有矩形截面顺栿串。大殿次间丁栿长一椽，前后丁栿形制分别与前后檐劄牵相同，前后丁栿下均有矩形截面顺栿串。

前后内柱间有两道顺栿串，上层位于柱顶，截面为矩形，下层在柱身，截面为圆形，侧面呈月梁形。月梁形顺栿串上立蜀柱，蜀柱顶与内柱顶同高，与上层顺栿串相交。左右内柱间也有两层内额，上层内额与上层顺栿串齐平，截面相同，下层内额截面为矩形，高度较下层顺栿串低，其中，前内柱间下层内额兼作门额，后内柱间下层内额为修缮后补配，其下现状为版壁。大殿顺栿串、内额和劄牵，凡圆形截面者，插入柱子一端均作钟形砍杀。

蜀柱与内柱顶设单层丁字栱，华栱向内，泥道栱除蜀柱上的沿进深方向外，其余均沿开间方向。泥道栱上承素枋，素枋兼作平棊枋，除此以外内部平棊枋均为修缮时补配，将平棊等分为16方格。素枋上承平梁与平槫，平梁呈槫形，尺寸与高度均与平槫相同，兼作闑头栿承山面檐椽。平梁上设蜀柱承脊槫，脊槫下有圆形截面的顺脊串，紧贴顺脊串下皮是向外伸出的短枋，用途不明，蜀柱两侧用叉手（图17~19）。

大殿梁架表现为由内柱和檐柱分别围成的内外两圈结构，平面投影为"回"字形，梁架组织逻辑可能是先于4内柱之间形成稳定连接，再通过水平构件与外围檐柱相连。内外圈连接包括檐柱柱头铺作里转作劄牵与内柱相交，山面补间铺

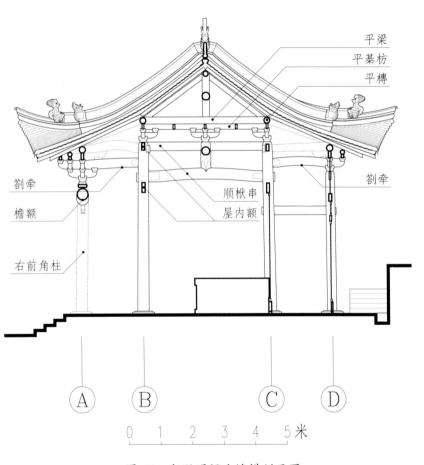

图 17　大殿明间右缝横剖面图

---

[9] 大殿前檐柱头铺作下不设檐柱，但依梁架关系仍用此名称。

图 18　大殿室内梁架　　　　　　　　　　图 19　大殿右山面外伸出短枋

作里转挑斡插入顺栿串间蜀柱，以及山面与后檐劄牵下顺栿串联系内外柱。在内柱柱身，与之相交的顺栿串、内额高度相错，汇榫时互相避让，有利于这一结构的稳定。

5. 屋顶

大殿歇山采用厦一间形式，即山面檐椽覆盖整个次间，无山面梁架。现状屋面整体斜度约为 0.56，相当于《营造法式》规定的甋瓦廊屋。大殿歇山向外出际较长，约 1.2 米，又手、蜀柱与平梁间为竹编泥墙山花，现状搏风版和悬鱼均为修缮后补配。

翼角采用平置角梁，角梁内端插入内柱柱头，用透榫，外端下皮与檐槫同高，正好压在前檐橑檐枋上，与生头木相交。角梁上有隐角梁，但不用子角梁（图 20）。现状前进用橑檐枋，山面中后进与后檐用橑风槫，该橑风槫即前进牛脊槫。前檐橑檐枋相交出头有外凸卷瓣雕刻，卷瓣中间起棱，后檐橑风槫相交直截出头，无雕刻（图 21）。现状檐部有飞椽，檐椽与飞椽截面均为方形，椽上铺望板。翼角临近角柱开始铺翼角椽，有虾须木而无吊檐板。屋顶现状为素筒瓦屋面，屋脊为烧制脊砖，但外观为叠瓦脊（图 22）。

a. 内侧　　　　　　　　　　　　　　　　b. 外侧

图 20　大殿左前角梁

图 21　大殿左后角梁与橑风槫　　　　　　图 22　大殿屋脊

a. 2012 年　　　　　　　　　　　　b. 2018 年

图 23　大殿屋顶修缮前后对比

醴峰观大殿屋顶在 2012 年的修缮中改动较大，修缮前原拜殿与大殿屋顶相连，平面整体呈工字形，修缮后新拜殿为双坡屋顶，与大殿无直接联系（图 23）。此外根据木材老化程度并与旧照片对照，可以确定在 2012 年修缮时对屋面做了如下改动：更换了右后角梁、后檐右次间橑风槫、后檐左次间橑风槫与其下素枋、左山后进橑风槫与其下素枋、右山后进橑风槫下素枋、四角虾须木与生头木；对右山面后进橑风槫做了较大维修；檐部增设飞椽；翼角改平行布椽为放射布椽，仅两山明间檐椽与前后平槫间的椽为旧物。修缮前，大殿为小青瓦屋面，檐部为火连圈，用灰塑脊，正脊上塑双龙中堆，垂脊、戗脊上塑走兽，但工艺粗糙，应该也不是原状。

6. 斗栱

大殿前、后檐明间与山面中进各用补间铺作 1 朵，次间不用补间铺作，内柱顶用内额斗栱 4 朵，四边内额与顺栿串正中设内额斗栱各 1 朵。前檐斗栱及山面前柱头铺作为五铺作双杪，不用令栱，由第二跳华栱直接承橑檐枋，扶壁栱为重栱素枋。其余外檐斗栱为斗口跳，扶壁栱为单栱素枋。由于后部斗栱减跳，后部橑风槫与前进斗栱第一跳单栱上牛脊槫相接。内额斗栱为丁字栱，华栱尾端不出头，无耍头。

大殿斗栱单材广170、厚120毫米，足材广260毫米，单材广厚比约为1.4。栌斗顶面边长260，底面边长180，斗耳、平、欹分别高55、50、75，通高180毫米。小斗有两种尺寸，一种顶面边长175，底面边长120，斗耳、平、欹分别高35、35、55，通高125毫米，开口为十字或一字。另一种只开一字口，沿开口方向增加10毫米，其余不变。第一种尺寸的小斗包括外檐斗

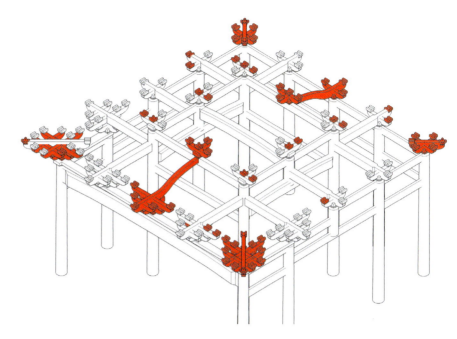

图24　大殿斗栱更换示意图（红色为2012年新做）

栱外跳交互斗，山面与后檐斗口跳斗栱的扶壁栱散斗，其他小斗采用第二种尺寸。

前进斗栱第一层华栱与泥道栱栱长相同，均为900毫米，因此栌斗四边栱头基本等长，相同做法也存在于后部外檐斗栱与内额斗栱，三个方向的栱头基本等长。前进斗栱第二层栱长则明显缩短，第二跳华栱跳长仅300毫米，瓜子栱长780毫米，且华栱、瓜子栱和泥道慢栱自交互斗或散斗平出距离并不相同，无明显规律。

由于后期屋顶改动，大殿斗栱变化较大。其中，在2012年修缮以前明确缺失，修缮后补配的为前、后檐明间中轴线的斗栱，即前檐补间铺作、后檐补间铺作与2朵内额斗栱；修缮后整体更换的有左前、左后、右后转角铺作，以及除角华栱外的右前转角铺作，还有部分小斗也被更换。除此以外，顺栿串上蜀柱之间现有月梁形内额，根据南部永安庙与盐亭花林寺推测，其上应有十字栱承平綦枋，数量对应平綦分格可能为3朵或1朵，但修缮前此处无斗栱，修缮后也未添配（图24）。总之，现状醴峰观大殿斗栱形制共计8种24朵，分别记录如下。

（1）前檐柱头铺作、山面前柱头铺作

外跳双华栱，第一跳华栱承单栱素枋并牛脊槫，第二跳上不用令栱，跳头设交互斗直接承橑檐枋，里转第一跳为华栱，第二跳作劄牵，劄牵与内柱柱身相交，扶壁栱为重栱素枋（图25、26）。

（2）前檐补间铺作

该斗栱为2012年后补配，外跳采用与柱头铺作相同的形式，为双华栱，第一跳华栱承单栱素枋并牛脊槫，第二跳上不用令栱，由交互斗直接承橑檐枋，里转第一跳为华栱，第二跳作挑斡，挑斡尾端与前内柱间内额相交，扶壁栱为重栱素枋。对照元代其他案例，若前后檐补间铺作与内额斗栱对位，挑斡一般与内额斗栱泥道栱相交，端部或伸出作内额斗栱华栱（如盐亭花林寺大殿）（图27），或

图 25　大殿前檐斗栱

a. 柱头铺作外跳

b. 柱头铺作里跳

图 26　大殿右山前柱头铺作

压在内额斗栱华栱之上（如剑阁香沉寺大殿），不与内额相交。此外，这一时期补间铺作可能采用不同于柱头铺作的形式，也可能使用斜栱（如盐亭花林寺大殿、阆中五龙庙文昌阁等）（图 28）。由于缺乏修缮前勘查资料，醴峰观大殿补间铺作现行做法是否为原状暂不能确定。

（3）后檐柱头铺作、山面后柱头铺作

外跳为斗口跳，华栱承素枋并橑风槫，里转作劄牵，劄牵与内柱相交，扶壁栱为单栱素枋。

（4）山面明间补间铺作

外跳斗口跳，华栱承素枋并橑风槫，里转作挑斡，挑斡尾端插入顺栿串间蜀柱，不出头，扶壁栱为单栱素枋（图 29）。

（5）后檐明间补间铺作

该斗栱为 2012 年后补配，外跳斗口跳，华栱承素枋并橑风槫，里转作挑斡，挑斡尾端与后内柱间内额相交，扶壁栱为单栱素枋。这一时期建筑若补间铺作与内额斗栱对位，挑斡一般不与内额相交，因此与前檐补间铺作相同，该铺作现状是否为原始做法仍需进一步勘查（见图 11）。

（6）前檐转角铺作

正、侧方向与 45° 方向均出双华栱，角华栱为足材，其余为单材。栌斗上第一跳华栱与泥道栱相列，第二跳华栱与泥道慢栱相列，第一跳角华栱上华栱与瓜子栱相列。第二跳华栱上不用令栱，交互斗上直接承橑檐枋，角华栱上交互斗为"鬼斗"，其上正、侧橑檐枋相交出头，出头做雕刻。转角铺作里转为两跳角华栱，其上为实拍

图 27　花林寺大殿补间铺作挑斡

图 28　五龙庙文昌阁前檐斗栱

a. 斗栱外跳

b. 斗栱里跳

图 29　大殿左山后部斗栱

a. 2009 年（王书林摄）

b. 2018 年

图 30　大殿右前转角铺作修缮前后对比

华栱承角梁，实拍栱栱头雕刻与前檐橑檐枋相同。转角铺作虽然大部分为 2012 年后新换，但对比旧
照片可知，更换后斗栱与旧斗栱形制接近，仅第一跳华栱上瓜子栱栱头长度与第二跳华栱栱头相等，
这一做法与前檐柱头铺作不同（图 30）。

a. 2012 年

b. 2018 年

图 31　大殿平棊修缮前后对比

（7）后檐转角铺作

正、侧方向与 45° 方向均出单华栱，角华栱为足材，其余为单材。栌斗上华栱与泥道栱相列，华栱上不用令栱，交互斗上直接承素枋并橑风槫，角华栱上交互斗为"鬼斗"，其上橑风槫相交并直截出头。里转为角华栱承实拍栱，实拍栱形制与前檐转角铺作相同，其上承角梁。

（8）内额斗栱

均为丁字栱，由华栱与泥道栱组成，均为单材。泥道栱正中设齐心斗，两端设散斗，上承素枋，素枋兼作平棊枋，华栱方向朝内，上承平棊枋，内柱顶 4 个内额斗栱泥道栱沿顺身方向。

7. 平棊

大殿平棊位于 4 内柱范围内，整体为正方形，外框中线与内柱柱心轴线重合，内部平均分为 4×4 共 16 个方格。平棊枋截面为 165 毫米 ×90 毫米，略小于单材，平棊枋与内额斗栱栱头在平面投影上重叠，而且由平棊外框承平梁与平槫，因此该平棊不同于一般的小木作，表现出大木作特征。

除平棊外框，内部平棊枋均为 2012 年修缮后补配。老照片中平棊外框内侧，在斗栱之间存在榫口，显示该处原有内部平棊枋，所以目前的复原应该是可信的，类似做法可参考南部永安庙大殿平棊（图 31）。

8. 雕刻

大殿雕刻不多，大部分为简单砍杀或线脚，如普拍枋线脚、前檐橑檐枋出头与转角铺作实拍栱雕刻，柱头与额串端部钟形砍杀，蜀柱底部鹰嘴砍杀或弧形砍杀等。具有较强装饰性的仅前檐檐额下绰幕枋，该绰幕枋前后雕刻卷草纹，从断面与纹样判断，现状绰幕枋端部被截去了一部分，整体并不完整（图 32）。

图 32　大殿前檐左侧绰幕枋

（二）拜殿

拜殿面阔五间，进深七檩，前、后檐再另加挑檩，双坡屋面，两端与厢房相接。拜殿每榀梁架用三柱，穿斗结构。前檐用双步梁作外廊；金柱间每间设六抹格扇门，无窗；后檐中间对应大殿宽度开敞无门，两端和山面为实墙。前檐现状设雕花挂落、牛腿和吊瓜作为装饰。屋顶采用小青瓦屋面。

屋顶在 2012 年后的维修中有过较大改动，之前拜殿明间屋面升高，而且后檐设人字坡抱厦与大殿相连，整体呈工字形，具体可见陈刚《四川南部县醴峰观建造特征初探》一文[10]。考虑到拜殿与大殿梁架结构并非同一系统，而且地面存在高差，工字形平面应该也不是原状（图 33）。

a. 2012 年

b. 2018 年

图 33　拜殿修缮前后对比

［10］陈刚：《四川南部县醴峰观建造特征初探》，《四川文物》2018 年第 3 期。

图 34　醴峰观内院与东厢房外观

（三）厢房

　　东、西厢房形制接近，面阔六间，前、后檐柱间进深六檩，前檐用双层挑枋，后檐用单挑枋，所以整体上前后檐檩数仍相同。厢房院内露明三间，南端两间与北端一间作转角间，分别与山门和拜殿屋顶相接。其中南端屋面基本为 45° 斜交，山门方向屋面仅向外伸出少许，形成很小的山花，北端屋面对应位置则升高屋顶，形成较大山花，而且该屋面并未与拜殿对齐。厢房室内无金柱，除大门对应的明间外，其余用砖墙按间分隔为小房间。外墙以照面枋和一穿为界，下为砖墙，上为版壁。修缮以前，前檐立面为砖墙，明间设月洞门（图 34）。

（四）山门

　　山门为四川清代常见的牌坊式大门，穿斗结构，整体面阔三间，明间前檐屋面升高作重檐歇山，其余主体仍为双坡顶，两端与厢房转角间屋面连为一体。明间前檐增设柱子 6 根，平面外凸并呈三开间外观，也使前檐入口形成内小外大的八字墙形式。增设的柱子还为歇山屋面提供了支撑，使前檐下层屋檐可以在正中空缺，留出匾额的位置（图 35）。

　　梁架上两次间进深五檩用五柱，满堂柱做法，前、后檐外再另设单层挑枋承挑檐。明间由于添加立柱，向前增加约两步架，后部未添加立柱，改由大额支撑歇山梁架，因此上层屋架檩条与下层

图 35　山门南立面

柱网并未完全对应。上层歇山屋架以正脊为界，前檐三步外加挑檐，后檐四步无挑檐，后檐大致与山门次间正脊对齐（图 36）。

山门也经历过 2010 年大修，根据王书林《四川宋元时期的汉式寺庙建筑》中记录，山门檐枋原有题记"公元一九九四年六月十三日，邻近村民等立""丘垭乡政府维修里封观募捐领导小组"等，修缮后已将该檐枋替换[11]。

图 36　山门内部梁架

［11］王书林：《四川宋元时期的汉式寺庙建筑》，硕士学位论文，北京大学考古文博学院，2009，第 41 页。

图 37　皇娘殿外观

（五）皇娘殿

皇娘殿面阔三间进深五檩，前后檐柱外另有单层挑枋承挑檩。歇山屋面，且明间升高另做完整歇山，所以整体外观呈重檐，但进深不变，两次间屋面也无联系，外观上与山门正面接近。皇娘殿梁架简单，只在明间前檐增加两根金柱，使入口内收呈八字，角梁由室内梁与内额直接承托（图 37）。

三　题记及碑刻

醴峰观题记表明，该寺营造与当地何姓家族关系密切，何信一家是大殿的主要修建者，何良富等何姓人氏则资助了山门的营建。与何家一起出资修建元代大殿的还有蒲姓与李姓家族，何、李、蒲三姓也是盐亭花林寺的资助者，两殿题记中所载人名存在大范围重合，而且题记显示何、李、蒲三家存在频繁的通婚情况，表明了两寺的密切关系。

首先，醴峰观大殿题记中何信孙辈为"孙男大铸、孙妇蒲氏，次孙大兴、孙妇宇文氏，幼孙大荣、孙妇李氏，幼孙大昌、孙妇李氏"。花林寺题记中则提到"伯父母谢大铸、蒲氏，何大兴、宇文氏，姑丈何大荣、李氏，何大昌、李氏，王道传、李氏，何大纯、李氏"。大铸、大兴、大荣、大昌的名字和排序一致。其次，花林寺题记是以主事者角度记录，主事者为李姓，其家庭组成有"俗门父母李昌祖、蒲氏，上同祖父母李继先、苟氏，俗弟李德华、何氏……叔父母□成祖、何氏，李昌才、何氏，蒲绍元、周氏，李嗣祖、魏氏，姐丈杜启佑、李氏。"醴峰观中也有相应记载"李元善、室人雍氏，男嗣祖，李继先、室人苟氏，男昌祖、成祖、昌才"。李姓人名中，李继先、李昌祖、李成祖、李昌才、李嗣祖在两寺均有出现。最后，蒲家在两殿均出现的名字是蒲志兴，在醴峰观是"同干修造蒲志兴、室人蔡氏"。在花林寺为"主盟修造俗门外祖父母蒲志兴、蔡氏"。

醴峰观与花林寺实际距离接近，而且醴峰观所在地旧称丘垭乡，花林寺在清同治《县境分方图说》中属丘垭场，历史上两寺很可能属于同一地理单元（图38）[12]。花林寺现属盐亭县富驿镇，1953年以前属南部县，1953年富驿镇与丘垭乡一起从南部县划入盐亭县，1974年大坪、丘垭划归南部县，富驿镇则留在盐亭，才形成目前分属不同县的情况。

（一）大殿题记

大殿现存题记不多，仅顺脊串、左右缝下层顺栿串底面题记较完整[13]。右山面明间补间铺作挑斡、前檐左劄牵、左山面后丁栿有题记痕迹，但只有右山面挑斡能识别出少数文字，其余字迹不清。顺脊串上题记为颂词，左缝顺栿串题记有元大德十一年（1307年）纪年，以及主要资助者何家众人的名字，

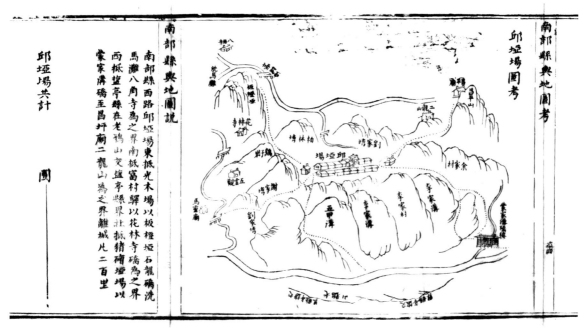

图 38　邱垭场图考

---

[12]（清）朱凤標《县境分方图说》"南部县舆地图考·邱垭场图考"，同治八年重刊本，中国国家图书馆藏。

[13]题记、碑刻录文中，"□"表缺一字，"……"表无法判断字数的缺字，"｜"表换行，一行内又分多行的，多行内容外加"［　］"，各行用"｜"隔开，如果多行的各行内又分多行，则用"｛ ｝"套"［　］"的方式表示。

右缝顺栿串题记则记录了相关僧俗亲友，包括蒲姓和李姓人名（图39）。

1. 顺脊串（T1）

□祝，今上皇帝万岁，太子千秋，府县官僚常居禄位者。

2. 左缝下层顺栿串（T2）

大元大德十一年太岁丁未正月丙寅朔二十四日己丑，爰有修造何信一家等，[男元泰、妇胡氏，孙男大铸、孙妇蒲氏，次孙大兴、孙妇宇文氏，幼孙大荣、孙妇李氏，幼孙大昌、孙妇李氏，曾孙智聪、曾孙妇程氏，曾孙智雄，]居仁、居义、智广、智和、智光、智大、有德、智显，侄男刘坤厚、妇王氏，一家暨众等，发心创此仙宫，以光胜地，祈乞方境清宁，家门吉庆者，]谨题。

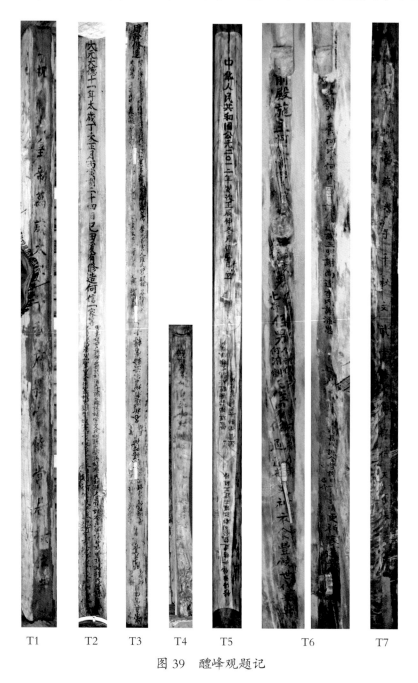

T1　　　T2　　　T3　　T4　　　T5　　　　　T6　　　　　T7

图39　醴峰观题记

3. 右缝下层顺栿串（T3）

从前向后　崇真宫住持［杨可成、］何知常，］开元长老智明、［金池院僧真相、讲主真瑞，］普济院僧真觉、讲主悟道，］惠悟院僧［智惠、］真辩，］各祈道教增崇，法轮常转者。

从后向前　同干修造［蒲志兴、室人蔡氏，男伯祥、德祥、应祥、保祥，何德广、室人杨氏，男大坤、大兴、大纯，李元善、室人雍氏，男嗣祖，］李继先、室人苟氏，男昌祖、成祖、昌才，王□□、室人□氏，男元珪、元庆、元□，王□孙、杜德芝、何元道、宇文兴，］［各舍资金，］祈门业兴□。］

4. 右山面补间铺作挑斡（T4）

　剑州直学□光明，社长赵□传……

（二）拜殿题记

1. 明间脊枋（T5）

从左向右　中华人民共和国公元二〇一二年岁次壬辰仲冬月初三日立。

从右向左　修缮单位，开禧建筑公司都江堰古建工程队；［管理，南部县醴峰观文物保护所；］监管，南部县文物管理所。］

（三）山门题记

1. 后檐往前第三根柱上内额（T6）

从左向右　前殿施主何良富、李氏，□□［二哥、］大哥，］孩男［幺哥、］七哥，］侄男［何朝仪，王氏，］何洧创，□氏，］侄男［何朝凤，小哥，］何通，□哥，］更祝衣食丰饶，世代兴盛。

从右向左　□谢大□、何氏大，何氏，谢虞□，谢玉明，谢尚达、李氏，谢添恩，上……嘉氏，谢金学，谢［时方，］君秀，］谢谓喜，更祈家道兴隆□□荣贵。

2. 后檐往前第二根柱上内额（T7）

　……万岁，太子千秋，文武官僚，高增禄位，天下太平，法轮……

（四）碑刻

1. 八角石柱

石柱现位于山门外右侧，紧邻国保标识碑。现状仅存上端，其中五面雕刻有文字，剩余三面仅略施錾刻，并未磨平，推测为嵌入墙体或佛台的壁柱。五面文字中，正中记录了事件缘起为谢元林求子，最左侧有刊刻时间乾隆四十二年（1777 年）十月二十日，其余均为捐赠人姓名及捐款数目。捐款数目位于名字下方，单位为"夘"与"分"，"夘"为"钱"的俗字[14]（图 40）。

---

[14]"夘"为"钱"的俗字，见杨小平：《清代南部县衙档案俗字例析》，《宜宾学院学报》2015 年第 5 期。"夘"在其他文献中也可为"分"的俗字，见秦公、刘大新编著《碑别字新编（修订本）》，文物出版社，2016，第 6 页。

正中录文：

　　发心妆塑，上同父谢续应、兄谢万林……」送子观音一堂，下民弟子谢元林切因乏嗣□……」片念一人难以成功，只得慕化亲友凑……」合斧以完功果，故而磨石列名，以垂」万古不朽云尔。鸠领化主谢元林、何氏。

右二录文：

　　［刘兴万、」何友富、」刘君德、」宇文义、」何大材，］一钱二分，［范斯和、」何泾长、」李贤、」何淮长、」何大朝，］一钱，［何仕权、」刘学林、」何国才、」何国相、」谢如林，］一钱二分，［何仕棹、」谢仕杰、」范文浩、」范朝荣、」范朝弼、」何逵□，］六□。

右一录文（表面存在榫口，部分文字缺失）：

　　［范昌王，二钱四分，」何元举，三钱，」何君□，男□□，五钱，」敬思友……」何宗道，二钱四分，］［范钟□、」范维弼、」何润长、」范朝王、」范朝爵，］□钱，［谢崇林、」刘□万、」□□□、」谢仕□、」谢君义……］

左一录文：

　　［何俊举、」李万春、」范斯林、」何仕范、」何仕彩，］一钱二分，［谢君万、」何廷臣、」何廷玺、」谢登龙、」李汉，］一钱二分，［何国连、」李元、」李贵、」李伸元、」李调元，］一钱二分，［杜作书、」何宗盛、」李盛元、」何才先、」何荣先……］

左二录文：

　　［李万□、」张荣俸、」何睿先，］一钱二分，［范朝佐、」谢廷学、」谢廷富、」谢兴林，］一钱二分，［何大文、」何大清、」何大如、」何宗敏，］一钱二分，［何君发、」谢汉林、」何大廷、」谢岁林、」何廷俊……］

　　乾隆四十二年孟冬月廿日谷旦，吏员谢君万书。

　　石匠谢兴林、徒范文周。

2. 通澄和尚墓碑

　　和尚碑位于醴峰观以北，皇娘墓后，圜首，表面雕刻盘龙和祥云。除两边界栏外，碑文大致可分为五部分。正中为通澄和尚觉灵塔铭；向左为通澄之徒及其后辈传承，再左为纪年；向右为通澄一脉开山祖及通澄同辈师兄弟各自传承，再右为碑铭文字（图41、42）。碑铭文字中的"五云"可能指下文

图 40　八角石柱残件

图 41　通澄和尚墓碑

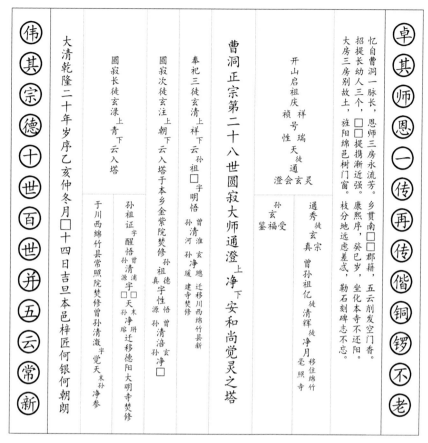

图 42　通澄和尚墓碑碑文示意图

中的五云观，五云观见于清同治八年（1869 年）《县境分方图说》中的"邱垭场图考"（见图 38），该图中还收录了盐亭花林寺，但无醴峰观。考虑到道光县志中已出现醴峰观，同治文献中没有醴峰观的原因可能是历史上五云观更为著名。该墓碑具体文字从右向左依次记录如下：

右界栏　卓其师恩一传再传偕铜锣不老。

碑文　忆自曹洞一脉长，恩师三房永流芳。乡贯南□□郡籍，五云削发空门香。」招提长幼人三个，□□提携渐近强。康熙序，癸巳岁，坐化本寺不还阳。」大房三房别故土，旌阳绵邑树门窗。枝分地远虑差忒，勒石刻碑志不忘。

开山启祖庆［祥］祯，」号［瑞］性］天，徒｛通秀[15]，徒玄［宗］真，］曾孙祖亿[16]，徒清辉，徒净月，［移住绵竹］亳照寺。］」通［灵］玄］会］澄，］孙玄［受］福］鉴。]}

曹洞正宗第二十八世圆寂大师通澄上净下安和尚觉灵之塔。

奉祀三徒，玄清上祥下云，孙祖□字明悟，曾孙清［淮］河，］玄孙净［瑰］瑗，］［迁移

---

[15]"通秀"在碑文中位于"孙玄"右侧，"通"字高度略低于"玄"，但从字辈来看，通秀应该与通澄等人在同一高度，可能受限于版面只能下移，正确位置应在通灵右侧。出现这种情况的原因推测是通秀为靠右的庆祥一脉，通澄等四人为靠左的庆祯一脉。

[16]祖亿在"真"字之下，推测为玄真之徒。

川西绵竹县新｜建寺焚修。］

圆寂次徒，玄注上朝下云，入塔于本乡全紫院焚修，孙祖［德｜真，］字性［悟｜源，］曾孙清涪，玄孙净□。

圆寂长徒玄渌上青下云入塔｛于川西绵竹县常照院焚修，曾孙清㵾字觉天，末孙净参，｜孙祖证字醒悟，曾孙清［浦｜源，］字［□｜□］天，末孙净［玥｜瑢，］迁移德阳大明寺焚修。｝[17]

大清乾隆二十年岁序乙亥仲冬月□十四日吉旦，本邑梓匠何银何朝朗。

左界栏   伟其宗德十世百世并五云常新。

3. 五云观"为善最乐"碑

该碑位于醴峰观前广场东侧平房后墙，记录了五云观修缮过程与捐款情况，碑上方残缺，碑首中间两字可识别为"善"与"最"，推测碑首字为"为善最乐"。碑文分为左中右三部分，右侧为修缮缘起和过程，左侧为日期和刊刻人，中间文字最多，为捐款者姓名。在捐款者上方为捐款数目，表明以下众人均捐该数目钱款，其措辞一般为"各出艮×歺×卜"，"艮""歺"分别为"银""钱"俗字[18]，由此推测"卜"同"分"，完整含义为"各出银×钱×分"（图44）。录文如下：

尝谓功德之由来，前人创之，后人补之，此理势必然者。□□□间，借端以渔利，仗义以铭心者，亦泾渭各别。今有｜五云观，建自宋朝，始修玉皇楼，继作两廊，终严前后殿宇。历宋、元、明以□大清，次第葺成，不一而足。但神运递盛而递衰，人心亦乍起而乍伏，｜忽于嘉庆廿二□，□□降乩，新建乐楼代置袍伞，执事亲□八姓会首，合襄厥事，分簿叩化，议每两姓共一石碑，以志善缘。今当功成｜告竣，喜见飞阁流丹，可以□念□□，神喜人欢，可□众姓□忠秉心。凡施资多少，详载著明，故共立石碑以垂后世。庶几明神鉴之，亦见我｜八姓之□心于斯者，不肯为□□□□云尔。

生员曲声和撰，文童何元鼎书。

捐资人见图43。

秋……日吉旦，李逢春刊。

4. 陈尧咨墓晓喻碑

陈尧咨墓在醴峰观北侧山坡上，晓喻碑则位于拜殿前檐下，是南部县知县为保护陈尧咨墓所刊的告示（图45），录文如下[19]：

---

[17]"于川西……"一行在碑文中位于左侧。

[18]"艮"字辨析见杨小平、郭雪敏：《论清代南部县衙档案俗字的类型》，《西华师范大学学报（哲学社会科学版）》2015年第4期。"歺"字辨析见王灵芝、杨小平：《清代南部县衙档案俗字例析》，《宜宾学院学报》2015年第5期。

[19]该碑文存于《清朝南部县衙档案》，有详、简两个不同的版本，此为供抄录张贴和镌刻的简本。当时知县为"钦加同知衔署理保宁府南部县事即补县正堂加五级记录十次记大功五次黄为"。该墓并非陈尧咨真正的墓冢，陈尧咨墓也不在四川境内。见蔡东洲、张亮：《〈南部档案〉中有关宋代阆州陈氏家族墓档案研究》，《中华文化论坛》2014年第4期。

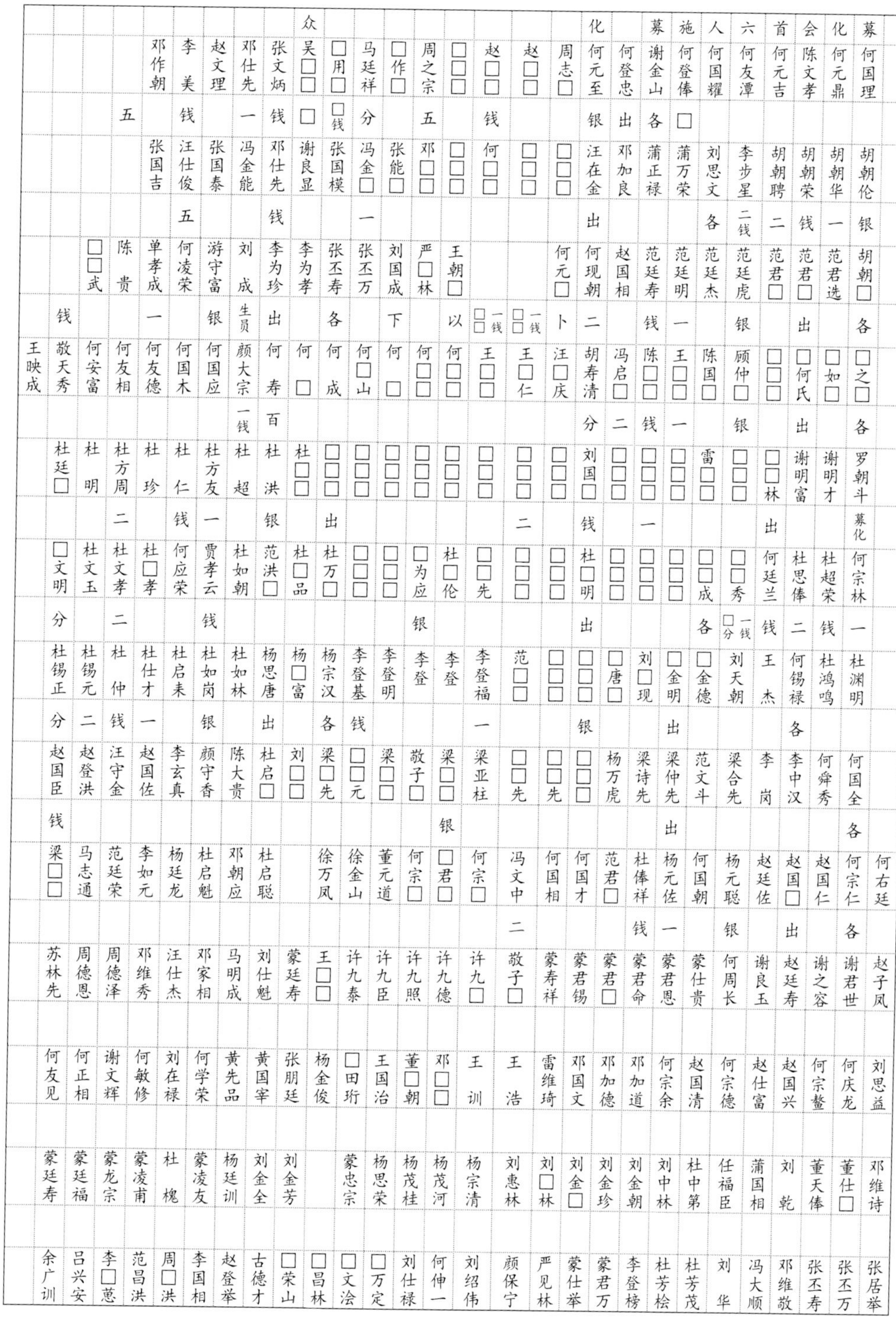

图43 "为善最乐"碑中部捐资人姓名

钦加同知衔署理保宁府南部县事即补县……

出示晓谕事照得

往圣、先贤、名臣、忠烈坟墓禁地，应奉」谕饬令勤加防范，着每年报」部汇」奏，并选奉」大宪转饬，遵办各在案，兹查有宋代先贤陈康肃……」乡、里峰观自应谨遵」谕旨，加意保护仰体。

图 44　五云观"为善最乐"碑　　图 45　陈尧咨墓晓喻碑、陈康肃公传碑

　　圣朝优礼前贤，褒溯遗徽之至，意除每届年终循例结报外，查□陈康肃……」难周到。所有香火一切，向归附近之里峰观住持经理，诚恐□僧等□……」妄行践踏，遂应凯切出示，俾众咸知，□此示。仰该观住持，暨该处□保……」康肃公坟地前后左右，不准附近居民促占，开挖播种，擅放牛马，□□……」不得截脉盗□，致于法究，惟从前误犯者既往不咎，至附近坟墓禁地……」后□□成，该观僧贞□、僧如澄等妥为防□，每年准该观住持薙□□……」祭扫以时，并妥为修培，加意防卫，倘有不法之徒胆敢故违，仍蹈前□……」处，团保等指名，禀究以凭，拘□□惩，用□□龙，决不宽贷，但不得□□……

　　切特示。

　　光绪十六年十一月初八。

　　告示。

5. 陈康肃公传碑

　　残碑，立于清光绪年间，仅剩碑头及上方数行文字，额题篆书"陈康肃公传"，碑文部分内容与《宋史》记载一致。文字周围有雕刻，其中最外边框为云纹，碑首上方为双龙戏珠，界栏为回纹。

　　宋赠太尉，状」公姓陈氏……」作监丞通……」练副使……」格选人……」中知永……」制诰，擢……」儒臣，而……」久不治……」十有五……」诸宫上……」大清光……

6. 残碑

　　残碑仅存局部，从文字看应与陈尧咨墓有关，碑文最后一行为篆书，左侧界栏有花纹，似为行龙。

　　凭……」芳型……」护以……」□陵……」□官□防……」奏闻□□钦此」敕于康□公茔前」陈氏裔……［寺敬寿石」祥铣恭□」……

7.1993年维修碑

现位于皇娘墓旁。录文如下:

坵垭乡政府维修里峰观募捐领导小组

组长:赵长吉。常务副组长:范疏山。副组长:
全星、天马、李恩甫、何明怀,谢继龙、谢德会。成员:
谢崇金、何万宏、李丕智、戚全香、谢宝德、汪仪珍、
刘敬道、张华遂、谢子树、何德金。

施工:范疏山。石工:谢晓康、刘成勇、范益光、
刘辉宗、谢元仁、谢西康、李守永、谢元德。木工:
谢中勋、谢在胜。砖工:谢继武、谢小兵、谢德君、
李光明。泥塑工:刘文和。零工:谢顾康、何其玉、
王体珍、范权华、□文琼、谢□贤。

公元一九九三年仲秋月□九日立。

图 46　皇娘墓和 1993 年墓碑

8.1993年皇娘墓碑

现嵌于皇娘墓前(图46)。

右界栏　皇娘名传五湖四海。

碑文　大殿修复落成。」西晋皇娘罗氏之墓。」公元一九九三年九……

左界栏　里峰香火万祀千秋。

9.1983年罗氏墓碑

现位于皇娘墓旁。

南部县文物保护单位。」西晋李特妻罗氏墓。」南部县人民政府。」公元一九八三年三月八日。

(五)楹联

醴峰观各建筑上现有楹联均为当代作品,录文如下:

1. 山门前檐楹联

从外向内(共3幅)。

邓泽延为里峰观山门落成撰:莲开金殿慈钟敲醒世间缘客真觉达极乐,佛照禅天善鼓引渡苦海众生彻悟通明心。九五年春。

醴峰观涌祥云铁马金戈起义扬威关国运,皇母娘迎远客山光水色开心赏景动诗情。刘太新[20]赠。

醴峰有净土庙貌巍峨观音恩施甘露,皇井流灵泉神威浩荡佛祖造福人间。刘太新赠。

---

[20]刘太新,盐亭县富驿镇花林场人,曾任盐亭县文化馆馆长,其对醴峰观及皇娘墓、陈尧咨墓文献的整理工作,开始较早,影响较大。

2. 拜殿前檐楹联

禅师释净亚刻。铜锣顶山下主持如来正法，醴峰观地方保卫世界和平。公元二〇一四年佛历二五五八年季腊月初十日。

3. 皇娘殿匾额

为殿落成纪念。皇娘殿。何嘉贵、李祥云敬献，一九九三年古三月初六日。

4. 皇娘殿前檐楹联

丹心可见夫妻壮国魂耀马扬鞭成汉建都光闪闪，青史长留父子燃烽火披荆斩棘流民起义气昂昂。中国楹联学会会员何邦隆撰联，壬辰中国书画家协会理事潘星海书，刘太新赠。

5. 皇娘殿后檐楹联

醴峰观涌祥云铁马金戈起义扬威关国运，皇母娘迎远客山光水色开心赏景动诗情。中国楹联学会会员何邦隆撰联，壬辰中国书画家协会理事潘星海书，刘太新赠。

醴峰观楹联在修缮前后变化较大，比如山门第二副就复制了皇娘殿楹联，第一副楹联则原在第二副位置。此外，修缮前还有其他楹联现已不存，目前能确定内容的有两组，包括原拜殿后檐柱楹联："丁亥年冬月良辰吉庆。自古事成功佐帝，于今利益惠万民。刘正生书□赠。"原山门楹联："□眼遥观善恶分明不言语，慈颜常笑美丑自知要结缘。正祥撰文。"

四　结　语

四川现存木结构建筑中，醴峰观大殿是有明确题记纪年的最早案例，是特别重要的年代标尺。大殿具有元代建筑的一般特征，如前檐月梁形阑额、方形平面、后侧斗栱减跳、平置角梁、无子角梁等。但前进斗栱扶壁栱为重栱加单层素枋，山面蜀柱下由额采用矩形平面，阑额与由额形制接近，呈重楣形象，又少见于其他元代建筑。而且，大殿正脊举高明显高于四川其他元代建筑，更接近《营造法式》所规定的举折形式，相当于瓯瓦廊屋。

大殿规模虽小，但平面设计简洁，面阔与进深几乎完全相等，明间与次间宽度比为较精确的2∶1。前檐减柱，采用通长檐额，内外柱分别围成两圈正方形，整体呈"回"字形平面，并于内圈设平棊，由内柱顶斗栱层支撑。平棊的结构与用材表现出大木作特征，分格与开间相关，方格边长为明间开间1/4。在斗栱层之上，大殿平梁与槫同高且形制相同，进一步强化了分层逻辑。以上特征还见于元代盐亭花林寺大殿，区别于阆中五龙庙文昌阁、阆中永安寺大殿和剑阁香沉寺大殿这三座元代殿宇，表现出地域特征。

醴峰观大殿题记显示醴峰观为当地何姓家族香火寺，对研究当地社会文化具有重要价值。而且醴峰观大殿与花林寺大殿题记中的相同文字，揭示了当地何、李、蒲三姓的密切关系，以及两寺所在地区的历史地理关联。

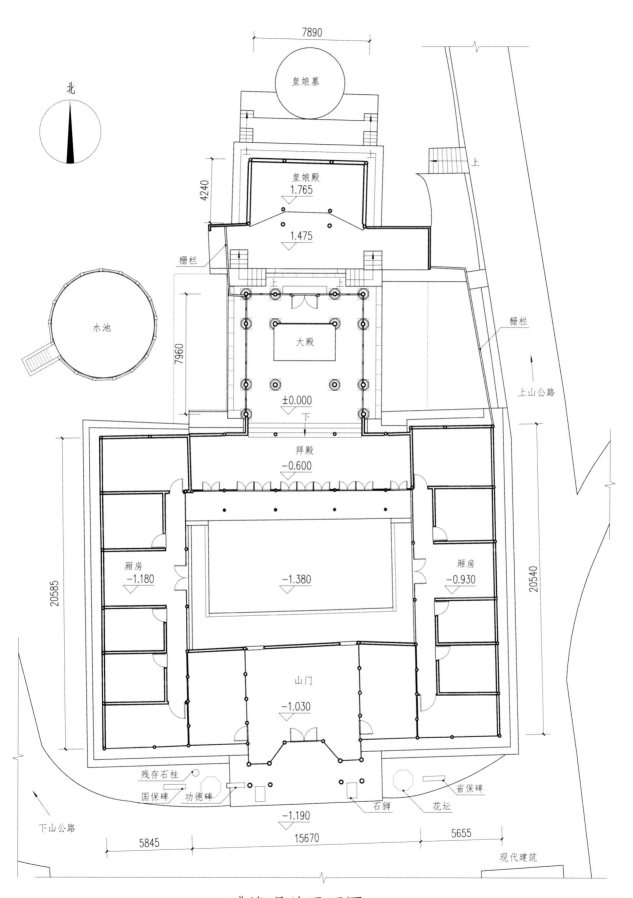

北

皇娘墓

7890

皇娘殿
1.765

4240

1.475

栅栏

上   上

大殿

7960

水池

栅栏

±0.000
下

上山公路

拜殿
−0.600

厢房
−1.180

−1.380

厢房
−0.930

20585

20540

山门
−1.030

残存石柱
国保碑   功德碑

省保碑

石狮   花坛

−1.190

下山公路

5845

15670

5655

现代建筑

醴峰观总平面图 1：250

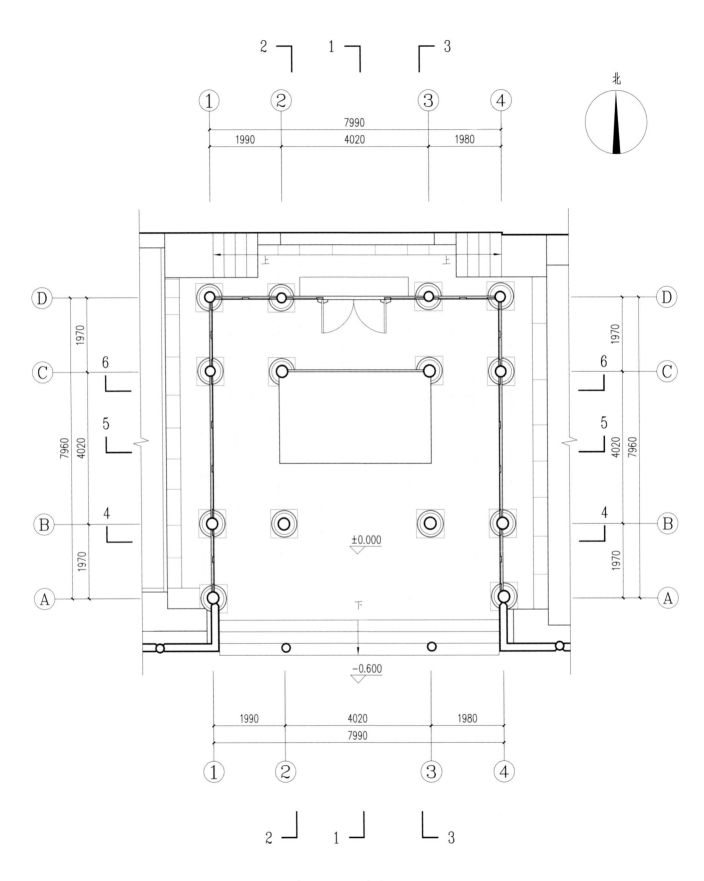

大殿平面图 1：100

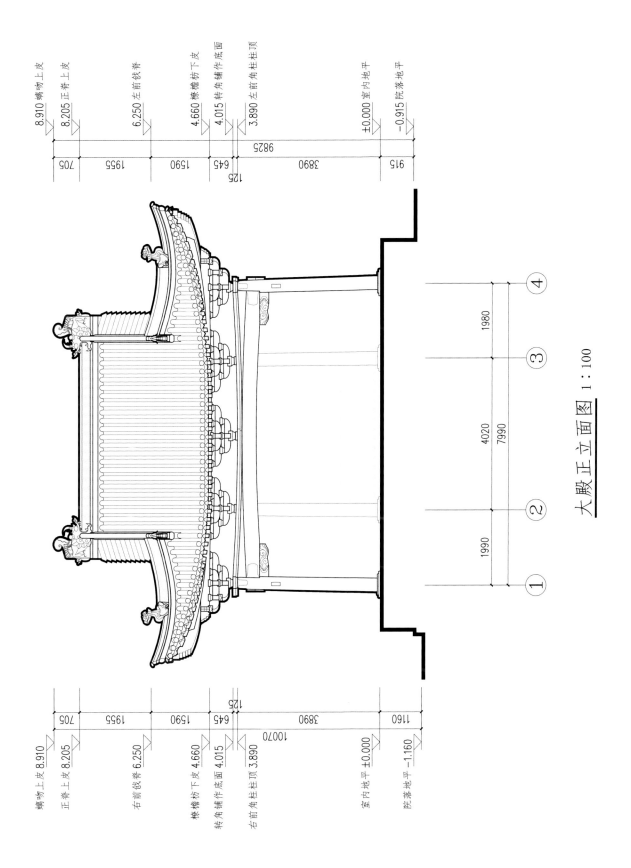

大殿正立面图 1:100

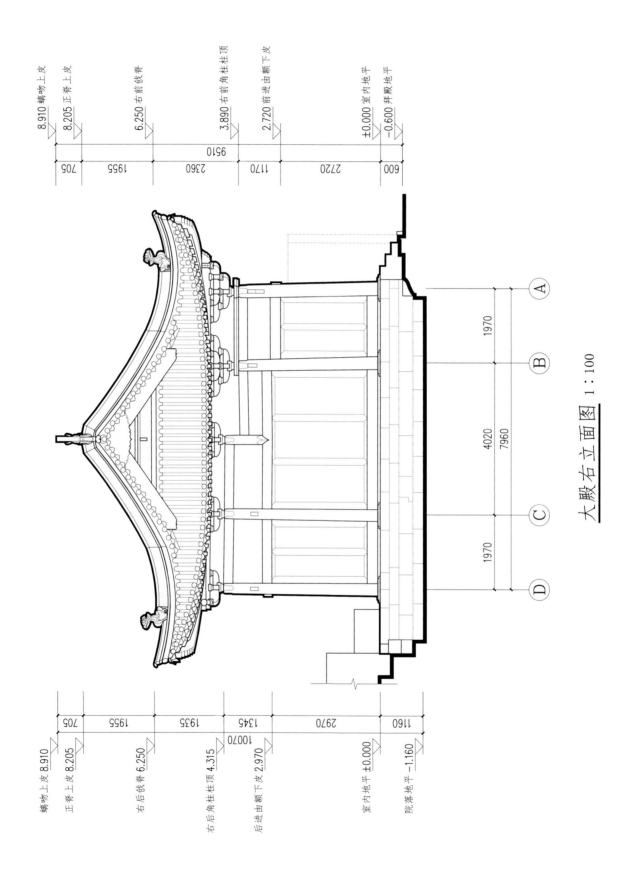

大殿右立面图 1：100

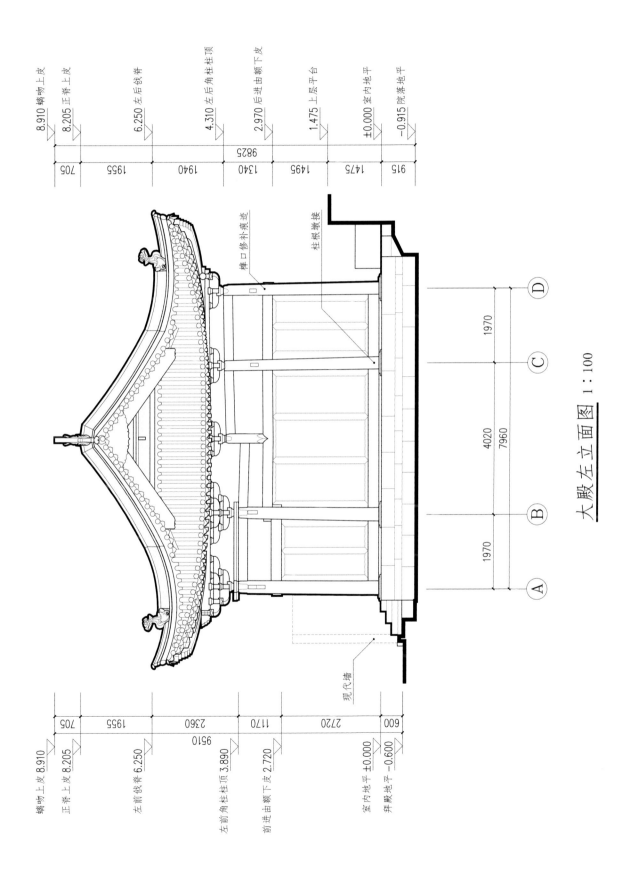

大殿左立面图 1:100

8.910 螭吻上皮
8.205 正脊上皮
6.250 左后钱脊
4.310 左后角柱柱顶
2.970 后进由额下皮
1.475 上层平台
±0.000 室内地平
-0.915 院落地平

705 1955 1940 1340 1495 1475 915
9825

D 1970 C 4020 7960 B 1970 A

榫口修补痕迹
柱根墩接
现代墙

螭吻上皮 8.910
正脊上皮 8.205
左前钱脊 6.250
左前角柱柱顶 3.890
前进由额下皮 2.720
室内地平 ±0.000
拜殿地平 -0.600

705 1955 2360 1170 2720 600
9510

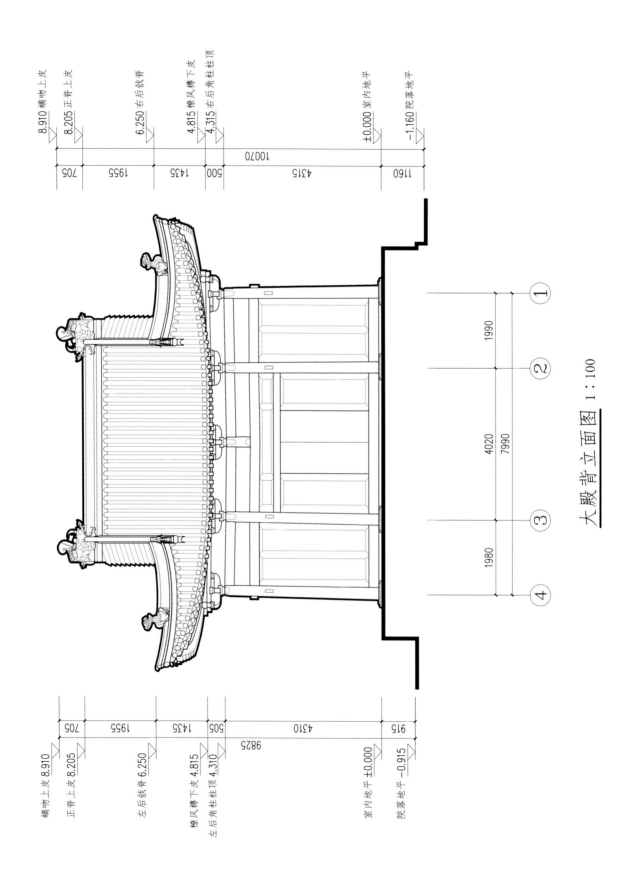

大殿背立面图 1：100

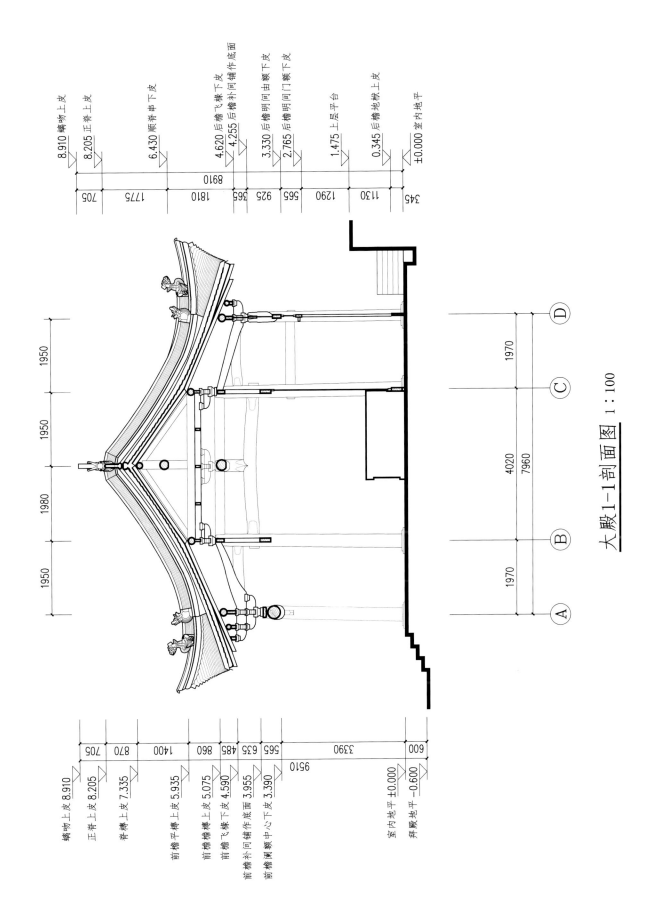

大殿 1—1 剖面图 1 : 100

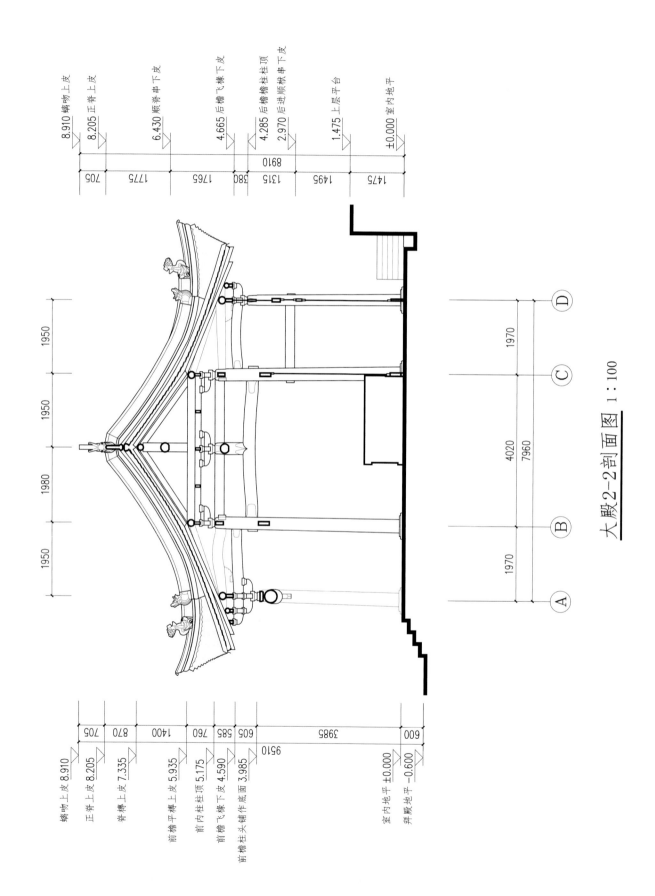

大殿2—2剖面图 1 : 100

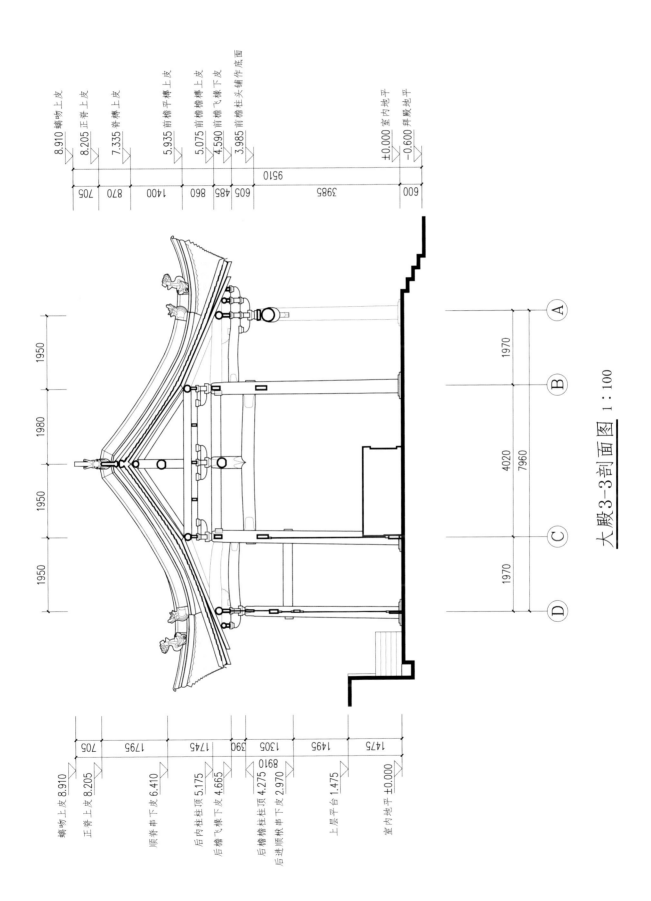

大殿3-3剖面图 1:100

8.910 辅吻上皮
8.205 正脊上皮
7.335 脊槫上皮
5.935 前檐平槫上皮
5.075 前檐槫上皮
4.590 前檐飞椽下皮
3.985 前檐柱头辅作底面
±0.000 室内地平
-0.600 拜殿地平

705
870
1400
860
485
605
3985
600
9510

8.910 辅吻上皮
8.205 正脊上皮
6.410 顺脊串下皮
5.175 后内柱柱顶
4.665 后檐飞椽下皮
4.275 后檐柱柱顶
2.970 后进顺栿串下皮
1.475 上层平台
±0.000 室内地平

705
1795
1745
390
1305
1495
1475
8910

1950
1980
1950
1950

1970
4020
7960
1970

Ⓐ Ⓑ Ⓒ Ⓓ

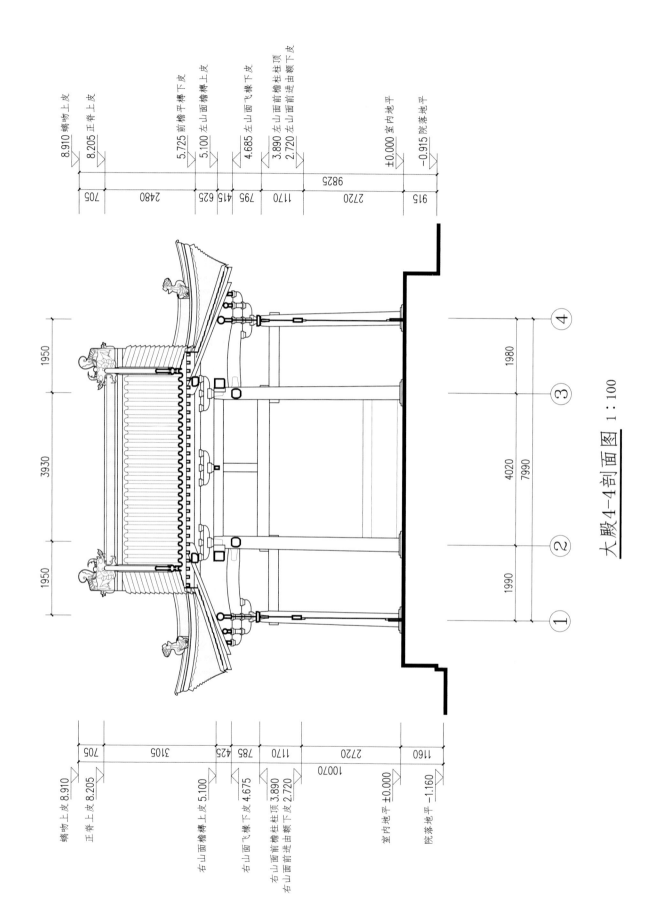

大殿4—4剖面图 1:100

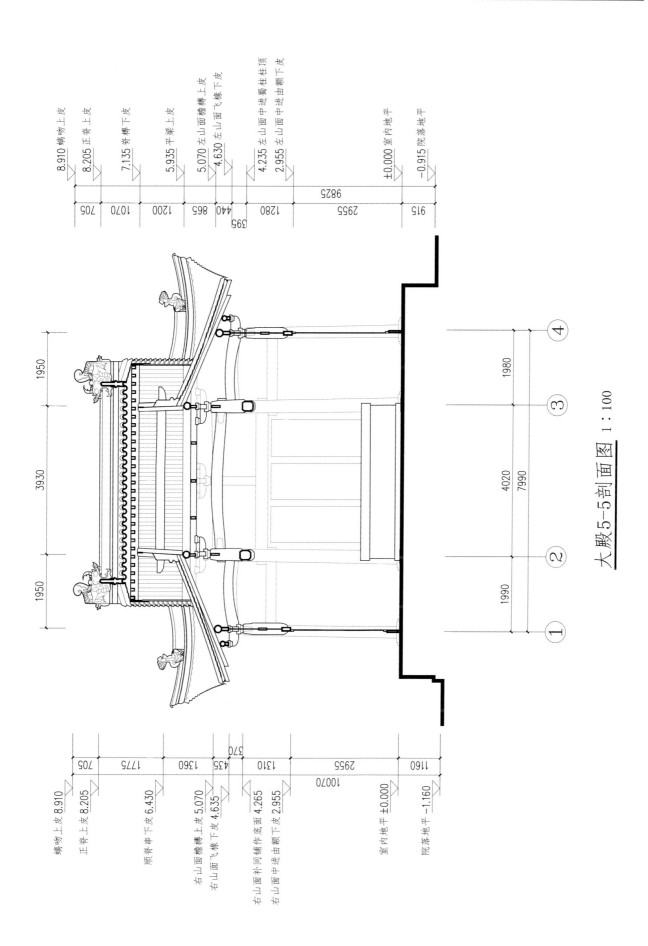

大殿5-5剖面图 1:100

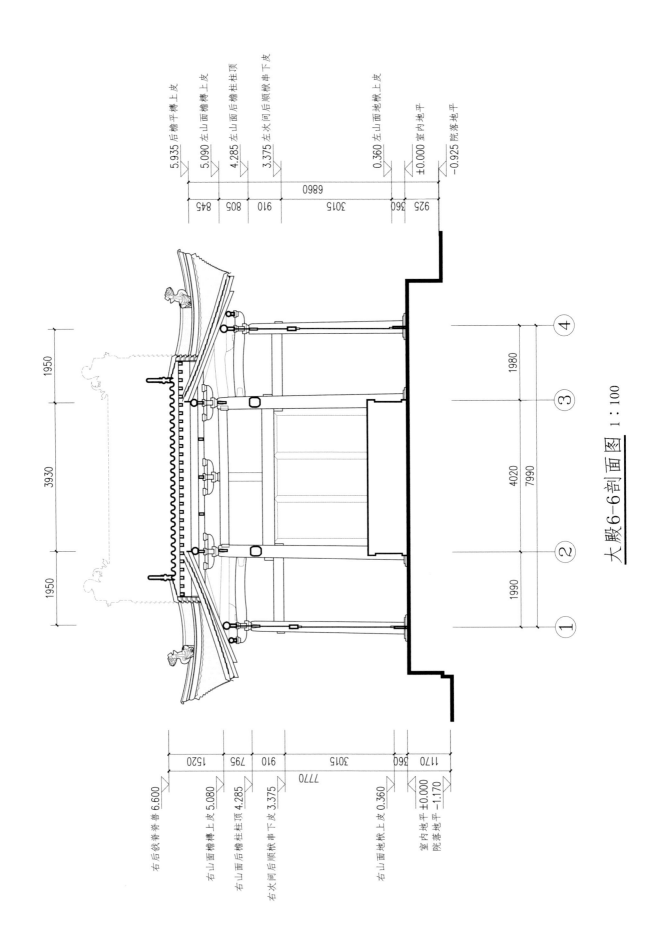

大殿6-6剖面图　1∶100

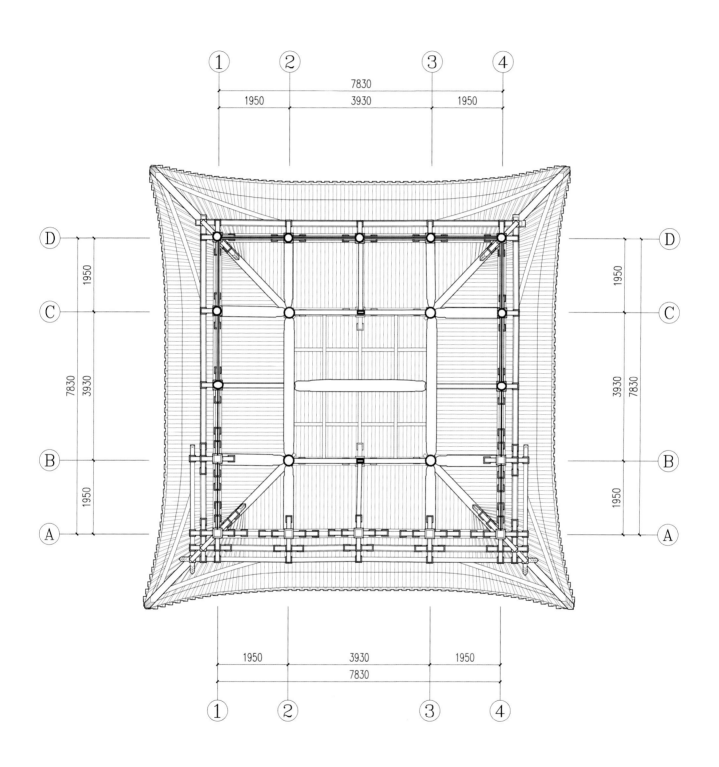

大殿梁架仰视图 1:100

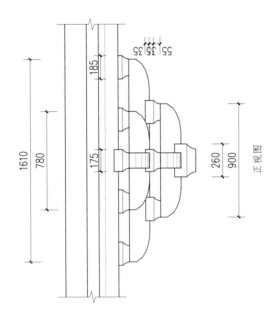

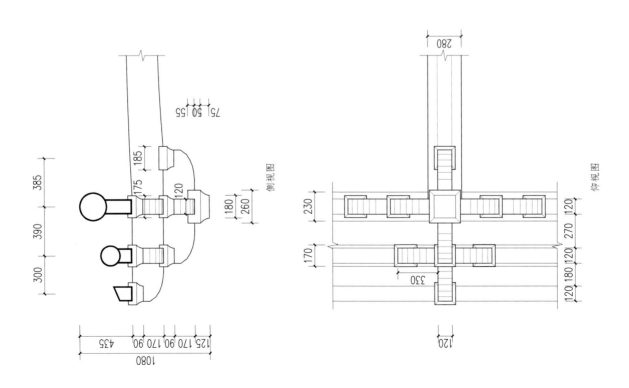

大殿前檐明间右柱头铺作 1：30

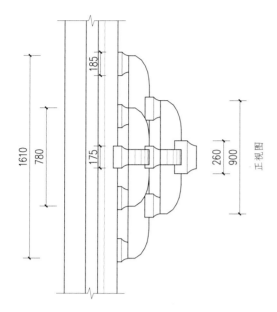

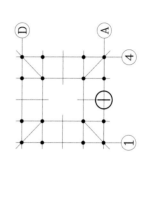

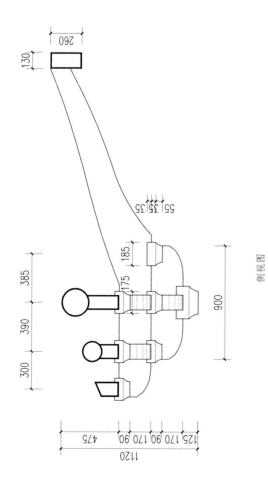

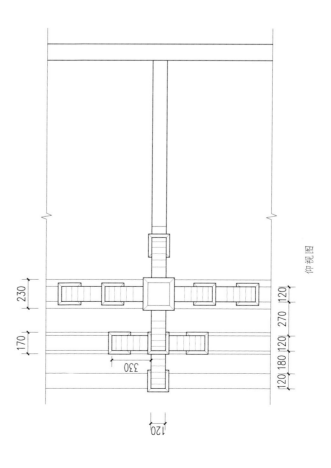

正视图

侧视图

仰视图

大殿前檐明间补间铺作 1:30

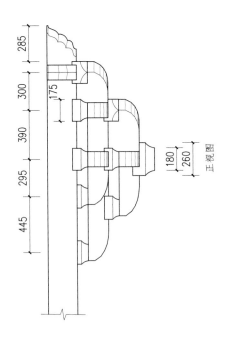

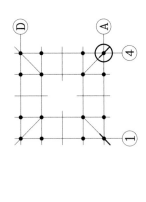

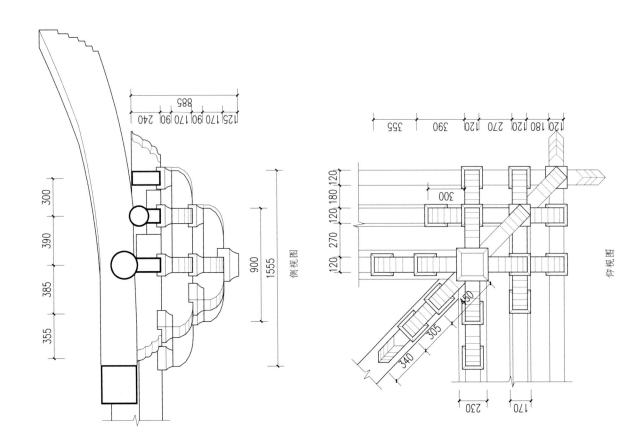

大殿前檐左转角铺作 1∶30

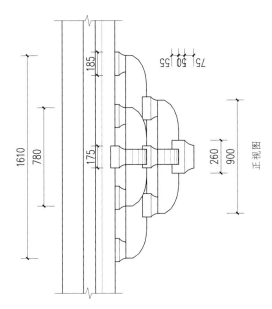

正视图

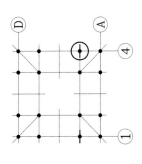

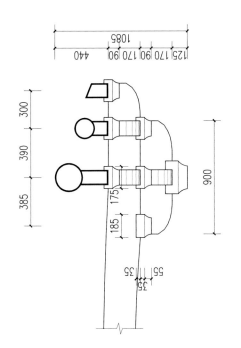

侧视图

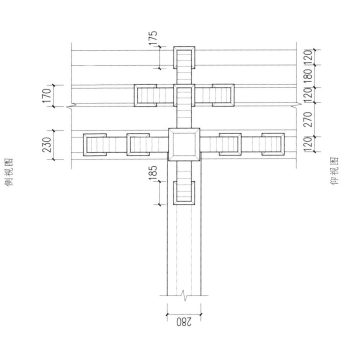

仰视图

大殿左山前柱头铺作 1：30

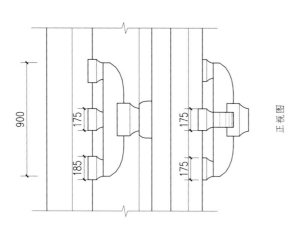

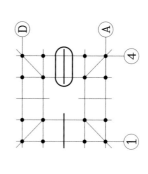

正视图

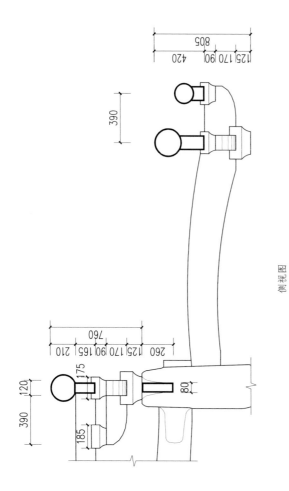

侧视图

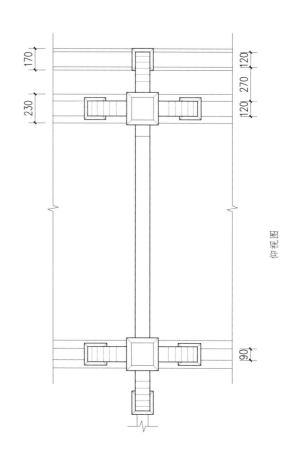

仰视图

大殿左山补间铺作与内额铺作　1：30

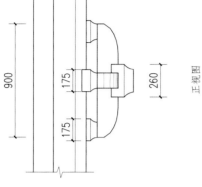

900

175

175

260

正视图

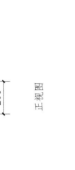

D

A

4

1

大殿后檐明间右柱头铺作　1∶30

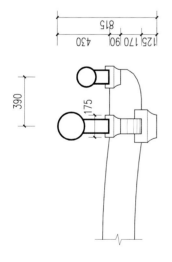

815

430

125 170 90

390

175

侧视图

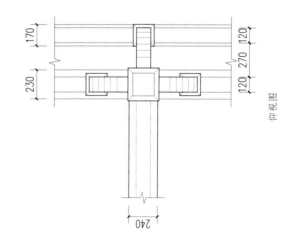

170

230

270 120

120

120

240

仰视图

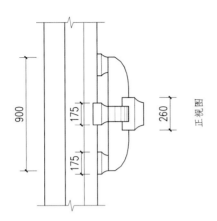

正视图

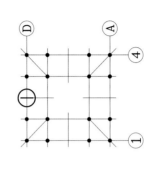

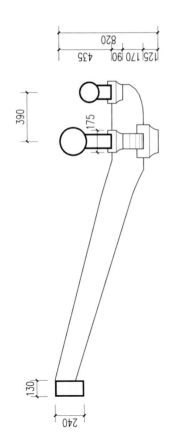

侧视图

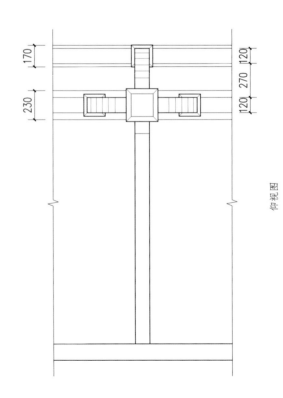

仰视图

大殿后檐明间补间铺作　1∶30

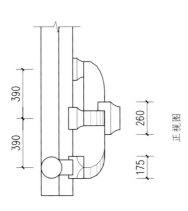

正视图

390
390
260
175

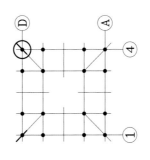

D
A
4
1

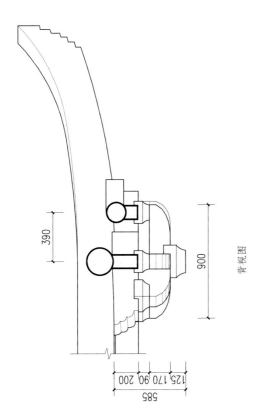

背视图

390
900
125 170 90 200
585

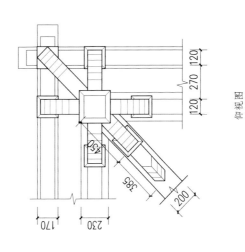

仰视图

120
120
270
120
450
385
200
170
230

大殿后檐左转角铺作 1∶30

南部永安庙

图 1　永安庙环境地形图

　　永安庙位于南部县西北约 100 公里的桐坪镇卫星村（图 1）。庙宇为一进合院式布局，现仅大殿为古建筑，建于明初，且保留有许多元代建筑特征。永安庙于 1990、2003 年、2007 年分别被公布为县级、市级、省级文保单位，2018 年经过修缮，2019 年被公布为第八批全国重点文物保护单位。成都文物考古研究院于 2014 年 11 月、2016 年 12 月、2018 年 3 月、2020 年 8 月 4 次赴现场调查，现将调查成果报告如下[1]。

一　历史沿革

　　永安庙在宋代地属利州路阆州西水县，县辖 4 乡 6 镇[2]。永安庙位于六镇之一的永安镇，这里是西水县城通往成都府的必经之路。第三次全国文物普查期间，南部县文管所在永安庙附近的瓦子地、楼房湾、大地岩、城池窝等地点发现了唐、宋、明、清等时代的瓦砾及陶瓷碎片堆积，推测为唐宋永安镇遗址[3]。元至元十三年（1276 年），罢阆州置保宁府，隶广元路。至元二十年（1283 年），

［1］本文建筑尺寸信息及测绘图均反映的是 2018 年修缮后的情况。

［2］（宋）王存撰，魏嵩山、王文楚点校《元丰九域志》，中华书局，1984，第 356、357 页。

［3］张枥：《南部桐坪乡一村庄发现唐代古镇遗址》，《华西都市报》2009 年 7 月 17 日。

撤新井、新政、西水三县并入南部县，自此永安镇不再是交通要道。明清两代，永安庙隶属保宁府南部县安仁乡[4]。民国年间实行联保制，永安庙所属区划多次变动。1950年，南部县新设分水乡，永安庙囊括其内。该乡于1953年划归盐亭县，改名同兴公社，1974年划回南部县，1981年改名桐坪乡[5]，2019年撤销桐坪乡和店垭乡，合并为桐坪镇[6]。

据永安庙大殿前廊下清同治三年（1864年）立《安仁乡杜氏上三房培修永安庙碑记》记载，永安庙为唐永徽二年（651年）当地官员上请朝廷而获敕赐的庙宇[7]。现在大殿保存着写有"永徽三年"字样的顺脊串[8]，即碑记中"岿然独存"的"紫禁梁"。随着元代西水县并入南部县，此地的交通地位下降，庙宇逐渐荒废。据当地《杜氏族谱》记载，其始祖杜桂于南宋庆元二年（1196年）入蜀任西水知县，至第七世杜启安生十子，分为十大房，其中第三房杜克刹于明洪武年间迁居至永安庙[9]。现存的大殿很可能即明洪武年间由杜姓家族兴建。后来十大房中的三房、六房、十房聚居于永安庙附近，称为上三房，其余七房居于碑垭庙、回龙庙一带，称为下七房。永安庙成为杜姓上三房的家族香火庙，一直由杜家捐资维修。通过碑刻题记还可了解到，大殿在清代至少经历过雍正二年（1724年）、乾隆二十二年（1757年）、道光二十二年（1842年）三次维修。1949年以后，庙宇曾作为学校使用。

图2　永安庙建筑组群航拍图（上北下南）

---

［4］（明）杨思震纂修《保宁府志》卷一"疆域"条，嘉靖二十二年刊本，中国国家图书馆藏；（清）王瑞庆修《南部县志》卷二"市镇"条，道光二十九年刊本，中国国家图书馆藏。

［5］四川省南部县志编纂委员会编纂《南部县志》，四川人民出版社，1994，第67页。

［6］《四川省人民政府关于同意南充市调整高坪区等7县（市、区）部分乡镇（街道）行政区划的批复》，川府民政〔2019〕7号。

［7］关于唐代敕赐的说法也不排除是后人为使此庙具有"敕赐"的合法身份、抬高其地位而编造的。

［8］该题记应书写于明清时期。

［9］《杜氏族谱——银进垭分谱》，中国家谱族谱库，华中师范大学，2007。

二　寺院布局

　　永安庙地处丘陵间的河谷平坝，坐北朝南略偏东，建于北侧山丘延伸出的台地端头。庙前100余米处有永安河蜿蜒流过，隔河正对一座山丘，庙两侧亦有丘陵环抱。河对岸山窝中的天井坝即杜姓聚居的一处村落。永安河发源于庙西南约3公里处的分水村，汇入嘉陵江的支流西河。西河古称西水，即西水县名的由来。永安庙由大殿及现代重建的山门和东西厢房组成（图2）。厢房原围合至大殿两山墙，形成封闭的天井院落。2018年修缮时，拆除了与大殿相接的部分厢房（图3、4）。

a. 修缮前（2014 年）

b. 修缮后（2020 年）

图 3　大殿正面修缮前后对比

a. 修缮前（2014 年）

b. 修缮后（2020 年）

图 4 大殿后檐修缮前后对比

图 5 前檐柱础

图 6 前内柱柱础

三 大殿结构形制

（一）平面

永安庙大殿面阔三间，进深三间，四架椽屋前劄牵后三椽栿用三柱，以内柱为界，前进作前廊，室内无内柱。大殿平面整体呈正方形，明间宽 4.04、左右次间分别宽 2.15、2.11、通面阔 8.3、通进深 8.215 米。各柱有侧脚，各椽平长几乎相等，在 2.005~2.065 米之间。2018 年修缮前，大殿柱底平面尺寸较现在略大，侧脚也更明显，前廊两端设墙和门，可通厢房，前内柱轴线上，明间中间设版门，两侧为木装板，次间设木装板及格子窗；修缮后，打通了前廊，次间改为木装板，明间两侧装板也改变了做法。修缮前，前廊地面为长方形石板铺地，室内为三合土地面，前廊地面高于室内；修缮后，前廊与室内统一改为正方形石板铺地。柱础多经过后期改换。从明间左缝前檐柱柱础题记可知，前檐柱两个带雕饰的鼓墩式柱础为清乾隆二十二年（1757 年）所更换。两根内柱下以石磨盘为柱础。其余柱础为方形，高低不一，有的已埋入地下，有的上面还垫有石板。外墙下的柱础之间施石地栿，石地栿也经后期改动，有的与柱础上皮齐平，有的高于柱础上皮（图 5~7）。

图 7　后檐柱础

（二）梁架

永安庙大殿四周檐柱 12 根，其中明间 2 根前檐柱，柱头前后两面做钟形砍杀，对位的 2 根后檐柱，柱头无砍杀且残损严重，2018 年更换后亦无砍杀，其余柱头四面做钟形砍杀。前檐柱间施圆形断面的阑额，中间略拱起。明间阑额高于次间，两端做箍头榫，肩部抱柱斜杀，为清代更换，底面有乾隆二十二年（1757 年）题记。次间阑额一端做直榫穿透角柱，一端未穿透檐柱，肩部做钟形砍杀（见图 3）。

前檐及山面前进用普拍枋，上施五铺作斗栱。普拍枋断面呈扁平的斗形，四周沿斗平下缘刻缝。前檐普拍枋分为三段，接缝紧贴柱头铺作栌斗明间一侧的边缘，无榫卯连接，两端出柱头，且出头长度远大于同类建筑。山面普拍枋前端不出头。

山面中后进与后檐均施矩形断面的阑额与由额，柱头和阑额上施斗口跳斗栱。阑额至角不出头，与柱头相交处，按柱头砍杀曲线做出榫肩，后期更换的阑额榫肩呈直线。阑额下在补间铺作位置施立旌。山面前进仅施由额，且高度较山面中后进由额略低，山面由额又低于后檐由额。2018 年修缮更换了后檐柱和后檐由额，并在后檐柱增加了木销以固定由额榫头（见图 4）。

2 根内柱柱头四面做钟形砍杀，柱身与后檐柱间施三椽栿，截面为圆形，两端用直榫插入柱中，与通常将梁头搭在后檐铺作上的做法不同。其中，左缝三椽栿有"大清乾隆二十□"年题记，且榫肩的砍杀曲线与其他钟形砍杀略有不同。三椽栿上，在脊槫与后平槫分位分别立蜀柱，柱顶与内柱等高，四面做钟形砍杀，柱脚做鹰嘴砍杀。内柱与蜀柱的 6 根柱头之间，进深方向施素枋；面阔方向，内柱间和中蜀柱间施圆形断面的屋内额，后蜀柱间施素枋和屋内额，形成一圈"曰"字形的水平框架，其上布置内檐铺作（图 8）。

前檐柱头铺作和山面前柱头铺作里转作劄牵，梁尾做大进小出透榫入内柱，其中前檐2根劄牵为清代更换，有雍正二年（1724年）题记。后檐及山面后柱头铺作里转作劄牵，梁尾做大进小出透榫入后蜀柱。补间铺作里转均做挑斡，山面挑斡后尾入中蜀柱柱头，前后檐挑斡后尾作栱头，入内檐铺作。

内檐铺作上承平棊枋，纵横各5道，等距分布，绞为井口，组成4×4的平棊格子，枋上承前后平榑及平梁。平榑与其下平棊枋向两端出际方向伸出至搏风版。平梁断面呈榑形，且与平榑等高，两端做扁平直榫插入榑中，与平榑围成一圈方形框架。如此，在内柱之上形成了一圈由内额、铺作、平棊枋和平榑层叠而成的夹层，使这座厅堂建筑略带一点殿阁造的意味（图9）。

图8　大殿室内梁架

图9　大殿内檐铺作层

图 10　平棊以上梁架　　　　　　　　　图 11　蜀柱外挑出枋木

平梁上立蜀柱承托脊槫，柱脚做钟形砍杀，柱中部有顺脊串联系，此顺脊串即写有"永徽三年"题记的"紫禁梁"（图 10）。顺脊串下，有向出际方向挑出的枋木，枋木外端向下斜杀，上皮有榫口，用处不明（图 11）。蜀柱前后施叉手，叉手上端插入蜀柱柱顶，托于脊槫下，下端抵于平梁端头。

翼角为转角铺作上承大角梁，大角梁基本平置，梁尾做直榫穿过内柱或后蜀柱，榫头用木销固定，梁头压在橑檐枋交叉点上，略微上翘。橑檐枋上施生头木。前檐角梁端头刻蝉肚，后檐角梁端头截平。大角梁背上自檐槫至平槫安隐角梁以承椽（图 12）。

3. 斗栱

外檐铺作布置前繁后简，共计 16 朵。前檐至山面前进斗栱施于普拍枋上，为五铺作双杪，包括前檐柱头铺作 2 朵、明间补间铺作 1 朵、转角铺作 2 朵、山面柱头铺作 2 朵。其余斗栱直接施于柱头或阑额上，减跳为斗口跳，包括柱头铺作 4 朵、补间铺作 3 朵、转角铺作 2 朵。山面中进阑额由于后侧斗栱减跳，檐柱升高，其后端与柱头齐平，前端则与山面前柱头铺作相接，端头上半削成弧面以适

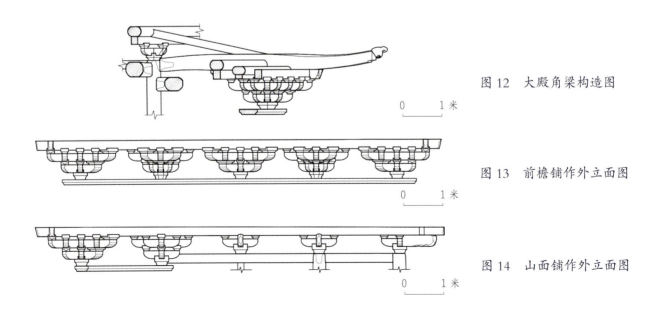

图 12　大殿角梁构造图

图 13　前檐铺作外立面图

图 14　山面铺作外立面图

应泥道栱，下半则插入栌斗斗平处开的榫口。斗栱材厚130、单材广195、足材广280毫米，约合《营造法式》六等材（图13~15）。

（1）前檐至山面前进斗栱

柱头铺作和补间铺作的正向华栱及转角铺作的角华栱为足材，其他横栱、斜栱、华栱均为单材。栱头大多做5瓣卷杀，第一跳长395、第二跳长360毫米，最外跳均不用令栱，扶壁栱为重栱素枋，泥道慢栱两侧各施2个散斗。散斗用单材枋制作，宽195、高130毫米。

前檐柱头五铺作，栌斗平面呈八边形，正向出两跳足材华栱。第一跳华栱跳头施六边形交互斗，又自栌斗心斜向45°出小栱头，做4瓣卷杀，上施散斗。第二跳华栱跳头施散斗承橑檐枋，两

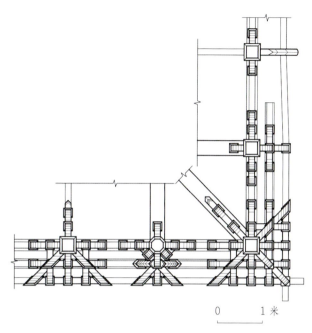

图15　前檐至山面中进铺作仰视图

侧45°出斜栱，斜栱自泥道慢栱经第一跳斜栱和第一跳华栱跳头，栱头抹斜，上施平行四边形散斗承橑檐枋。第一跳华栱上还承瓜子栱，栱端雕刻作蝉肚形，栱头施五边形散斗，上承素枋、牛脊槫。铺作里转第一跳为华栱，第二跳为剳牵，剳牵后尾入内柱（图16）。

前檐明间补间五铺作，栌斗平面呈方形，正向出两跳足材华栱。华栱两侧自栌斗心向45°出斜栱两跳，栱头抹斜，斜栱与泥道栱间用榫卯卡住（图17），斜栱上散斗为平行四边形。第一跳三个栱头上共同承一长横栱，上承素枋和牛脊槫。又自泥道慢栱经第一跳斜栱头出丁头栱一跳，丁头栱与泥道慢栱间用燕尾榫（图18），即第二跳共有五个栱头一同承橑檐枋。铺作里转出两跳华栱，上承挑斡，华栱与挑斡间垫鞾楔，刻两瓣头，挑斡尾端作栱头，安在屋内额正中栌斗上，与泥道栱相交（图19）。

a. 柱头铺作外跳

b. 柱头铺作里跳

图16　前檐柱头铺作

图 17　斜栱与泥道栱间榫卯

图 18　丁头栱与泥道慢栱间燕尾榫

a.补间铺作外跳

b.补间铺作里跳

图 19　前檐补间铺作

图 20　前檐转角铺作

图 21　山面前柱头铺作

前檐转角五铺作，正、侧外观与前檐明间补间铺作类似。栌斗平面呈方形，沿角梁方向出两跳足材角华栱，跳头施"鬼斗"。泥道栱、泥道慢栱与华栱出跳相列，与角梁垂直方向两侧出斜栱两跳，栱头抹斜，上施平行四边形散斗。第一跳上承横栱与华栱出跳相列，上承素枋和槫。又自泥道慢栱经第一跳斜栱头上再出华栱一跳，即第二跳每面有五个栱头一同承橑檐枋。橑檐枋相交出头，刻两瓣头，但端头截平。里转出两跳角华栱，上承楂头，刻两瓣头，上承角梁，梁尾入内柱柱头（图 20）。

a. 柱头铺作外跳

b. 柱头铺作里跳

图 22　山面后柱头铺作

a. 补间铺作外跳

b. 补间铺作里跳

图 23　山面补间铺作

山面前柱头五铺作,栌斗平面呈方形,向外出两跳足材华栱。第一跳上承瓜子栱,上承素枋、牛脊槫,素枋端头做卷杀。第二跳上承橑檐枋。里转第一跳出华栱,第二跳为丁栿,梁尾入内柱(图 21)。

（2）山面中进至后檐斗栱

均用方形栌斗,外跳减为斗口跳,使用挑枋直接承橑檐枋,跳头不用小斗,跳长相当于前檐的两跳或略小。扶壁栱为单栱素枋,泥道栱大多做 5 瓣卷杀。

山面后柱头铺作和后檐柱头铺作丁栿、剳牵梁头作挑枋与泥道栱相交,自栌斗口向外伸出承橑檐枋。梁头通常做卷瓣雕刻,后檐 2 根剳牵经后期更换,左缝剳牵梁头直截,右缝剳牵梁头下半部斜杀(图 22)。

山面补间铺作栌斗坐于阑额上,外跳与柱头铺作相同,里转做挑斡,挑斡尾端入蜀柱,上皮与柱顶平(图 23)。

后檐补间铺作外跳与柱头铺作相同,里转做挑斡,挑斡下垫韂楔,刻两瓣头,挑斡尾端作栱头入内檐铺作(图 24)。

a. 补间铺作外跳　　　　　　　　　　　　　　　　b. 补间铺作里跳

图 24　后檐补间铺作

图 25　左后转角铺作　　　　　　　　　　图 26　右后转角铺作

　　后檐 2 朵转角铺作可能都经过后期更换。左后栌斗树轮朝前后檐方向，而右后栌斗树轮朝山面。两转角铺作栌斗口内均为华栱与泥道栱出跳相列，栱端做 6 瓣卷杀，华栱头上无小斗，也不承其他构件。左后栌斗上 45° 方向出挑枋，与山面后檐其他铺作外跳做近似的雕刻，但雕工粗糙，挑枋里跳做华栱，上承楂头，刻两瓣头，上承角梁。右后栌斗上 45° 方向出挑枋，里外跳均直截无雕饰。挑枋上承橑檐枋，山面与后檐橑檐枋相交出头，雕饰与前檐相同（图 25、26）。

　　（3）内檐铺作

　　内檐铺作共 17 朵，包括柱头铺作 6 朵，前内额上补间铺作 1 朵，中、后内额上补间铺作 6 朵，山面补间铺作 4 朵（见图 9）。内檐铺作用材比外檐铺作小，材厚 120、单材广 175、足材广 265 毫米。

　　前、后内额上正中的补间铺作，由前后檐补间铺作挑幹后尾伸至栌斗上出华栱，与泥道栱相交，前内额上华栱为足材，后内额上华栱为单材，泥道栱均为单材，栱头上施散斗。中内额上 3 朵补间铺作，栌斗上十字出栱，栱俱用足材，两端施散斗。

　　其余 12 朵内檐铺作，栌斗上十字出栱，栱俱用单材，外跳栱头作耍头（其中只有左后蜀柱上铺作是左侧和后侧两处作耍头），栱里跳施散斗承平棊枋。耍头三面斜杀，一种伸出较长，一种伸出较

图 27　内柱间门窗背面

图 28　平槫枋下编壁痕迹

短，后一种分布于左后部的 4 朵斗栱中，可能是后期更换的。

4. 装修

内柱轴线是前廊与室内空间的分界线。山面檐柱和内柱柱脚侧面开相对的单榫和双榫榫口，施地栿。明、次间柱间在三椽栿以下的位置施矩形断面的内额，内额与上层内额及丁栿之间做编壁。明间内额上有两个安装门簪的榫洞，原应有鸡栖木及版门，现状为内额下施两道撑枋，中间另施门额安版门，两侧做木装板。次间内额下又施一道额枋，上有两个榫洞，推测原有鸡栖木以安装门或窗，现状为额下做木装板和格窗（图 27）。修缮后，除明间版门外，其余木装板、窗等均做了改动。内柱上方的平槫枋底面留有竹篾戳痕，说明平槫枋至明间内额和次间丁栿之间原有编壁（图 28），2018 年的修缮补配了编壁。内檐铺作泥道栱上局部残留有填补栱眼

图 29　山面编壁修缮前

图 30　栱眼壁壁画（红外摄影）

的泥块，表明前廊和室内之间是不留空隙完全隔开的，2018 年修缮并未填补栱眼。

前廊山面有后期加装的木装板和墙，修缮后拆除。后部山面及后檐由额以下均做编壁墙，后檐部分墙裙做木栅栏，后墙外还有土石堆成的护墙，修缮后全部改成木装板。阑额与由额之间也做编壁，并在补间铺作位置施立旌分隔，应是早期补间铺作下用蜀柱做法的遗留，修缮后改变了立旌的数量和位置，编壁全部重做（图 29）。外檐铺作栱眼壁做编壁，殿内后檐明间栱眼壁残留有壁画，中间绘一神，头已残，两侧各一侍者，修缮后已不存（图 30）。

5. 屋顶

永安庙大殿屋顶为单檐歇山，山面厦一间一椽，山面椽尾钉在平梁上，翼角椽下另有虾须承托，虾须两端分别钉于檐檐枋和角梁头侧面。2018年修缮前，大部分椽子断面接近正方形，偶有圆形，右后角翼角椽呈扁长方形；只有檐椽一重，椽头钉吊檐板；翼角椽仅右后角为平行排布，生出不明显，其余三角自次间中部开始放射状布椽，生出明显，但椽尾皆分开，没有聚在一起；平行椽上直接铺板瓦，放射状椽上则先钉望板再铺瓦。修缮后，更换了全部椽子，缩短檐椽，增加了飞椽，总出檐略有增加；椽、飞全部采用正方形断面，取消了吊檐板；四角统一为放射布椽；所有椽子上均钉望板再铺瓦。修缮前，前后檐屋面铺筒瓦，山面屋面铺小青瓦，屋脊为砖胎灰塑加烧制通脊砖（图31）。修缮后，屋面全部改为筒瓦屋面，利用原通脊砖重砌屋脊。

左前角梁端头存套兽，造型为一曲颈回首的鸟，但头部有耳。四川地区五代至明代墓葬中常有带耳的朱雀形象，嘴部鸟喙特征明显，而此处套兽口鼻亦非鸟喙，貌如骆驼，推测为鸵鸟（图32）。鸵鸟汉晋时称"大马爵"或"大爵"（"爵"通"雀"），唐代称"驼鸟"或"鸵鸟"，唐人注《汉书》《后汉书》均引晋《广志》，如李贤等注《后汉书》："晋郭义恭《广志》曰：'大爵，颈及身膺蹄都似橐驼，举颈高八九尺，张翅丈余，食大麦，其卵如瓮。'即今之驼鸟也。"[10]《旧唐书》记载唐永徽元年（650年）五月，"吐火罗遣使献大鸟如驼，食铜铁，上遣献于昭陵"，又载"波斯国……有鸟形如橐驼飞不能高，食草及肉，亦能啖犬攫羊"[11]。唐帝陵自高宗乾陵开始便将鸵鸟列入石像生。北宋对鸵鸟的记载均传抄自前朝，很可能对鸵鸟的形象已产生了误解。通常认为巩义宋陵石像生中的"瑞禽石屏"取代了唐陵中的鸵鸟，"瑞禽"造型被描述为"马首、鸟身、鹰爪、凤尾"[12]。实际上大部分瑞禽头部更接近骆驼，骆驼鼻子较扁，嘴唇向前凸出并下垂，耳朵位于头侧后方，耳廓较圆，而马鼻梁挺直，耳朵位于头顶，耳廓较尖。宋陵中只有永裕陵和永昭陵的瑞禽接近马头，其他更接近骆驼。

图31　屋顶修缮前（2018年）

---

[10]《后汉书》卷四，中华书局，1965，第189页。点校者将"即今之驼鸟也"认为是《广志》引文，误。

[11]《旧唐书》卷四、一百九十八，中华书局，1975，第68、5312页。

[12] 河南省文物考古研究所编《北宋皇陵》，中州古籍出版社，1997，第455页。

因此"瑞禽"可能就是宋人理解的驼首鸟身的鸵鸟形象，其脚下往往还雕有躲于石洞中的小兽，可能是从《旧唐书》中"啖犬攫羊"的记载演化而来，象征宋朝对周边外夷的震慑。南宋时通过海外贸易传来域外见闻，称鸵鸟为"骆驼鹤"，如《岭外代答》载昆仑层期国有"骆驼鹤身项长六七尺，有翼能飞，但不高耳，食杂物炎火，或烧赤热铜铁与之食"[13]。明永乐七年（1409年）有外国进贡鸵鸟，金幼孜作《驼鸡赋》"其为状也，驼首凤喙，鹤颈凫臆，苍距矫攫，修尾崷崒，雄姿逸态，骛武且力，衡不逾咫，高可八尺，名曰驼鸡"[14]。清代《康熙字典》释"鸵"字"大马爵，似橐驼，本作驼，后人以鸟之名，改马从鸟"。可

图 32　左前角梁套兽

见汉晋以来历代都认为鸵鸟形似骆驼，但只有个别朝代的高层统治者曾亲见，因此从北宋开始，产生了驼首鸟身的鸵鸟形象，反映了人们对域外生物的想象。永安庙这件套兽驼首鸟身的形象可能与宋陵"瑞禽"同源，这种形象在古建筑中似无使用的先例。永安庙与鸵鸟能够勉强关联的地方也只有永徽元年（650年）吐火罗献鸵鸟与永徽二年敕建永安庙的传说年代相近，为何会出现这样的套兽有待考证。

山面出际 8 根椽，近 1.8 米，山花板外皮位置接近檐槫内皮，远大于《营造法式》中"四椽屋出三尺至三尺五寸"的制度，也比四川同类建筑出际更大。修缮前，出际第 5 根椽子外侧，在前后平槫上架有一道横枋，枋上皮有 3 个榫口，可能曾装有蜀柱和叉手。横枋上方的椽子外侧又钉一木条，山花板钉在横枋和木条外侧。修缮后，改为在平槫出际第 4 根椽子下施横枋，横枋与椽子间安 5 根立枋，外侧钉山花板。槫端部设搏风版和悬鱼，搏风版钉在椽子外侧，与悬鱼均为后期改换。

四　题记及碑刻

（一）题记

永安庙大殿的木构件、墙面、石柱础等处保存有多处题记，2018 年修缮中清除了构件表面油漆，虽破坏了部分题记，但也使部分被油漆覆盖的题记显露出来。目前共发现题记 18 条[15]（图 33）。

[13]（宋）周去非：《岭外代答》卷三，中华书局，1985，第 28 页。

[14]（明）金幼孜：《金文靖集》卷六，《文渊阁四库全书》第 1240 册，（台北）商务印书馆，1986，第 688 页。

[15] 题记碑刻录文中，"□"表缺一字，"……"表无法判断字数的缺字，"｜"表换行，一行内又分多行的，多行内容外加"［ ］"，各行用"｜"隔开，如果多行的各行内又分多行，则用"｛｝"套"［ ］"的方式表示，"（ ）"内文字表根据文义或其他文献补足的缺字。

图 33　题记

1. 中柱间屋内额

上愿今上皇帝万岁，太子千秋，府县官僚，常居禄位者，谨题。

2. 顺脊串（两条题记重叠）

永徽三年□□月□□日，建立。

永徽三年□月□□日，建立。

此题记与殿前清同治三年（1864年）立《安仁乡杜氏上三房培修永安庙碑记》中"唐高宗永徽二年，守土者以庙请于朝……乃奉敕建修……恩敕虽久失落，上有紫禁梁岿然独存"的记载相呼应，这根顺脊串就是碑记中的"紫禁梁"。题记分两次书写，字迹互有叠压，第一次可能是重建时附会传说题写，后来维修时又重新描写。缺字似为"秋八月念吉日""秋月念□日"。

3. 右缝三椽栿

主盟修造……等各舍钱粮□□修造，祈乞家门荣显……子□孙如……

4. 右山挑斡

……提领赵……邵□□等冀前程光大，仕路亨通。

5. 右后丁栿

众信［……］邢□□、王……］□□□［□□□］王□□］等各舍钱粮，仝祈家门吉庆者。

6. 右缝后剳牵

□□修造何绍祖、杜氏，男［何广、冯氏，］何辰□、谢氏］同众；

……［……］彭氏］……造［……永□、永安、程氏、母亲何氏，］杜□□、邓氏、母亲赵氏、□□李氏、杜桂山、彭氏，］各祈清吉者。

7. 左山挑斡

女生何氏□□何□□赵□□等祈乞……

8. 左后丁栿

……钱粮祈增福寿

9. 后平槫下屋内额

剑阳信士［甘子中、董文惠、杨文德、甘济川、郭文秀、牛子中、梁忠信、曾仁卿、杨子□、杨文广、文昭、冯大用、冯元贵、崔守北、黄可传、张孝忠、王信□、崔二、崔元□、杨子华、子寿、邓世福、赵世明、文信、打吾回回、赵继元、冉龙、董友义、友庆、友闻、友亮、］程……王世……广、至成、崔元吉、张才□、崔仁美、齐□□、梁文通、梁信□、梁□……杨□□、陈子安、子祥、子和、子□……张……］等，祈家道兴隆。

剑阳即今剑阁县，信士中有一位"打吾回回"，很有可能是回族人（图34）。元代中后期，回族人名以音译为主，只有个别用汉姓、汉名。明洪武元年（1368年）"诏复衣冠如唐制……其辫发椎髻、胡服、胡语、胡

图34　T9局部

姓一切禁止"[16]，受此政策影响，明代以后大多改从汉姓[17]。由此推测，出现这种音译少数民族名字的题记，年代应不晚于明代早期。

10. 前檐挑斡

□□梓匠提领［李德秀、」蒙自□，］副匠［母国英、蒙居义、蒙居礼、蒙居祥、」蒙居□、□□□、□□□、蒙□□］等，祈生理日新者。

"提领"本为宋元时期职官，元代将工匠队伍中为首者亦称作"提领"，并可能沿用至明初。如高丽忠烈王从元朝迎娶的公主曾从元朝请工匠大兴土木，其中有木匠提领卢仁秀[18]；元代碑刻上常见"石匠提领某某刊"落款。明代以后"提领"仅作动词使用。

11. 左缝前刼牵

雍正贰年补修安仁乡功德……［……黄氏、」……□元森、邓氏、」……廪生杜咏菁、何氏、……］谨题。

12. 右缝前刼牵

雍正贰年补修永丰乡……先［杨、」□，］男杜世［永、杜氏，」茂、杜氏，」荣、赵氏，」华、杨氏，」杜世□、杜氏，］孙杜臣品一家等，［□祈家门清泰，」福禄绵远者，］谨题。

清代南部县分为10乡。安仁乡"东界双柏垭、保城场，南界三河场、观音场，西界萧家坝、店子垭，北界乐垭场、思依场、何家店、铺子河"。永丰乡在安仁乡东南，与之毗邻，"东界凤鸣场、黎家坝、来龙场，南界金峰寺、伏虎桥、富村驿，西界丘垭场，北界猪槽垭、双凤场、分水岭"[19]。碑记称杜姓上三房居于永安庙，下七房居于回龙、碑垭，回龙即今升钟镇回龙场村，碑垭即今升水镇碑垭庙村，三地清代都属于安仁乡。

13. 右前丁栿下编壁南侧

大清雍正贰年岁次乙巳[20]八月……｜梓匠……｜通迹匠……｜泥……｜……｜……｜画匠……｜塑匠……

此题记记录了参与雍正二年（1724年）维修的各作匠人，但大部分内容被后期石灰覆盖，其中"通迹匠"不知为何工种。此题记2018年修缮后已不存（图35）。

14. 前檐明间阑额

从左向右　大清乾隆贰拾贰年岁次丁丑姑洗月谷旦，｛施树住持僧道法、募化徒孙通彻、曾孙玄

---

［16］《明太祖实录》卷三十，"中央研究院"历史语言研究所，1962，第525页。

［17］撒海涛：《重审明初礼俗改革对回回人的影响》，《中国穆斯林》2020年第6期。

［18］［朝鲜］郑麟趾：《高丽史·列传卷第二·后妃二》"忠烈王齐国大长公主"条，韩国首尔大学奎章阁藏本。

［19］四川省南部县志编纂委员会编纂《南部县志》，四川人民出版社，1994，第49页。

［20］雍正二年（1724年）应为甲辰年。

图 35　T13

睿，⌉湖广蒲圻县梓匠廖帝英、「魏国治、」陈于明……，⌉「滁江寺住持玄真，」全龟山□□
通……，……李……；⌉}

从右向左　保宁府南部县正堂王，儒学正堂刘，甲子科举人杜侯度，「范正□、」范正□、]「邓……
杜天□」……⌉赵尚明、」赵尚哲、]「赵纶、」赵经、」蒲□生、」赵□、」赵举、」邓英、」
赵文仕、」赵连□、]「罗……杜在□……」范昌□、」杜毓昌……，⌉谨题。

15. 左缝三椽栿

　　□□□功德主……大清乾隆贰拾……谷旦……

此题记原被晚期红色涂层覆盖，2018 年修缮后显露，主要为多列书写的信众姓名，字小而密，
大多难以辨识。

16. 左缝前檐柱柱础

　　乾隆贰（拾）」贰年更（换）」
梁柱磉（墩）」结甍，辉□」□永记。

　　题记中提到更换的梁至少包括题记
14 所在的阑额、题记 15 所在的三椽栿，
而柱子、磉墩很可能指两根前檐柱及其柱
础（图 36）。

17. 前下平槫

　　唐朝永徽三年秋八月念吉日建立。

　　此题记写在晚期红色涂层之上，
推测是现代人按照顺脊串题记抄写的
（图 37）。

图 36　T16

图 37　T17

18. 前檐明间阑额下后加看梁

共和国公元二零一六年岁次丙申三月廿六即甲申日大吉。

"历应堂"始于宋代徽宗，匾文题示敬念神祇灵验，［解放后折毁，故］今重圆光复。］

此构件为 2016 年添加，并在其上立"历应堂"匾，落款"徽宗题，公元一一零二年"，现均已拆除。

（二）碑刻

历次调查在永安庙发现碑刻 3 件，其中只有《安仁乡杜氏上三房培修永安庙碑记》碑为永安庙原有碑刻，另 2 件皆为附近原永宁寺的碑刻，被改为石板当作建筑材料搬至永安庙。

1. 永安庙清同治三年碑

清同治三年（1864 年）所立《安仁乡杜氏上三房培修永安庙碑记》碑，现位于大殿前廊左次间，右半为碑文，左半为功德名录（图 38）。碑文追述了永安庙和杜姓家族的早期历史，记载了道光二十二年（1842 年）的一次维修，录文如下：

图 38　碑 1

安仁乡杜氏上三房培修永安庙碑记

保宁府学恩进士候铨儒学正堂、三房杜芳华[21]棠邨氏撰并书。

永安庙，古永安镇也。唐高宗永徽二年，守土者以庙请于朝，为士民水旱疾疫之祷。天子是之，乃奉敕建修，今千余年矣。恩敕虽久失落，上有紫禁梁岿然独存，非吾地之鲁灵光欤？其地旧属阆之西水，自西水至省，此地实为冲要，故为永安镇云。及元嗣位，天下郡县多所裁汰，废西水、新井、新政，并为南部。路因不复行，庙亦荒废不治。今考其道路遗迹，尚有存者。按其地仍有大市街、楼房街诸名，其为永安镇信不诬也。

先是，始祖才秀公本湖广麻城孝感人，由宦入蜀，知西水县事，有七子。三启安，举十男，此安仁十大房所由来也，余不可考。今县人皆云杜有三庙，下七房则回龙、碑垭，上三房则永安，山农野老耳熟能详。庙为西水公、十房公两世续补无疑也。自唐至今，庙经千岁，五朝之中，来其培修之人，断碣残碑，渺不可得，惟香座仅留"嘉定贡士何某造"，余不可辨。数典忘祖，殊为憾事。其在本朝，族人迭加补葺，惜于建置之由，及杜氏三庙，无有顾名思义，表而出之者。岂有当于继述之善哉？

道光二十二年，合族睹风雨剥蚀，倾圮已甚。谋于众，皆曰可。踊跃输将，各出钱缗米粒，鸠工庀材。毁者更之，旧者新之，左右为树所梗，仅立横房一间。阅三月，焕然复新。约费钱二百四十缗有奇。而阶梯、碑记犹未葳。今且二十三年矣。

其年七月中，合族以题名请曰：愿有记。余应之曰：记云能御大灾、捍大患，及有功德于民，民则祀之，崇德也，报功也。作于前者承于后，后来之事也。况重以帝王之恩敕乎？恨不生我与若于千载之上，共睹金碧之辉煌，规度之伟壮。第从千载下，弥缝补葺，其视昔日之堂皇壮丽，相去何啻千万？而何功之有，奚以名为？惟念西水公入蜀一人耳，子七人，七人中又得十房，其六房更不知分散几房。吁！何盈也！其居官也，必上不负天子，下不负所学，功德有与三庙并垂不朽者。故子孙繁衍，在南部者如是之众且多，他徙者更悉数难终。为之后者，当以忠孝节义自矢，方不负祖宗缔造之艰难。对越神明，神亦我佑。否则非良吏之子孙，神将不享非礼，虽竭人力、费资财、朝夕礼拜，无益也。且唐天子之敕修，西水公之垂裕，泯灭数百年矣。当吾之世，而犹复惝恍从事，何以信今传后？

是文也，应序其缘起，照兹来许，庶观者懔然于巨典鸿规，随时加工，以不忘其所自始。□施主钱缗，概从其略，成先志也，不可言功也。名之有无，何关得失焉。则皆曰：唯唯，吾侪见不及此，听子而行可也。爰书而刊之于石，使继起者有所遵守焉。乃再拜稽首而为铭曰：

[21]杜芳华，谱名宗宪，字棠村，杜文明次子，过继给叔叔杜文蔚，墓碑尚存。

古先哲王，神道设教。一以德崇，一以功报。

肃典明禋，惟民则效。敬慎礼仪，峥嵘庙貌。

大唐天子，泰己垂裳。是时兹土，实为周行。

群□欲庙，敢告君王。天子曰可，天语煌煌。

下土闻之，手额相庆。踊跃趋工，惟天子命。

凤阁龙楼，互相辉映。唐哉皇哉，望而生敬。

惟我始祖，西水使君。政平讼理，树有功勋。

七男其子，十房继分。杜有三庙，道路云云。

三庙惟何，永安为上。回龙碑垭，七房瞻望。

三庙是居，时荐秬鬯。岂无摧残，时兴梓匠。

自唐至今，千载□期。何年建立，没字丰碑。

恩敕久失，紫禁梁遗。登枝忘本，咎将谁归。

我生也迟，徘徊扼腕。酌古证今，言非河汉。

用告吾宗，勿使漫漶。问胡云然，记文可按。

（功德名录见图39）

　　同治三年岁在甲子季秋月中浣吉旦立，剑川贾玉隆刻字。

碑左半的功德名录中大多数为杜姓族人，采用列表式排布，可分为5个区块，上部从右到左3个区块依次为聚居于本地的三房、六房、十房后裔，即碑记中的上三房，右下角为永丰乡杜姓族人，可能即碑记中的下七房，左下角除杜姓外还有其他众姓。可以看出，三房后裔字辈有三、文、洪、宗、长、祥、廷、学、鸣、敩等十余种，可能支系较多或各支系没有使用统一的字辈；六房后裔字辈只有万、尔、先、文、金、双等几种，可能支系较少或各支系采用统一的字辈；十房后裔人数最少，大多是同一个字辈。其中三房的杜文元、杜文明、杜文学3人，据当地保存的《杜桢材墓志》，均为杜桢材之子，是撰碑者杜芳华的叔父辈。

附·十房	六房				经	三房				经	主	
杜绍武	杜万玉	杜尔彬	杜万全	杜先梧	杜万金	杜文明	杜文元	杜三元	杜明诗	杜□华	杜重华	
杜友志	杜尔志	杜先桐	杜万顺	杜万山	杜尔昌	杜洪周	杜文润	杜文秀	杜禄	杜文贵	杜文学	
杜友朝	杜先敬	杜先位	杜先登	杜文敏	杜文博	杜洪□	杜洪仕	杜应明	杜文十	杜文正	杜伟材	
杜友廷	杜万高	杜尔登	杜尔贡	杜万兴	杜万均	杜三荣	杜三福	杜显宗	杜绍宗	杜靖祥	杜瑗	
杜友成	杜尔唐	杜先先	杜万银	杜万年	杜万受	杜三鉴	杜钟武	杜三奇	杜三义	杜美富	杜登高	
杜友仁	杜万行	杜尔第	杜尔顺	杜尔正	杜尔用	杜长□	杜长林	杜长春	杜长荣	杜武鸣	杜春鸣	
杜友万	杜万□	杜万仓	杜万诗	杜先荣	杜万元	杜华宗	杜镗	杜龙	杜廷全	杜廷桂	杜效先	
杜友朋	杜先保	杜先元	杜先桃	杜万龙	杜万洪	杜献廷	杜献□	杜明朝	杜明俸	杜明华	杜纯先	
杜友桂	杜先友	杜先发	杜万喜	杜万友	杜万富	杜呈祥	杜上祥	杜长福	杜长泰	杜长贵	杜登敖	
杜友栋	杜文德	杜文珍	杜万代	杜先义	杜先春	杜长文	杜国敖	杜守先	杜化友	杜长友	杜正祥	
杜友孝	杜先举	杜先秀	杜万镗	杜文广	杜文聪	杜学德	杜学礼	杜洪信	杜洪元	杜天祥	杜官祥	
杜友才	杜先□	杜先□	杜文朝	杜文仲	杜文福	杜富□	杜□祥	杜德祥	杜敦祥	杜□祥	杜廷山	
杜友□	杜金顺	杜金友	杜万国	杜尔崇	杜□宗	杜□宗	杜玉祥	杜文宗	杜贤宗	杜元亨	杜有祥	杜映全
杜友仁	杜元仁	杜双银	杜双富	杜双林	杜□宗	杜□宗	杜德宗	杜鼎宗	杜廷文			杜仲
□文选	何恭才	何恭礼	杜友春	杜满春	丰	杜兴	杜辅	杜祥	杜玩	杜实		永
	梁大银	范廷柱	邓朝金	张登才	杜春	杜文奇	杜文金	杜文珍	杜恒	杜春		

图39　《安仁乡杜氏上三房培修永安庙碑记》功德名录

2. 永宁寺碑1

已残，为原碑的左下部分，2018年修缮前藏于同治三年碑后，现已搬至厢房檐下，断为两截（图40）。残存部分的右半部有一列大字"法韦驮合山威灵主盟印证真宰"，推测是原碑正中位置，大字右侧为碑记，仅存两行，左侧主要记录寺庙地产，录文如下：

……远人湮之□迨乎……｜……日之心非他日之佛也云。邑廪生杜咏菁元林氏拜撰。

……法韦驮合山威灵主盟印证真宰

……享山化□庆禄号福海，法孙通宁号静川、通彻号映川｜……界畔照志古约列具于后。本山师爷广［富、｜通、｜清，］传教师道兴｜……老鹳窝黄连树下□水井右……仁水沟为界，又买老鹳窝后坪地一块｜……杜诏地一坪，石口子地一块。一买安仁杜□［富、｜受、｜如］地八层，左永丰水沟，右抵寺埫上｜……条一块，方地一块，又兼杜□地一块，又兼下面大层杜庆地一块，上下左右为界｜……地名鱼龛洞。一买杜明叶林子地三层，长条地一层。一买杜兴大层地一块｜……房湾梨子树田一块，

图40　碑2

分水庙洞孔坝地一块。□姓父母杜京祥、何氏｜……田僧祈山门有庆，俗种嗣胤，登联［剃］度］恩父杜三俸、陈氏。

……旦立，永宁寺僧云参祥沐手敬书。

此碑的主旨是借各路神灵为寺庙所有的地产进行公证，留下字据，以免日后发生纠纷，寺庙的土地大多是从杜姓族人手中购买。最后落款为"永宁寺僧云参祥"，据村民介绍，永宁寺是附近另一座寺庙，已拆除，木料被移至永安庙西南约3公里的分水村用于修建学校。杜三俸是云参祥的"剃度恩父"，可知云参祥是杜姓子弟出家为僧，杜三俸可能与同治三年碑中"三"字辈的人同辈。碑文作者"廪生杜咏菁"也出现在雍正二年（1724年）的题记11中，僧"通彻"也出现在乾隆二十二年（1757年）的题记14中，推测此碑年代不晚于乾隆年间。

3. 永宁寺碑2

原位于院落西南角，被改成方石板用作沟盖板，2016年调查时尚存，现已不知去向（图41）。录文如下：

……泥水匠陕西梁荣……

……幼削发师上庆禄和尚……｜……动念寺庙之陋□□□……｜……广结福田笠碑为□……

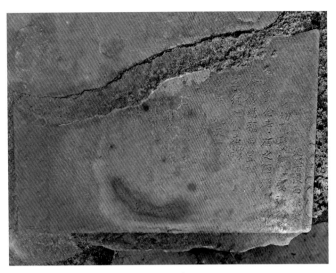

图 41 碑 3

……子继杜□品助钱八百……」……玄寿施灰一石施□□……」……方祥、尔富、思虎、……德各施钱……杜□楠、杜凤品、杜维□、杜尔□、杜如品、杜元品、□□三、□□林、……各□银□钱二□，……张应龙、杜甫品、杜方理、杜方星、杜万才、杜方文、杜尔寿……杜□□……杜方海、杜□章、杜先俸、杜□□、杜万福、杜万祥、杜万镒、杜门韩氏、杜门何氏……

……阳学杜成品题。

碑中"庆禄和尚"也出现在碑 2 中，说明此碑可能也是从永宁寺搬来。"杜万镒"曾出现在碑 1 中，尔富、尔寿、万才、万福、万祥、先俸等人名则与碑 1 中尔字辈、万字辈、先字辈为同样字辈，故此碑也立于清代。

五 修缮改易情况

（一）历史改易

永安庙除大殿外，其余各殿均为现代修建，已难觅原始痕迹，碑刻记载庙两侧有树，限制了营建活动，因此清道光二十二年（1842 年）重修时"仅立横房一间"。大殿有多处后期改易，根据现存构件痕迹，可以推测出前檐、大门、内檐斗栱等处的改易情况（图 42）。

雍正二年（1724 年）的维修在前檐两根剳牵及编壁墙上留有题记，此次维修有木匠、泥匠、画匠、塑匠等工种参与，推测除更换两根剳牵外，还有编壁墙抹泥、壁画、塑像等工程。更换的两根剳牵都仿照原构在梁尾肩部做出了钟形砍杀。

乾隆二十二年（1757 年）的维修在左缝前檐柱础、前檐明间阑额、左缝三椽栿上留有题记，维修内容包括更换梁柱、磉墩、铺瓦等。木匠来自湖广蒲圻县（今湖北赤壁市）。前檐明间阑额两端做箍头榫，肩部抱柱斜杀，与原构阑额做钟形砍杀不同，两根前檐柱仅前后两面做砍杀，与其他柱子四面砍杀不同，左缝三椽栿肩部的钟形砍杀与原构略有差异。推测明间阑额、两根檐柱及其柱础、左缝三椽栿均为此次维修更换。为了更换这些构件，还需对原构的普拍枋做出改动。该地区类似规模与结构的建筑，通常前檐用两根普拍枋，在明间补间铺作下搭接，而永安庙大殿前檐普拍枋在明间两侧靠近柱头处断开为 3 段，连接处无榫卯交接，推测是将明间普拍枋锯掉后，从侧面锯断檐柱上的馒头榫，抽出檐柱和阑额，安置新柱础，在地面将新的檐柱和阑额组装后整体归位，并更换了一段新的普拍枋。

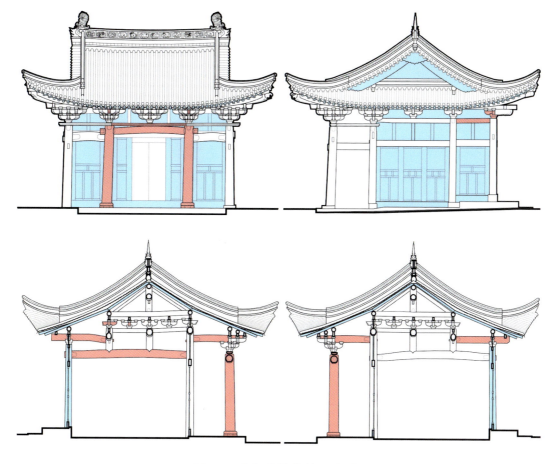

图 42　后期更换构件示意图
（不含瓦作，红色为历史改易，蓝色为 2018 年改易）

此外还有一些后期改易无法判断具体时间。

两后檐柱在 2018 年修缮前就无柱头砍杀，有可能与左缝三椽栿一同更换。

后檐两劄牵皆为后期更换，其中右缝劄牵梁头向下斜杀，梁尾肩部钟形砍杀的弧度与原构有差异，左缝劄牵所用木料弯曲，梁头直截，梁尾肩部钟形砍杀与原构差别不大，推测这两根劄牵是在不同时期的两次维修中分别更换的。

现状大殿平棊仅剩平棊枋，背版已不存，平棊下内檐斗栱的耍头有两种类型，大部分耍头上端伸出较远，后侧及左侧靠后共 4 朵斗栱耍头上端伸出较少，特别是左后蜀柱上斗栱耍头外端几近竖直，而且顺脊方向也出耍头，与其他同类斗栱不同。由此可知，内檐斗栱也经历过后期改建。

大殿右后转角铺作 45° 方向的挑枋里外跳均直截无雕饰，右后翼角采用扁长方形椽子，翼角椽平行排布，无明显生出，可能是同一次维修改造。

大殿原大门应以内柱间底层内额充当门额，该门额上残存两个安插门簪的榫洞，由此可推知，原始大门应比现大门尺寸更大。

（二）2018 年修缮改易

更换后檐柱，更换后檐阑额、由额，后檐柱与由额间增加木销。

山面至后檐，拆除由额以下的墙壁，新配地脚枋和木装板；拆除补间铺作下由额与阑额之间的立旌，山面中进和后檐明间改为3根撑枋，山面后进和后檐次间增加1根撑枋，并重做编壁；按左后转角铺作的形制更换了右后转角铺作中后期更换的构件。

前内柱轴线上，拆除明间版门两侧及次间顺栿串以下的木装修，新配地脚枋和木装板；拆除丁栿与顺栿串之间写有题记的编壁，增加1根撑枋，重做了编壁；补配丁栿和内额以上的编壁。

更换全部椽子，缩短檐椽，增加飞椽，统一为正方形断面，四角统一为放射形布椽。山花板位置内收至正缝屋架外第4根椽，新配搏风版和悬鱼。屋面改为满铺望板，上铺筒瓦屋面，重砌屋脊，正脊和垂脊利用了旧有通脊砖。

拆除大殿两侧加建的厢房，重砌山面及后檐台基，室内外地面增加方石板铺地。

拆除殿内现代砖砌佛台，及释迦牟尼、孔子、老子、关帝、真武、文昌、灵官等塑像，并在地面重新安置一尊玻璃钢材质的佛像。

六　结　语

永安庙大殿主体结构基本为原构，只有少量构件经后期更换，原构的形制符合四川地区元末明初建筑的特点：平面呈正方形，明间面阔约为次间的两倍；带前廊，斗栱前繁后简；前檐铺作及山面前柱头铺作施于普拍枋上，为五铺作双杪，山面中后进铺作及后檐铺作施于柱头或阑额上，为斗口跳；斗栱跳头施橑檐枋承椽，且橑檐枋四面交圈，出头做雕饰；内柱上施铺作层承平棊枋，平梁与平槫断面相同，水平交圈；柱头、梁、额肩部做钟形砍杀；平梁以下用鹰嘴蜀柱。这些做法在四川元代建筑中常见，并沿用至明代早期。此外，山面和后檐补间铺作没有施于蜀柱上，而是施于阑额上，并在阑额下与补间铺作对应的位置施立旌，是出现年代较晚的做法，未见于四川地区的元代建筑中。同时，大殿题记中"打吾回回""梓匠提领"等用词具有元代至明初特点。综上判断，永安寺大殿的建造年代应与《杜氏族谱》中所载杜克刹迁居至永安庙的年代相同，即明洪武年间（1368~1398年）。

永安庙自明代成为杜姓家族香火庙，世代由杜姓捐修，祭拜先祖，为家族祈福。按古代制度，庶民不得建家庙，宋代流行将佛道宗教与祖先祭祀相结合，以寺观为祭祖场所，敕赐的称为功德寺观，民间修建的称坟庵、功德院、香火院等。明嘉靖年间（1522~1566年）以后，宗祠建筑作为一种新的祭祖建筑逐渐兴起，但在四川很多地区仍然保留宋元时期香火寺观的传统，一些庙宇甚至沿用至今，永安庙就是其中的典型实例。

总之，南部永安庙大殿是四川建筑自元向明演化过程中的重要例证，也为研究寺庙与当地宗族关系提供了宝贵材料。

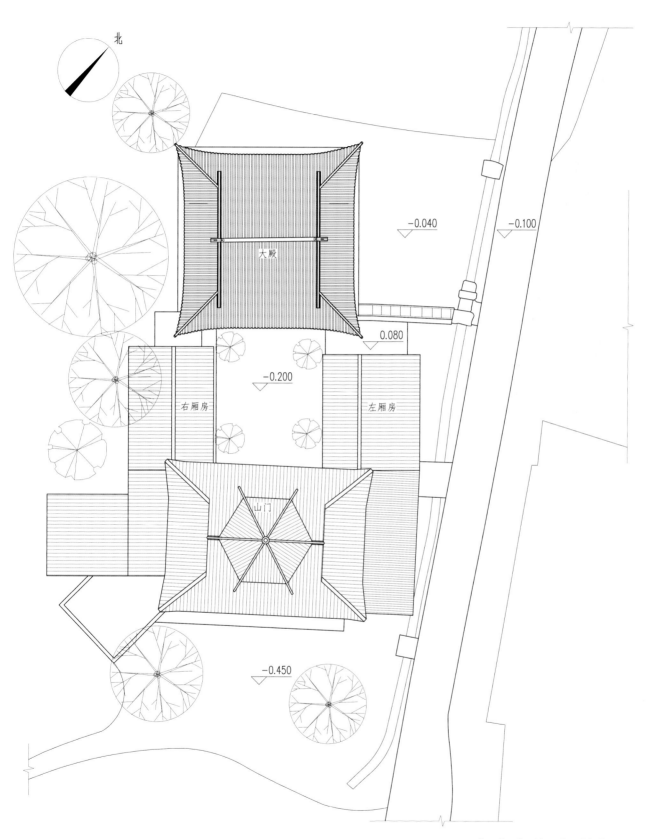

北

大殿

右厢房

左厢房

山门

−0.040

−0.100

0.080

−0.200

−0.450

永安庙总平面图 1:250

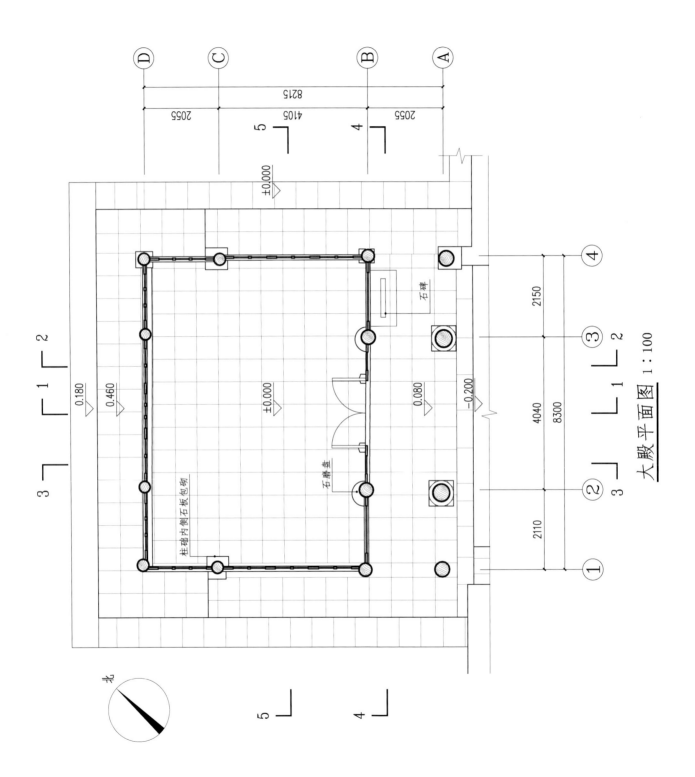

大殿平面图 1：100

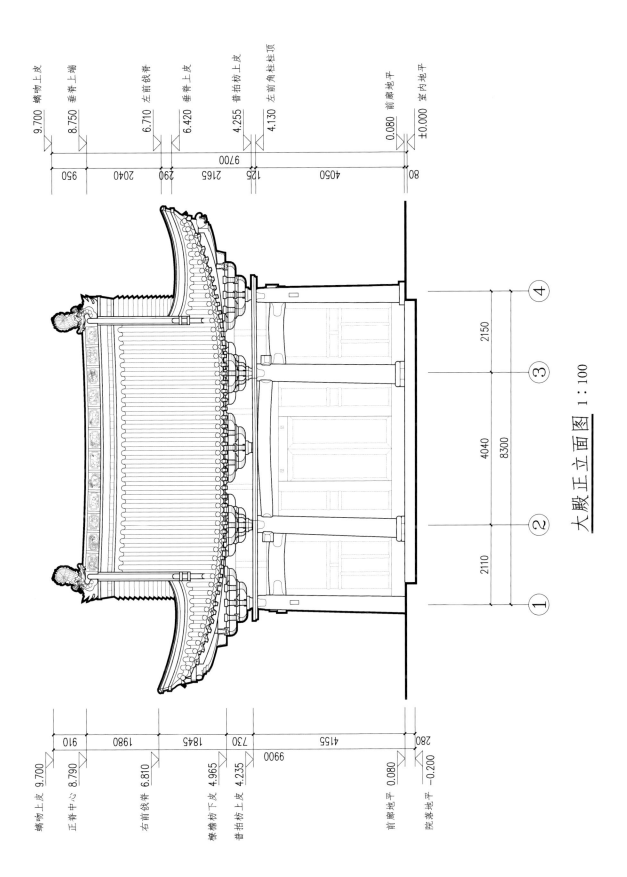

大殿正立面图 1 : 100

上段（右侧标注，从上到下）:
9.700 螭吻上皮
8.750 垂脊上端
6.710 左前戗脊
6.420 垂脊上皮
4.255 普拍枋上皮
4.130 左前角柱柱顶
0.080 前廊地平
±0.000 室内地平

尺寸: 950　950　2040　290　2165　125　4050　80　9700

下段（左侧标注，从上到下）:
9.700 螭吻上皮
8.790 正脊中心
6.810 右前戗脊
4.965 橑檐枋下皮
4.235 普拍枋上皮
0.080 前廊地平
−0.200 院落地平

尺寸: 910　910　1980　1845　730　4155　280　9900

轴线编号: ① ② ③ ④
2110　4040　2150
8300

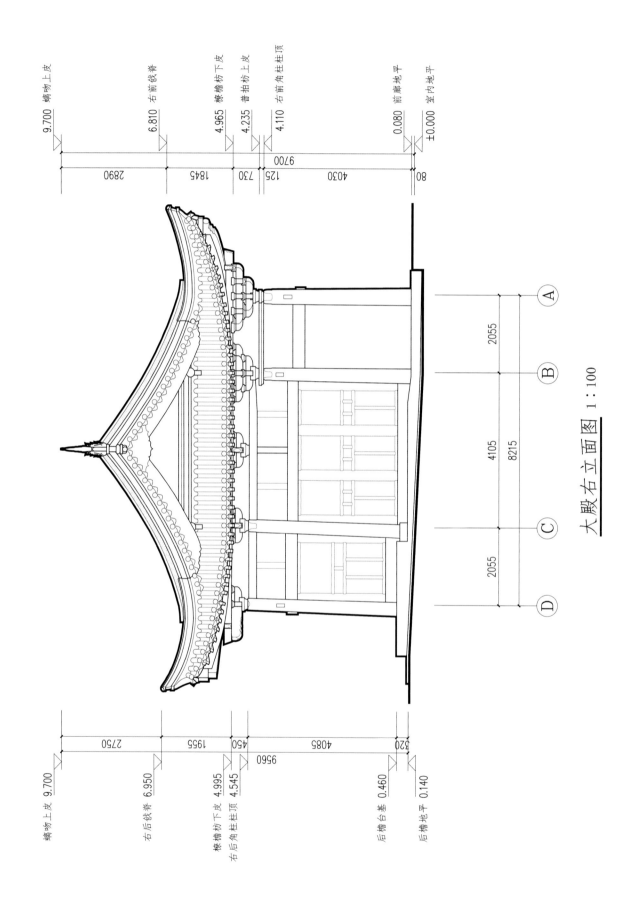

大殿右立面图 1:100

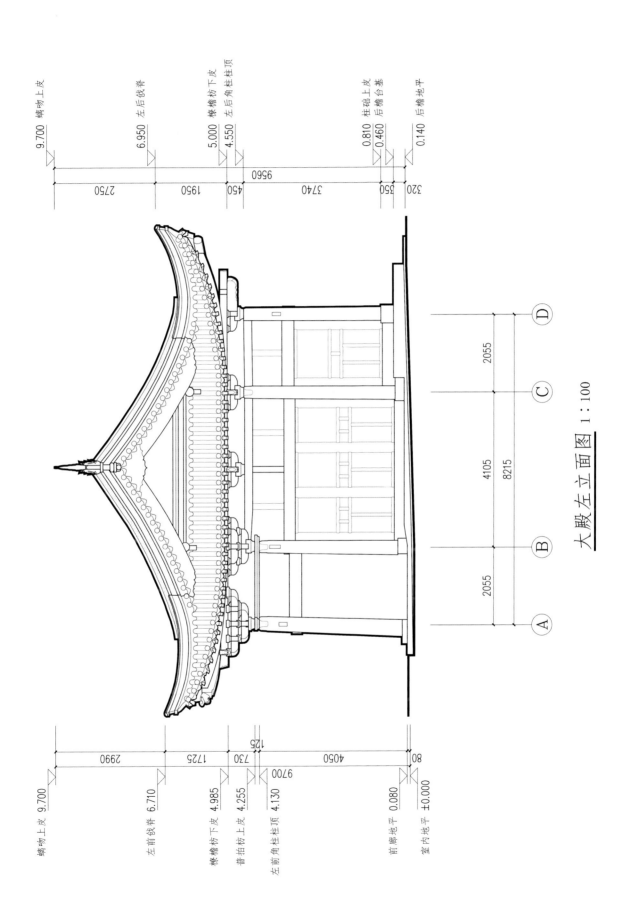

大殿左立面图 1:100

9.700 螭吻上皮

6.950 左后鸱脊

5.000 椽檐枋下皮
4.550 左后檐角柱柱顶

0.810 柱础上皮
0.460 后檐台基
0.140 后檐地平

9560

2750
1950
450
3740
350
320

D
2055
C
4105
8215
B
2055
A

9.700 螭吻上皮

6.710 左前鸱脊

4.985 椽檐枋下皮
4.255 普拍枋上皮
4.130 左前角柱柱顶

0.080 前廊地平
±0.000 室内地平

9700

2990
1725
730
125
4050
80

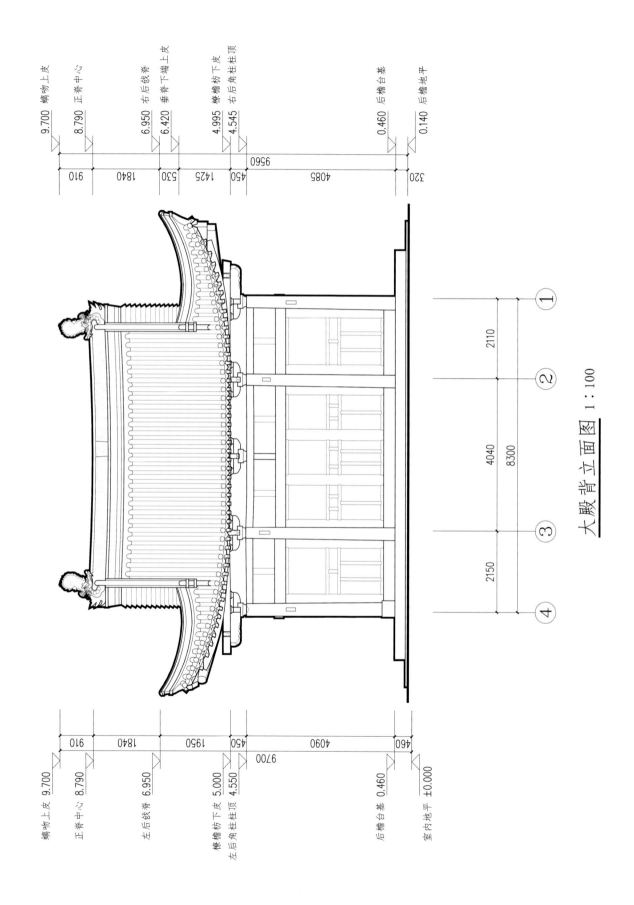

大殿背立面图 1：100

鸱吻上皮 9.700
正脊中心 8.790
右后戗脊 6.950
垂脊下端上皮 6.420
椽檐枋下皮 4.995
右后角柱柱顶 4.545
后檐台基 0.460
后檐地平 0.140

910
1840
530
1425
450
4085
320
9560

2110
4040
8300
2150

① ② ③ ④

鸱吻上皮 9.700
正脊中心 8.790
左后戗脊 6.950
椽檐枋下皮 5.000
左后角柱柱顶 4.550
后檐台基 0.460
室内地平 ±0.000

910
1840
1950
450
4090
460
9700

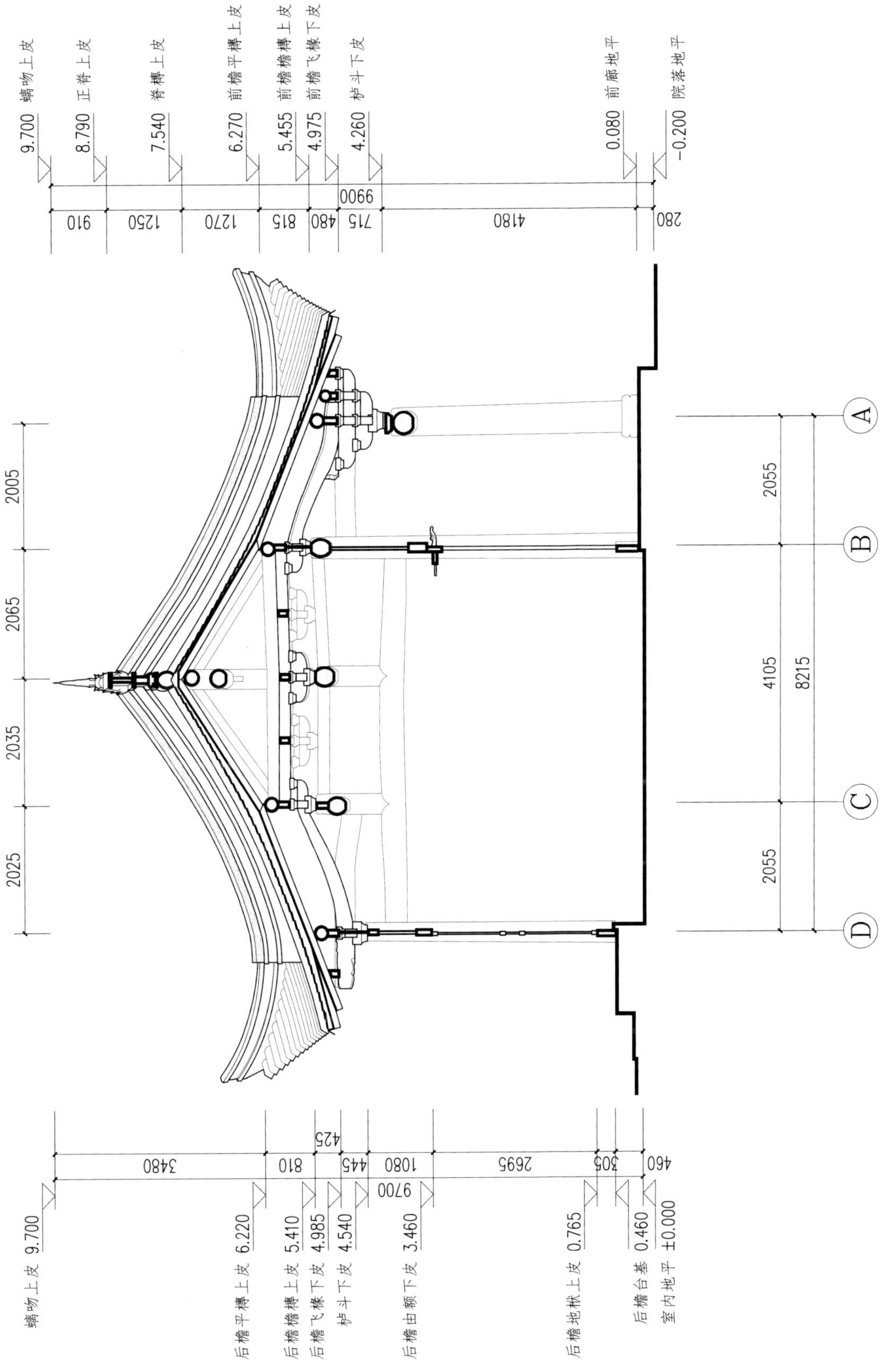
9.700 螭吻上皮
8.790 正脊上皮
7.540 脊槫上皮
6.270 前檐平槫上皮
5.455 前檐檐槫上皮
4.975 前檐飞椽下皮
4.260 栌斗下皮
0.080 前廊地平
-0.200 院落地平
910
1250
1270
815
480
715
4180
280
9900
2005
2065
2035
2025
2055
4105
2055
8215
A
B
C
D
蟎吻上皮 9.700
后檐平槫上皮 6.220
后檐檐槫上皮 5.410
后檐飞椽下皮 4.985
栌斗下皮 4.540
后檐由额下皮 3.460
后檐地栿上皮 0.765
后檐台基 0.460
室内地平 ±0.000
3480
810
425
445
1080
2695
305
460
9700

大殿1-1剖面图 1：100

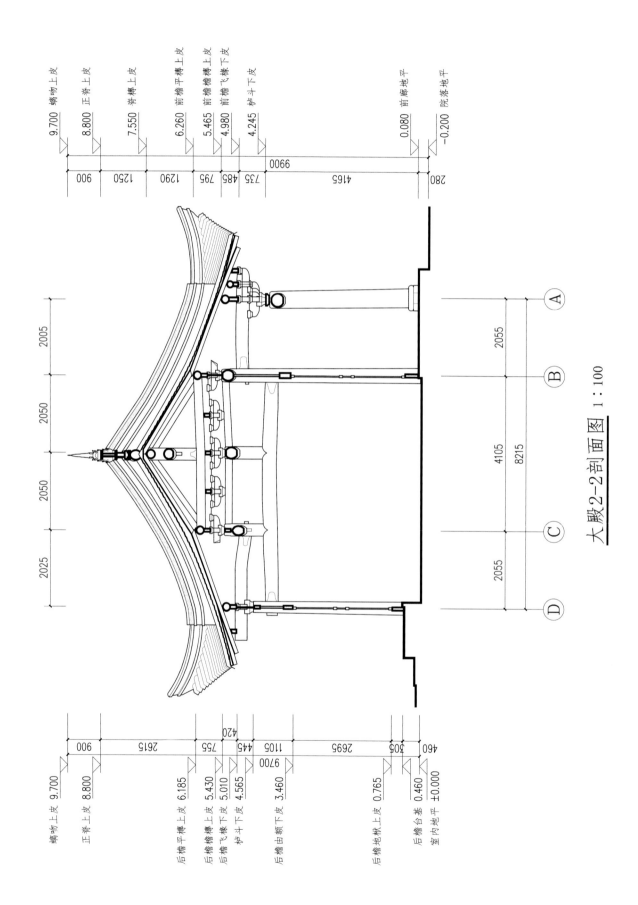

大殿2-2剖面图 1:100

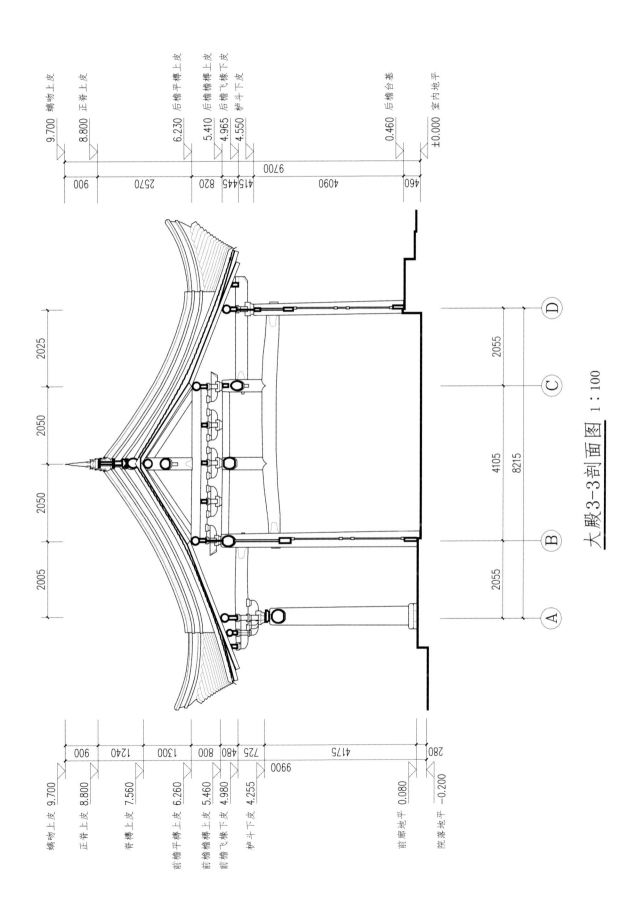

大殿3-3剖面图 1:100

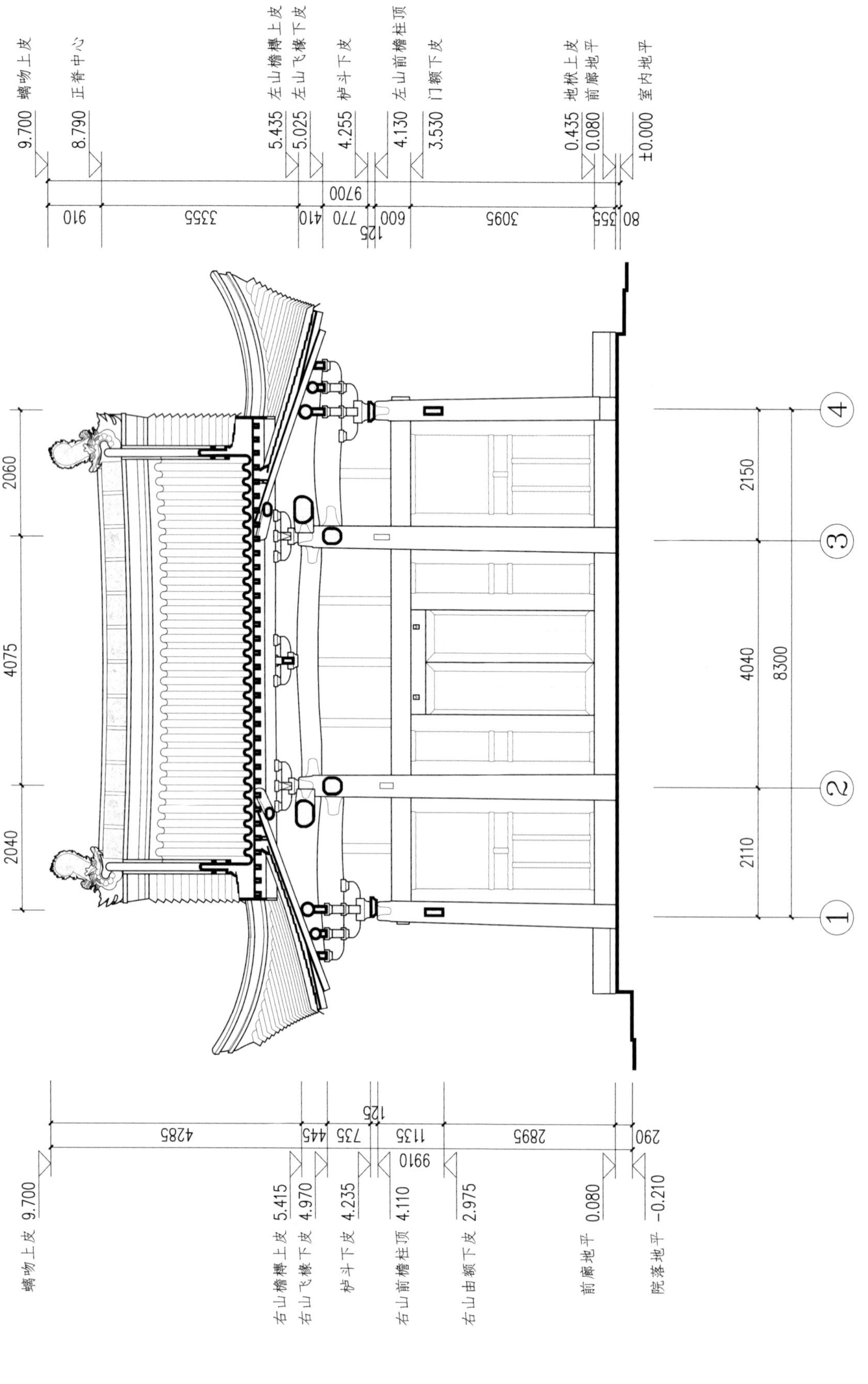
9.700 螭吻上皮
8.790 正脊中心
5.435 左山檐檩上皮
5.025 左山飞椽下皮
4.255 栌斗下皮
4.130 左山前檐柱顶
3.530 门额下皮
0.435 地栿上皮
0.080 前廊地平
±0.000 室内地平
9700
910
3355
410
770
125
600
3095
355
80
2060
4075
2040
2150
4040
2110
8300
4
3
2
1
4285
445
735
125
1135
2895
290
9910
螭吻上皮 9.700
右山檐檩上皮 5.415
右山飞椽下皮 4.970
栌斗下皮 4.235
右山前檐柱顶 4.110
右山由额下皮 2.975
前廊地平 0.080
院落地平 -0.210

大殿4-4剖面图 1：100

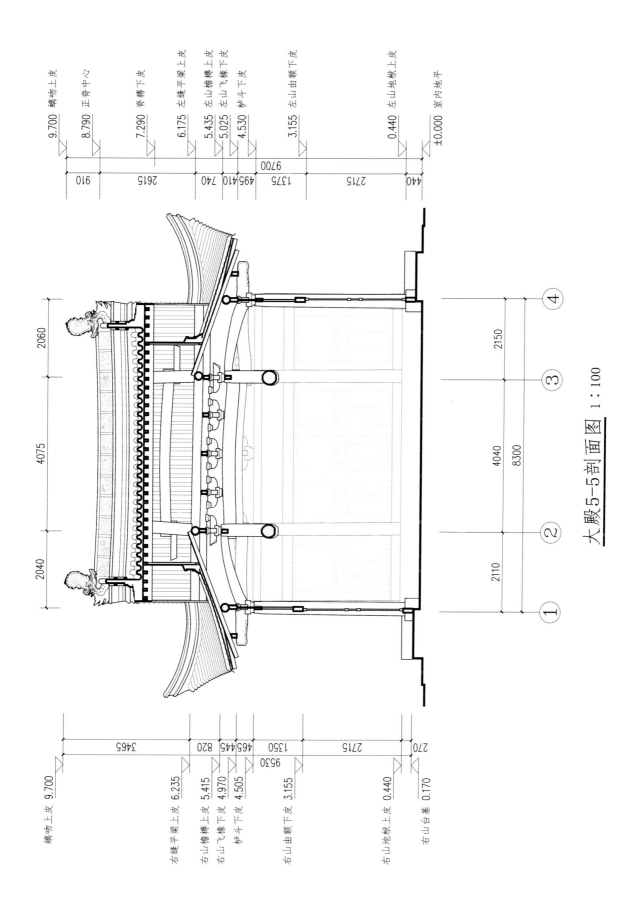

大殿5-5剖面图 1:100

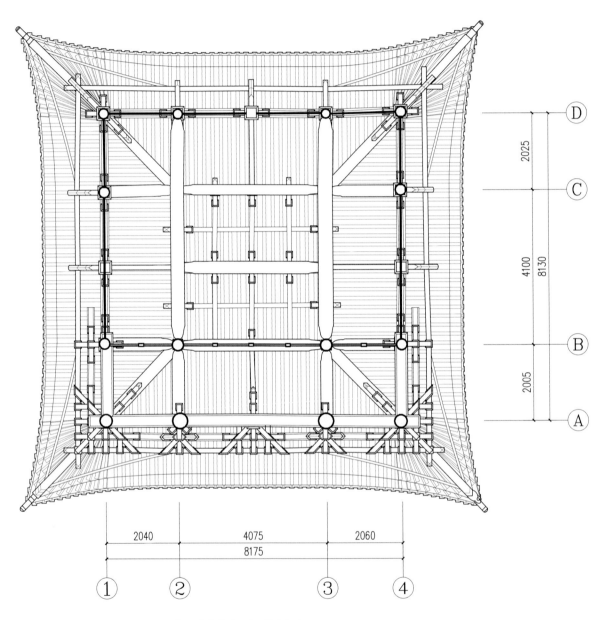

大殿梁架仰视图 1:100

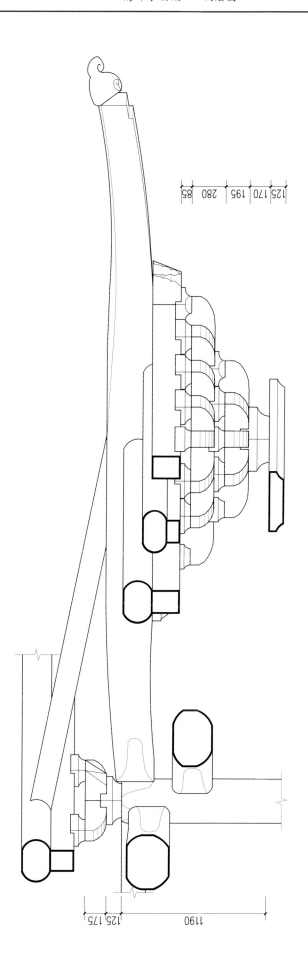

大殿前檐左角梁斜剖面 1：30

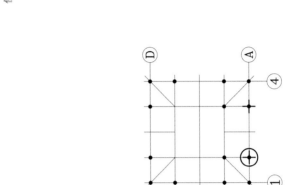

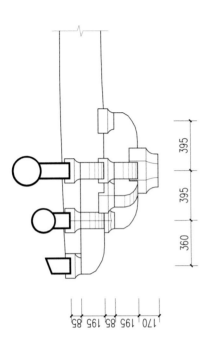

侧视图

大殿前檐明间右柱头铺作 1∶30

正视图

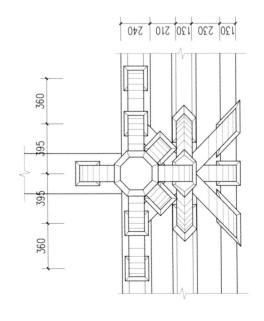

仰视图

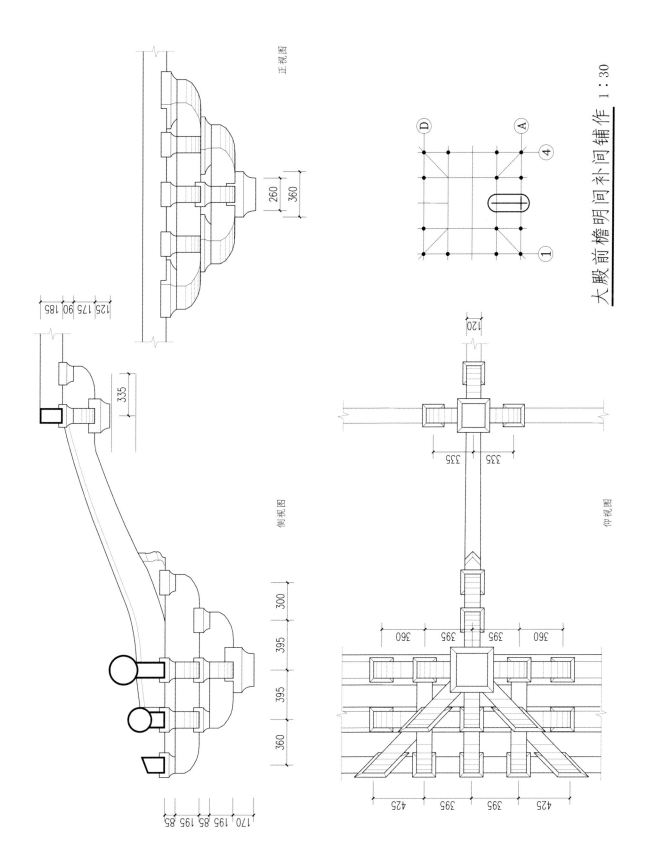

大殿前檐明间补间铺作 1 : 30

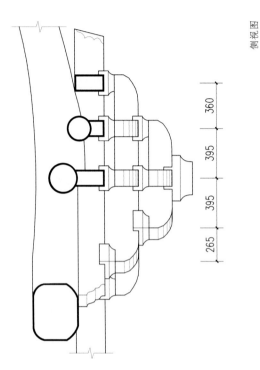

侧视图

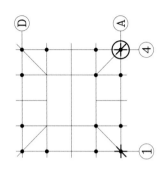

大殿前檐左转角铺作 1：30

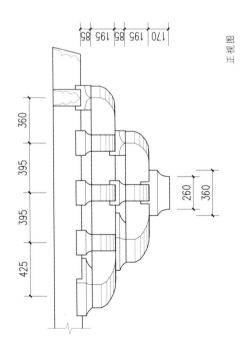

正视图

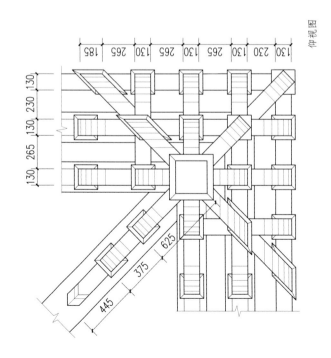

仰视图

正视图

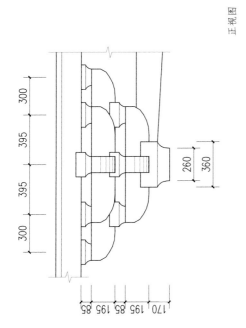

侧视图

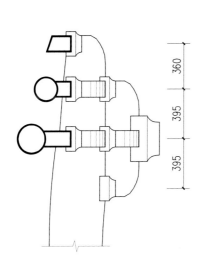

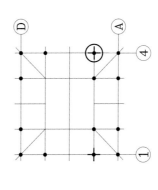

大殿左山面前柱头铺作 1：30

仰视图

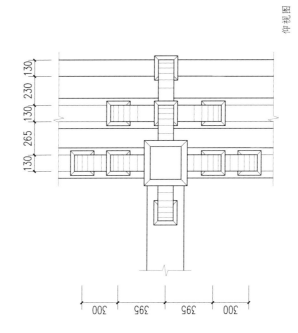

正视图

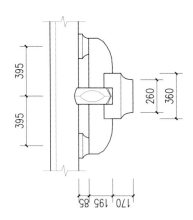

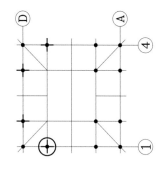

大殿右山面后柱头铺作 1∶30

侧视图

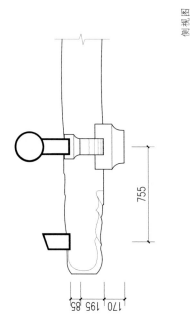

仰视图

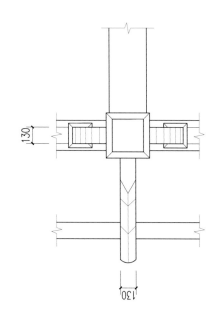

正视图

260
360

125 175 90 185

335

侧视图

170 195 85

645

D A

4

1

仰视图

120

120

130

130

大殿后檐明间补间铺作 1：30

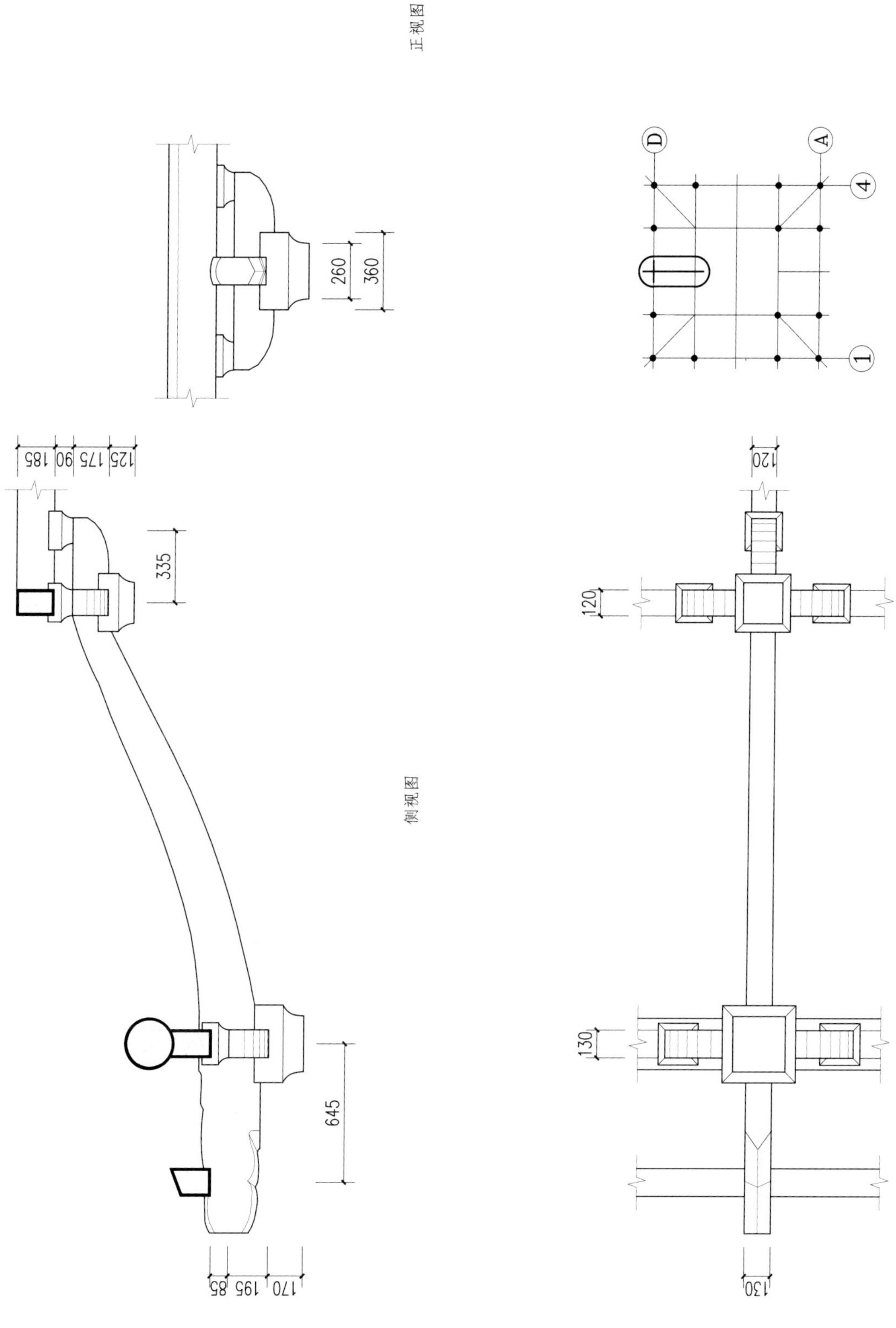

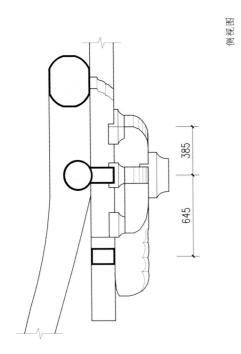

侧视图

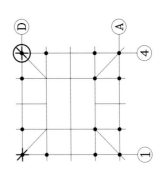

大殿后檐左转角铺作 1∶30

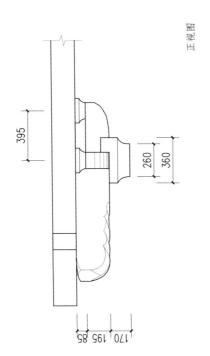

正视图

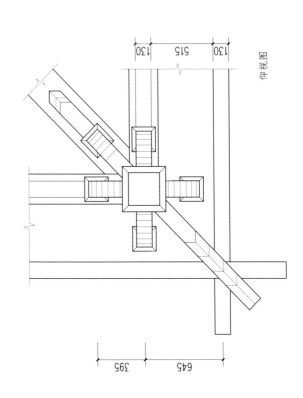

仰视图

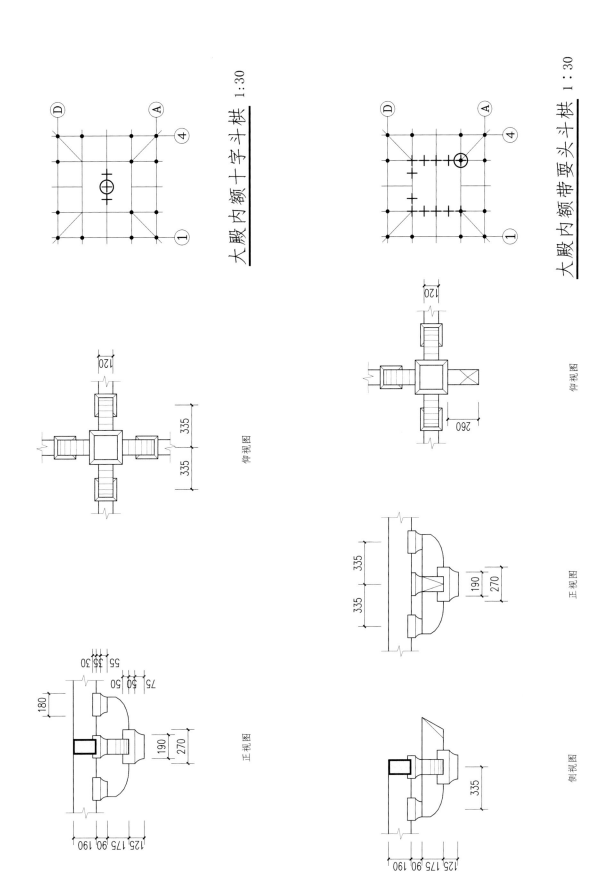

大殿内额十字斗栱　1：30

仰视图

正视图

大殿内额带耍头斗栱　1：30

仰视图

正视图

侧视图

报恩寺位于四川省南充市南部县神坝镇高岭村，2007年"南部报恩寺"公布为省级文物保护单位，公布年代为明代。成都文物考古研究院于2018年3月对报恩寺正殿进行了古建筑调查和数字化测绘，明确了正殿的建造年代为清顺治十一年（1654年），现将主要调查成果报告如下。

一　历史沿革及寺院布局

（一）地理位置及历史沿革

报恩寺位于南部县西北部地势较高的高岭村，这里距离南部县城59公里。从县城往西，过柳树河，海拔开始明显升高，在4公里的距离内，海拔高度上升了200米，高岭村就位于这片高岭之中。距离报恩寺最近的场镇为光中，这里在清代称光木场，民国时期称光中场，1950年设光中乡[1]，2019年并入神坝镇[2]，改称光中场村。这里临近南部县与盐亭县交界，周围的早期古代建筑还有南部醴

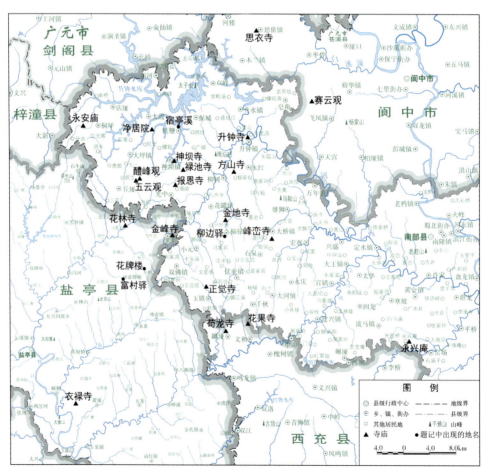

图1　报恩寺及周边寺庙分布图

---

[1] 四川省南部县县志编纂委员会编纂《南部县志》，四川人民出版社，1994，第66页。

[2] 《四川省人民政府关于同意南充市调整高坪区等7县（市、区）部分乡镇（街道）行政区划的批复》，川府民政〔2019〕7号。

图 2　报恩寺组群航拍图（上北下南）

峰观、永安庙以及盐亭花林寺（图 1）。

　　报恩寺在道光《南部县志》[3] 中无考，据正殿（即大雄宝殿）题记记载，报恩寺最早始于唐代敕建的蜘蛛庵，明代正统年间重修，更名报恩寺，清顺治十一年（1654 年）建正殿，保留至今。据《中国文物地图集·四川分册》记载，清乾隆年间寺庙维修。建筑群原有正殿、天王殿、观音殿、地藏殿，现仅存正殿[4]。近年来，当地居士又在原址基础上补建了各座建筑，使之成为一座完整的寺院。现寺内有若干当地居士和老年人进行日常维护。

（二）寺院布局

　　报恩寺总占地面积约 3600 平方米，寺院坐南朝北，位于圆包顶山二级台地上，选址讲究，周围群丘环绕，门前视野开阔。入口位于最北侧，从山门进入，地势逐级向上抬升，有若干新建小殿逐级分布。至地势较开阔处，中轴线上有合院一组，即正殿所在的合院。这一组合院方向坐南朝北，正殿在最南，其余建筑均为近年新建。正殿合院西侧有一组近年新建的合院和新修的寺门；正殿东侧也有一座新建单檐歇山建筑。新寺门再往西，有一条村道盘旋至山下（图 2）。

[3]（清）王瑞庆等修《南部县志》，道光二十九年刊本，中国国家图书馆藏。

[4] 国家文物局主编《中国文物地图集·四川分册》，文物出版社，2009，第 663 页。

二 正殿结构形制

（一）平面

正殿即大雄宝殿，是寺中现存唯一一座古建筑，单檐歇山顶，檐下带有斗栱，据传建于明代。正殿面阔三间，单檐歇山七檩用四柱。通面阔 17.26、通进深 10.85、明间面阔 7.38、次间面阔 4.94 米。进深方向前后进距离相等，均为 2.05 米，中进深 6.75 米（图 3）。

正殿的平面沿袭了四川明代建筑常见的"回"字形结构。中间 4 根金柱构成井口，井口长 7.38、宽 6.75 米，接近于正方形，左、右角间面阔明显大于进深，因此通面阔明显大于通进深，平面整体呈长方形。4 根金柱之间由较大的梁枋拉结，外围一圈 10 根檐柱和 4 根角柱通过较小梁枋与金柱相连接。

台基与左右厢房连为一体，前方有踏步 5 级，与相邻地面高差 0.92 米，台基后方是堡坎，再后方是山上坡地。台基和铺地采用砂石材质，除角柱外，其余石质的柱础并不露出铺地，有可能现在所看到的铺地是后人修缮时重铺，因此变得和原有的柱础等高（图 4）。

正殿的门窗位于前檐柱一列，不做前廊，左、右两山是编壁墙，后墙现为砖墙。室内后金柱之间布置新建的佛台和佛像，左、右山墙内侧也各有一排新塑的罗汉像（图 5）。

金柱是殿内用材最大的构件，共计 4 根，高 6.32 米。前金柱直径 60、后金柱直径 55 厘米；角柱和周围檐柱用材相当，平均柱径 40 厘米，其中位于山面的中柱最细，直径不足 30 厘米，似为后期增加。最短的前檐柱和角柱高 3.82 米，其余檐柱高 5.31 米。各金柱侧脚值略有差异，但均在 1%~2% 之间；前檐柱侧脚值约 2.3%。

图 3 正殿正面

图 4　前檐台基

图 5　室内现状

（二）梁架

正殿内左、右缝两榀梁架结构为前后单步梁用四柱。梁柱的交接方式为抬担式，金柱顶端开一字口，五架梁端头完全卡入金柱柱头。柱身之间有五架随梁拉结。五架梁上立瓜柱，瓜柱上承三架梁，三架梁上立脊瓜柱。脊瓜柱承脊枋和脊檩，脊檩下皮距室内地面高 8.05 米。前檐柱柱头上有平板枋，其上施斗栱，斗栱上接单步梁，梁尾入金柱。檐柱柱身还有一根随梁入金柱，随梁的断面尺寸大于单步梁的尺寸。后檐和山面柱头不施斗栱，柱身出挑枋承檐，柱头直接承正心檩（图 6）。

图 6　右缝梁架

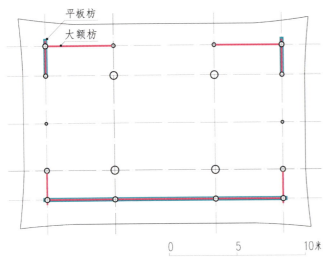

图 7　大额枋与平板枋分布示意图

图 8　室内角间梁架

　　正殿前檐既有平板枋又有大额枋，大额枋和平板枋之间还有一层垫板。左、右两山均为前、后进有大额枋，中段没有；平板枋只在后进有，在后檐角科之下出头。后檐次间用大额枋，明间不用，整个后檐都不用平板枋（图 7）。

　　室内较为重要的纵向构件有脊枋（次间称脊枋，明间称大梁）、前、后上金枋和明间前下金额枋。这些额枋的断面尺寸较大，直径接近 40 厘米，且构件下皮均有墨书题记。

　　室内每个角间的金柱和山面檐柱之间，均有一根较粗大的顺梁，共计 4 根，一端入金柱，另一端入山面檐柱，直径亦约 40 厘米，下皮距地面高约 3.8 米。前、后顺梁之上，立一对瓜柱，瓜柱上承山面梁架。山面五架梁和三架梁与瓜柱的交接方式与明间梁架相同，也是抬担式，其高度和位置也与明间梁架相同。所有柱头之间同样有檩、枋拉结，构成次间的屋面（图 8）。

　　4 根角柱柱头上均有 1 攒五踩角科斗栱，斗栱之上是斜挑尖梁和老角梁，后尾均插入顺梁上的瓜柱柱身，前端则挑出翼角。

　　顺梁上的瓜柱和山面檐柱之间还有一根单步挑枋，挑枋出挑承山面挑檐檩，檩上搭山面檐椽，椽子的上端头搭在山面五架梁上。山花板钉在山面梁架的外侧，再外即为博缝板，出际长度只有一个椽距。

　　正殿的屋面现为小青瓦屋面，屋脊在近年修葺过，为砖胎灰塑脊，没有雕饰和脊兽，整个屋面朴素简单。

（三）斗栱

　　正殿凡施斗栱的柱头，其上均先用一层斗形断面的平板枋，斗栱均为五踩，用材宽 120、高 180 毫米。整个建筑斗栱共计 10 攒（表 1），主要集中在前檐使用，包括柱头科 2 攒（图 9），平身科明间 2 攒，攒当 2.46 米，左、右次间各 1 攒，攒当 2.47 米（图 10），四角角科各 1 攒（图 11、12）。山面和后檐的柱头不用斗栱，只出挑枋。山面中柱的挑枋穿过中柱，形如挑幹，后尾直抵山面五架梁。

表 1　　　　　　　　　　　　　　　　**外檐斗栱形制统计表**

位置	类型	数量（攒）	形制
前檐	柱头科	2	外拽：单翘单昂五踩，出 45° 斜翘； 正心栱：实拍重栱承素枋，栱身面向室外的一侧有卷云浮雕； 里拽：实拍重翘，出 45° 斜翘，上承单步梁
	平身科	2+1+1	外拽和正心栱同上； 里拽：实拍重翘，出 45° 斜翘
	角科	2	外拽和正心栱同上； 里拽：实拍重翘承斜挑尖梁
后檐	左后角科	1	外拽：重翘五踩，出 45° 斜翘，头翘带小斗，二翘实拍栱； 正心栱：重栱，栱身素面无浮雕； 里拽：实拍重翘承斜挑尖梁
	右后角科	1	外拽：实拍重翘五踩，出 45° 斜翘，翘头不抹斜； 正心栱和里拽同上

a. 柱头科外拽

b. 柱头科里拽

图 9　前檐柱头科

a. 平身科外拽

b. 平身科里拽

图 10　前檐平身科

a. 角科外拽

b. 角科里拽

图 11　右前角科

a. 左后角科外拽

b. 右后角科外拽

图 12　后檐角科

　　前檐柱头科和平身科的形制基本一致，不同的只是柱头科上承单步梁。平身科的里拽上没有其他任何构件，有可能是缺失，也有可能在建造之初就如此。前檐角科形制也与柱头科和平身科一致。前檐假昂头的形状类似于象鼻，是在一块足材枋上加工出来的，后檐角科简化了这种加工，成为实拍栱。角科 45° 方向承斜挑尖梁。

　　正殿的柱头科和角科还有一大特点是在斗栱与正心檩之间有 0.750 米的间距，这段距离不再使用层叠的正心枋，而是直接立一根短柱承正心檩，短柱底部又出一道小挑枋承挑檐檩。这种做法极大地简化了外檐斗栱的结构。

（四）形制及营造细节

　　正殿所有的五架梁和三架梁与柱子的交接方式均采用抬担式，即梁头整个做箍头榫，完全卡入柱头的一字口内，梁上皮明显低于柱头，柱头承檩。五架梁和三架梁肩部采用普通斜杀，不带曲线；端头基本上是材料的原形，没有雕饰和斜切（图 13）。正殿所有柱子均不做柱头砍杀。

　　平板枋斗形断面，中间不刻缝，端头没有雕饰和线脚。断面较大的额枋，肩部也采用普通斜杀入

a. 五架梁前端头

b. 三架梁前端头

图 13 梁柱交接方式

a. 左山前进额枋端头

b. 右山前进额枋端头

c. 左山后进额枋端头

d. 后檐右额枋端头

图 14 额枋端头

柱；细小一点的枋子不做砍杀，直接入柱。前檐大额枋左侧出头被遮挡，无法探明；右侧出头不做修饰，直榫直截出头。山面前进大额枋端头有两瓣曲线修饰，但形制看起来不太统一，做工也不够精细。后檐大额枋断面尺寸较小，与山面后进大额枋在后檐转角相交，出头同样也是两瓣曲线修饰（图14）。

由于前檐的挑檐枋与挑檐檩之间有一段空隙，故在平身科之上通过枋上放置垫块或坐斗来填补。

a. 雕花垫块

b. 垫斗

图 15　挑檐枋与挑檐檩间垫块

这种做法非常罕见，垫块也像是从别处挪用至此的，可能是一种为了解决斗栱高度与出檐位置不匹配的特殊做法（图 15）。

三　题　记

正殿题记保存较为完整，遍布室内各梁枋之下，是我们今天了解寺院历史的重要文字依据，借助红外摄影和扫描仪器对正殿题记进行了拍摄，整理如下[5]（图 16~19）。

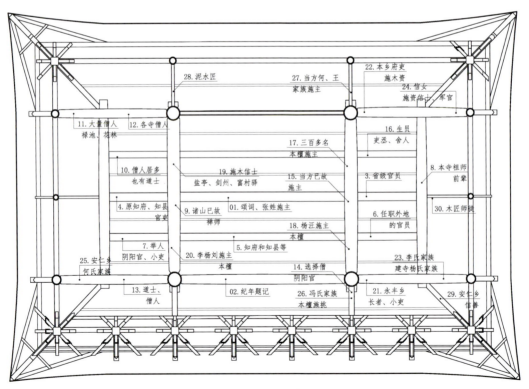

图 16　题记分布示意图

[5] 题记碑刻录文中，"□"表缺一字，"……"表无法判断字数的缺字，"（）"内文字表根据文义或其他文献补足的缺字。

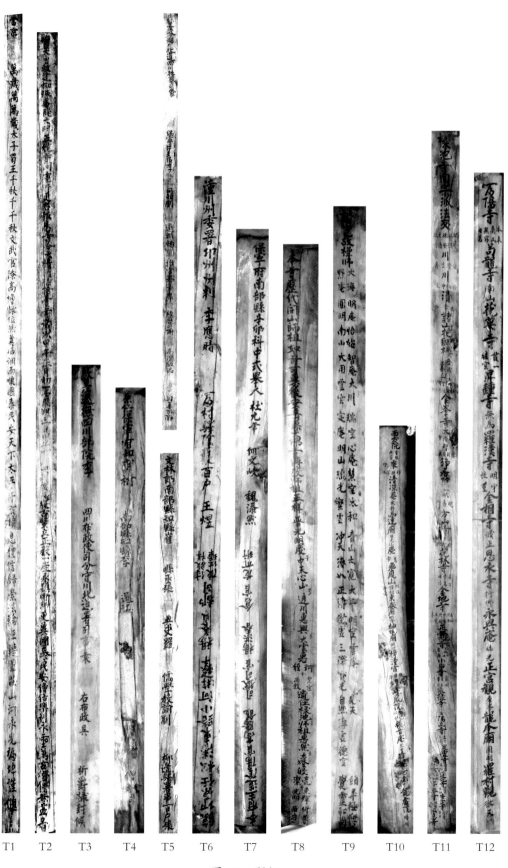

图 17　题记一

T13　　T14　　T15　　T16　　　T17　　　　T18　　　　T19　　T20

图 18　题记二

T21 T22 T23 T24 T25 T26 T27 T28 T29 T30

图 19 题记三

1. 明间大梁

当京□□万岁万万岁，太子蜀王千秋千千秋，文武官僚高增禄位；然冀风调雨顺，国泰民安，天下太平，干戈顿息，檀信归崇，法轮恒转，益庄山河，永光福地，谨题。施木主张继先、（张继）生。

2. 明间前下金额枋

始自大唐敕建蜘蛛庵，既大明正统年间重修，更名报恩寺。今大清顺治十一年岁次甲午正月初一壬辰朔三日甲子□□大利良辰，复古竖立正殿一座，永镇乡邦，更冀国泰民安、僧俗乐利、永垂万古、灯传无尽矣。

3. 左次间脊枋

钦差巡抚四川部院李国英、四川布政使司分守川北道署司事袁一相、右布政吴□□[6]，祈爵禄封侯。

4. 右次间脊枋

原任保宁府知府柯臣[7]、南部县知县李元柱[8]、通江……僧会司、纲（司）……

5. 明间前上金枋

左起　钦差分巡川北道四川按察司佥事□□□、保宁府知府李兆乾[9]、同知刘□□、通判杨□、推官署事席□、经历司谢□□□；

右起　文林郎南部县知县崔鹿鸣[10]、县丞张□□、典史罗□、儒学教谕刘□□、柳边驿[11]署事百户张□；

中段　高升级品，禄位重封。

---

[6] 人名据《四川通志》补全。见（清）黄廷桂等修，张晋生等纂《四川通志》卷三十一，雍正十三年刊本，中国国家图书馆藏。李国英，顺治五年（1648年）起任四川巡抚。袁一相，顺治九年（1652年）任守北道司事。"右布政吴□□"在雍正十一年《四川通志》中记载为"吴弘融"，顺治三年（1646年）起任四川（右）布政司；在《清代职官年表》中记载为"吴之茂"，顺治六年（1649年）任四川右布政使，见钱实甫编《清代职官年表》，中华书局，1980，第1762页。

[7] 人名据清道光二十三年《保宁府志》补全。柯臣，顺治三年（1646年）出任清代第一任保宁府知府，其下一任知府即题记5中的李兆乾。见（清）黎学锦、徐双桂纂修《保宁府志》卷三十二《职官》，收入《中国地方志集成·四川府县志辑》第56册，巴蜀书社，1992，第218页。

[8] 人名据现代《南部县志》搜集的县官名单补全。李元柱，顺治四年（1647年）任南部知县。见四川省南部县志编纂委员会编纂《南部县志》，四川人民出版社，1994，第146页。

[9] 李兆乾，顺治九年（1652年）任保宁府知府。见（清）黎学锦、徐双桂纂修《保宁府志》卷三十二《职官》，收入《中国地方志集成·四川府县志辑》第56册，巴蜀书社，1992，第218页。

[10] 崔鹿鸣，顺治年间任南部县知县。见（清）黎学锦、徐双桂纂修《保宁府志》卷三十二《职官》，收入《中国地方志集成·四川府县志辑》第56册，巴蜀书社，1992，第218页。

[11] 柳边驿，清道光二十九年《南部县志》载距县城一百一十里，即今南部县柳驿乡，距报恩寺16公里。见（清）王瑞庆等修《南部县志》卷二《市镇》，道光二十九年刊本，中国国家图书馆藏。

6. 左次间前上金枋

右起　潼川州委署邛州州判李应时、富村驿阴袭百户王煜。[12]

左起　临邛原任松潘东路小河遊击杨养贞，都司付启祥、陈仕璋。

7. 右次间前上金枋

右起　保宁府南部县辛卯科[13]中式举人杜元年、何文岐[14]、魏添然。

左起　本府主造阴阳官高腾龙、司狱司官杨洪春、仓官范可珩。

8. 左山面三架梁

　　本寺历代开山师祖：如奇、可惠，后安岳县大佛寺传教师祖正祥号普光、明庆号中天、心山号透川、惠兴号大云、惠珂号洁空、（惠）经（号）西教，遗住禄池。师祖惠然号古灯、皎亮号东辉、（皎）洁（号）光明，祈升西方。

9. 右缝三架梁

　　诸山已故禅师：大海、点庵、明庵、圆明、悟始、南山、智庵、大用、大川、云空、瑞空、定庵、心庵、明山、慧空、瑞光、太和、灿虚、青山、冲天、大宽、海如、大千、正传、明空、徹虚、云庵、三际、宝光、见天、自然、净虚、德空、愿升极乐觉灵和尚。

10. 右次间后上金枋

　　西方院：灵环、无尽、乘祥、（乘）映、（乘）常、灯法；清凉庵：乘转；马连庙：继先，徒庆慧、（庆）常；飞凤山：性法、悝初、海受；东岳庙：妙峰；神坝庙：明心；梓潼宫：离相、悝初、清虚；峻凤院：□□、心印；观音庵：宗吉；符瑞庵：觉一；龙藏院：璿明。

11. 右次间后顺梁

　　禄池寺同宗派法友：林□、林法、林安、月清、林川，川海、（川）澄、（川）吉、（川）寿，川悟、（川）祈、（川）会、（川）定，清乐、（清）常、（清）徽；诸山：花牌楼：普成、慧寿，徒广富、智聆、智贵、智清、会明、智澄、智□、了聪；金峰寺[15]：大学、（大）澄、（大）洁，乘林、智铎、（智）镜、（智）银、（智）□；净居院：寂晓、（寂）寿、（寂）明；方山寺：□空、明空、□然；花林寺[16]：惠方、

---

[12] 富村驿即今盐亭县富驿镇，明代为军站，属保宁守御千户所管辖，由王姓世袭百户驻守。王姓百户传为明初元勋王弼后裔，今富驿镇元宝山上保存有王弼衣冠墓，清光绪年间墓碑上刻有历代百户世系。王煜为第十二代暨末代百户，清初废除世袭爵位，献版籍于南部县。

[13] 即顺治八年（1651年），辛卯年。

[14] 此二人在清道光二十九年《南部县志》有载。另有同年举人魏登瀛，与题记中的魏添然是否为同一人待考。见（清）王瑞庆等修《南部县志》卷十四《举人》，道光二十九年刊本，中国国家图书馆藏。

[15] 金峰寺，在县西一百五十里。见（清）王瑞庆等修《南部县志》卷二《寺观》，道光二十九年刊本，中国国家图书馆藏。

[16] 花林寺，在县西一百八十里。同上书。花林寺至今仍存，位于盐亭县富驿镇花林寺中心学校内，寺内大殿为元代遗构。

惟惠、圆续；金地寺[17]：正明、照澄、照禄、照镜、自觉、普□；正觉寺：徒正一、（正）性、庆圆；小市寺：宗性、宗玄、普时、□□；衣禄寺：法满；阳立寺：果玉、正法；毗卢寺：庆霞、道心；道化寺：徒道印、宗祉；安定寺：道清、普玉；宝胜寺：□初、定初、宏印；峰峦寺：净悟、瑞光；报恩寺：自成。

12. 右次间后下金枋

富阳寺：本来、南山、无穷、自若；苟龙寺：南山；花果寺：贯一、继空；升钟寺：无为；罗汉寺：明宇、枝茎；金相寺：诚正；思衣寺：行修；永兴庵：瑞光；正宫观：秀峰；龙爪庙：圆明；罗村观：微天。

13. 右次间前下金枋

广福院：寂云、成白；宣梵院：中天；玉台宫：秀峰；五云观：无染；崇真观：亭波、自修；白岩观：瑞光；赛云观：玉庵；广川庙：坤石；饭店庙：方如；观音寺：成空；复先观：何绍吾；刺崇观：秋月；太极宫：云霞；高观山。

14. 左缝前单步梁

前起　选择僧鉴月、定空、净□、果徹。

后起　本地选择阴阳□□林、□□□、陈养浩。

15. 左缝三架梁

当方已故檀越：庞思银[18]、何维贤、何执仁、杨金谕、邓良善、张廷秋、张文守、冯廷爵、杨金讲、李时成、张文魁、何执允、何执敬、李启先、杨公信、张文郁、马□、邓应祠、刘添元、李尚桐、赵国、汪世光、邓守礼、张明杰、杨自东、□□彩、宇明道、何起蛟、向继贤、何瑞□、杨礼、向云启、赵守銮、杨先登、赵龙然、□添□，祈升仙界。

16. 左次间后上金枋

儒学生员：□□□、张□瑜、邓良弼、邓良佐、何俊、杨□云、徐□□、邓□、□良谟；吏丞：陈旺、□瑞宇、□□□、李登云、冯宗春、罗□甫；施资檀信：……[19]；本县舍人：赵富荣、朱应□、李启祥、冯贵一、梁之友、杨启□、蒋文斗。

17. 左缝五架梁

前起　（本）檀施资功德主：何国华、冯仲国、赵明达……谢君恩、谢成、谢俸德[20]；

后起　本檀施资功德主：何进通、何琪、何禹绩……范昌华、范一朋、范一奇[21]；

中段　谨题。

---

[17] 金地寺，位于柳边驿北。见（清）王瑞庆等修《南部县志》卷二《寺观》，道光二十九年刊本，中国国家图书馆藏。

[18] 在现存花林寺大殿的明代万历补修题记中，也出现了施主庞思银的名字。

[19] 施主姓名每行4人或5人，共14行，计55人。

[20] 施主姓名每行6人，共27行（其中有2行为每行7人），计164人。

[21] 施主姓名每行6人，共29行（其中有4行为每行7人），计178人。

18. 左缝五架随梁

前起　本檀施资修造功德主：杨守伦、杨嘉□，杨时灿……杨得义、（杨得）仁、（杨得）元、（杨）一兴、（杨一）富、杨遇春……杨于海、（杨）斗现、（杨）素儿、（杨）寅儿[22]；汪永成、（汪永）新、（汪）□荣、男寅儿、（汪）□泽、（汪）长□、（汪）之章、（汪）长申、（汪长）坤、（汪长）淳、（汪长）□；赵震、（赵）华、（赵）富……（赵）尚永，魏……（魏）尚成……邓……中[23]，邓……国[24]；

后起　本檀施木资功德主：王政仁、（王政）义、（王政）达，王……王……，王……王……王之……王……[25]；施资功德主：张……[26]邓文……邓……邓……[27]；

中段　谨题。

19. 右缝五架梁

本檀施木信士：马□……[28]；盐亭县信民：……[29]；富村[30]信民：雷万斛、雷长福、雷安祚、雷祈祚、陈汝泰；剑州信民：……[31]；谨题……[32]

20. 右缝五架随梁

前起　本檀施财修造功德主：李……，李……，李……，李……，李登……，李……宗，李……可，李……，李……[33]；施木檀越：生员杨纯武，杨应……，杨为……，杨……，赵……，赵……，徐雍咸，刘……[34]张成龙；谨题。

后起　本檀施财修造功德主刘嘉祥、（刘）文弟、（刘）文守，刘……，刘……，刘……，刘……，刘……[35]，……[36]，李……，李……，李……先，李……[37]

---

[22] 杨姓施主共计91人，姓名从略。

[23] 邓姓施主中字辈共计13人。

[24] 邓姓施主国字辈共计12人。

[25] 王姓施主6组共计57人。

[26] 张姓施主可见部分共计19人。

[27] 邓姓施主3组共计23人。

[28] 施主姓名每行6人（第19行7人），共21行，计127人。

[29] 施主姓名3行，计17人。

[30] 富村即富村驿，清道光二十九年《南部县志》载距县城二百里，即今富驿镇，已划归盐亭县管辖。见（清）王瑞庆等修《南部县志》卷二《市镇》，道光二十九年刊本，中国国家图书馆藏。

[31] 施主姓名3行，计19人。

[32] 后起部分人名被遮挡，不可见。可见施主姓名13行，每行5~7人，计70人。

[33] 李姓施主9组，计57人。

[34] 杨姓施主3组，计20人。赵姓施主2组，计12人，刘姓施主1组，计5人。

[35] 文守之后，刘姓施主5组共计24人。

[36] 此处被遮挡，施主人名及人数不详。

[37] 李姓施主5组，计40人。

21. 左次间前下金枋

永丰乡摊丈耆老里书公正书墨：何禹绩、赵明达、何永忠、李廷兰、赵玉得、张永忠、宇贵龙、赵永华、赵永芳、杨粥、赵绍龙、任庆、何迪、任长春、何元祯、何宣，祈福寿延长。

22. 左次间后下金枋

本乡[38]小分共施木资修造，府吏王芳弟、男王永锡、宗弟王芳明、侄王永禄、王相新等，祈福寿绵远，谨题。

23. 左次间前顺梁

左起　……施资□□修造功德主李……主：汪义、汪禄。

右起　建寺曾祖杨……今施木资修造功德主杨……男：杨鸿畅、（杨）鸿猷。

24. 左次间后顺梁

左起　□□信女张门邓氏、□（氏）、冯（氏）；邓门、杨（门）、□（门）：马氏、董（氏）、张（氏）；邓门、何（门）、李（门）：黄氏、宇（氏）、□（氏）、何（氏）；邓门、梁（门）、赵（门）：赵氏、梁（氏）、□（氏）；李门、邓（门）：何氏、李（氏）。

右起　……[39]；施资檀越：……[40]，□□……[41]；川北□标中营：张永生、□□□、张应业、胡应斗、衡应可、□□□、高虎。

25. 右次间前顺梁

右起　本县安仁乡[42]宿亭溪施木资檀越何映斗，何相斗，何现斗、父何养聘、男何清、（何）涓、何准、（何）泗、何法、（何）讹，祈福寿延长者。

左起　今兼管修造功德主：杨登、杨先应、杨先政、邓文璧、邓文会、杨一□、杨（一）富、杨（一）贵、刘春、刘希聘、张允忠、张星辉、汪之章、杨允寿。

26. 左缝前单步梁

本檀施挑信善：冯成得，男：冯有贵、冯有荣、冯有才。

27. 左缝后单步梁

当方信士：何□纪、何（□）国、何（□）□、……[43]

---

[38] 根据报恩寺所在位置，"本乡"应该指位于县域最西北的永丰乡。

[39] 前段无法辨认，仅可见施主姓名5行，每行4人，计20人。

[40] 施主共计28人，任姓居多。

[41] 施主共计13人。

[42] 清代南部县分为十乡，安仁乡为其中一乡，位于县域北部，包括今天的南部县店垭乡（旧称店子垭）、保城乡（旧称保城场）、永红乡（旧称观音场）及原属于南部县、现划归到阆中市的思依镇（旧称思依场）等乡镇。见四川省南部县志编纂委员会编纂《南部县志》四川人民出版社，1994，第49页。

[43] 施主姓名每行3人，共13行，计39人，均为何姓或王姓。

28. 右缝后单步梁

本乡泥水□匠：□□巽、李尚扱、杜尚锐，祈艺业精通。

29. 左次间前角梁

安仁乡信善：王登、妻张氏、徐氏，大城铺信善：蒲鸿周、李海宗。

30. 左山面挑斡

……处真武殿前造天王殿父师：邓之祚、李连性，今造正殿；男邓明中、李尚龙、弟邓□中、邓粟中，各祈艺业精通，福寿延长，谨题。

31. 现代题记

位于左缝五架随梁后端，靠近肩部，用粉笔书写（图20）。

李□和刘以□同志共□□□一寸钢管贰拾叁根，四分钢管叁拾玖根，贰寸管陆根。1997年1月23日。

各题记涉及人物众多，但含有纪年的只有题记2一处，题写位置醒目靠前，符合题记书写的一般规律。题记3～7中出现的几名官员，方志中记载其上任时间也均在顺治初年，与创建题记时代相符，因此我们推断，殿内的所有题记均为同一批创建题记，时间为清顺治十一年（1654年）。

在这批题记中，根据被题写人地位的不同，按照尊卑顺序进行空间分布。明间最高处的大梁题写颂词；仅次于大梁的上金枋题写当时的知府、知县等官吏姓名；前下金额枋是进入殿内最醒目的位置，题写纪年和创建事由；左、右缝位置最高的三架梁题写已故僧人和信众的姓名；下方五架梁和随梁题写捐资者的姓名；在左、右次间，官吏的名字同样写在最高的脊枋上；生员、举人、任职外地的官员以及小吏的姓名位于次于脊枋的位置；其余位置则题写当时的各方信众和僧道，女性施主的姓名位于后方角梁上，泥瓦匠和木匠的姓名位于较小的构件上。可见整个姓名题记的空间分布基本上是按照社会地位的尊卑安排的。

从题记中可知，报恩寺最早的开山祖师为如奇、可惠，后有来自于安岳县大佛寺的师祖正祥普光传教于此，正祥的弟子惠然被当时人称师祖，另一弟子惠经住持禄池寺（见题记8），因此在题记中称禄池寺僧人为"同宗派法友"（见题记11）。题记中，报恩寺当时的僧人仅题写了自成一人，位于题记11的最后。

最早的建寺信众是杨姓家族，题记中称曾祖（见题记23）。已故檀越题名中，包括了该寺几大捐资姓氏的先人，如杨、何、李、张、赵、刘等（见题记15）。参与正殿修造的家族很多，题写的兼管修造功德主就有14人，其中包括了杨氏家族的后人（见题记25）。此外，在大梁上题写的施木主为张氏兄弟（见题记1），或许表明此二人在修造过程中发挥了较为重要的作用。

清初，报恩寺所在地属于保宁府南部县。保宁府是清政府在四川最先控制的区域。《保宁府

图20　现代题记

志》记载，顺治三年（1646年），清廷任命柯臣为第一任保宁府知府，也即题记中提到的原任知府。是年，张献忠败亡。次年，南部县设立知县，即题记中提到的原任知县李元柱。顺治八年（1651年），清廷在川北开科取士，题记中出现的辛卯科举人杜元年、何文岐即是例证。同年，邻近的潼川州开始设立知州，盐亭县开始设立知县[44]，距离报恩寺较近的盐亭县民也有捐资题名出现在正殿里。顺治十一年（1654年）正月初一，这座汇集了乡、县几百名民众捐资捐材的建筑得以完成，施木主在题记中写下了"天下太平，干戈顿息"的祝愿，希望这座建筑能够"永镇乡邦"，以护佑乡民。

如前所述，正殿题记还有一个特点就是捐资的普通民众人数众多。以题记20为例，在一根五架随梁的下皮，写满了施财、施木功德主的名字，除去被遮挡的姓名也有将近160人。其上的五架梁题记19同样也写满了捐资人的姓名，除去被遮挡的姓名共计230余人。对整座建筑现存题记进行统计，捐资者题名超过1100人；此外还有40余人留有姓名，但未写明是否捐资；题记中还有已故亲属和僧人的题名，总计60余人，故整座建筑题名超过1200人。在众多的捐资者题名中，通常是以家族为单位悉数题写，有的会写明亲属关系，有的没有写明，但从姓氏和字辈推测是有血缘关系的族人。同姓题名成组出现，可见在建筑的修建过程中，仍是以基层家族捐资、捐木为主要来源。报恩寺在战后百废待兴之时进行如此大规模的筹资营建，实属不易。

四　结　语

结合题记和建筑现有形制，可以判定报恩寺正殿是一座建于清顺治十一年（1654年）的纪年建筑。当时的四川，清政府只占据了川北，但作为清廷据点的保宁府地区，局势趋于稳定，民生开始恢复，南部县报恩寺正殿正是在这样的历史背景下由当地民众筹资修建的。

元明时期的许多四川建筑，其平面采用"回"字形布局。通常，建筑的次间面阔会与前进进深保持一致，这样金柱、檐柱和角柱之间会构成正方形的角间，角梁可以直接搭在金柱上，歇山出际也从金柱向外开始。但在报恩寺正殿中，角间是长方形，角梁后尾不再入金柱，而是插入顺梁所承瓜柱。通过这样的结构，使得室内空间增大，柱网也呈现出了通面阔大于通进深的效果。

另外在这座建筑中，已经开始使用抬担式梁架结构。经过现场调查，可以确认柱头与梁架之间的交接关系没有后期更改的痕迹。抬担式结构是四川清代建筑的一个定式，由此例可见，报恩寺的工匠和捐资人都是南部县本地人，这种做法很有可能是在本地明代晚期建筑的基础上发展而来的。

总之，明末清初时期既是四川社会历史的重要转折点，也是四川古建筑发生重大变革的一个时期。南部报恩寺正殿完成于顺治十一年（1654年），是一座处于变革期的珍贵纪年建筑，它保存的许多形制做法，仍有待深入研究和比对，期待能在四川地区发现更多这一时期的建筑，从而更好地厘清四川建筑明清之变的细节。

---

[44]（清）张松孙修《潼川府志》卷五《职官》，乾隆五十年刊本，中国国家图书馆藏。

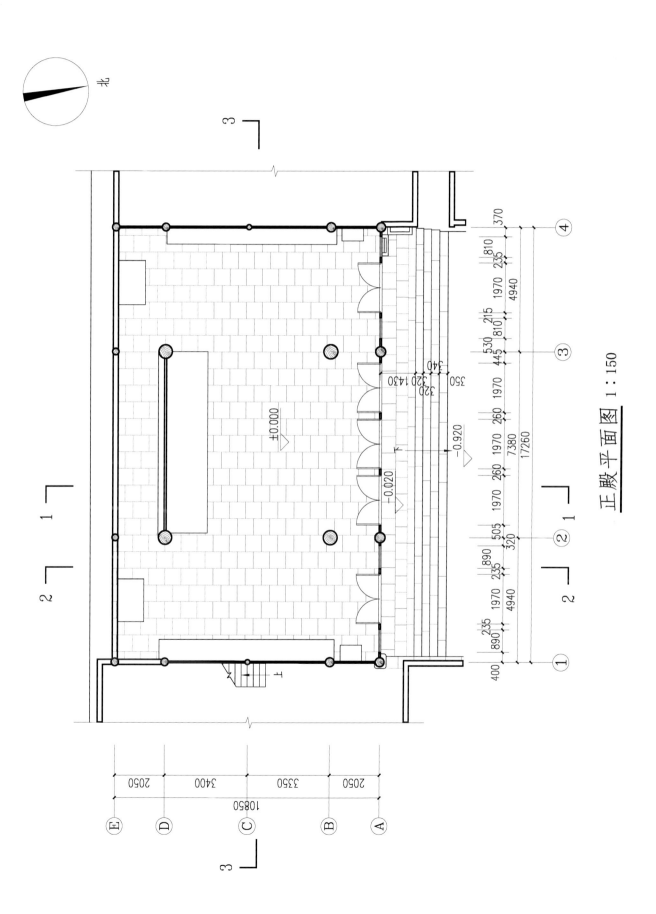

正殿平面图 1:150

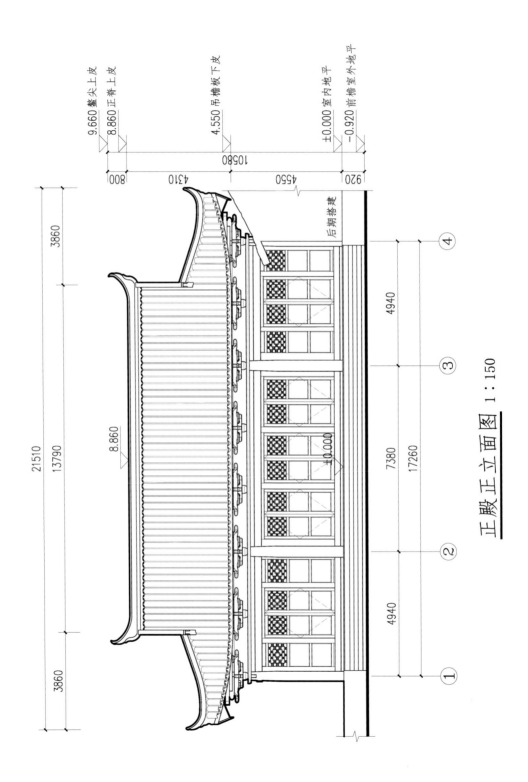

正殿正立面图 1∶150

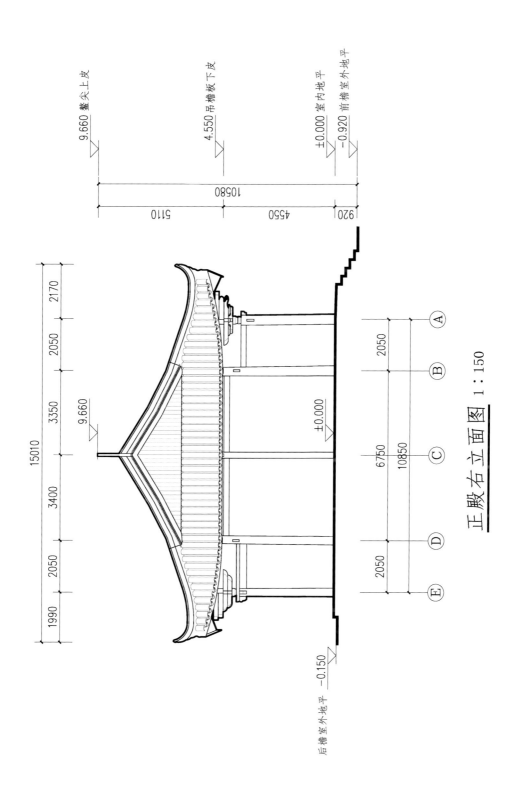

正殿右立面图 1：150

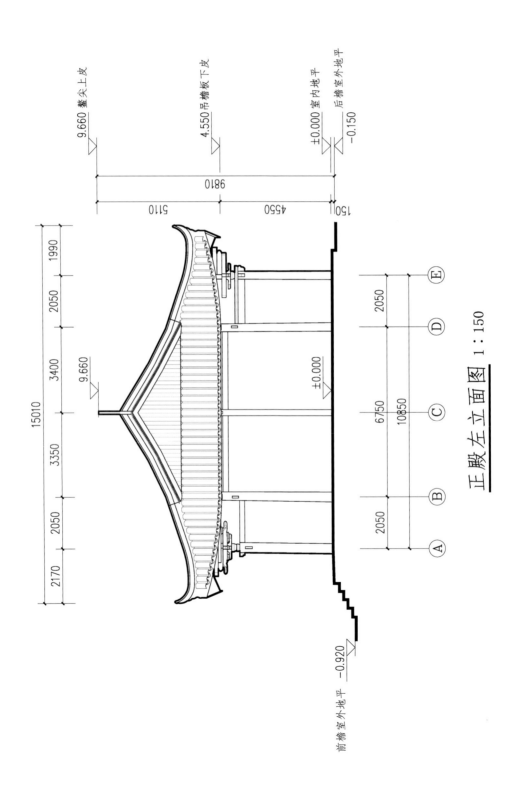

正殿左立面图　1∶150

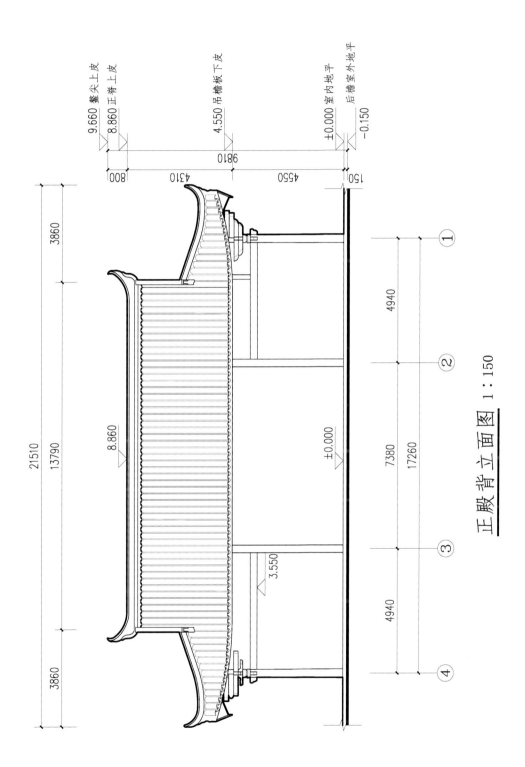

正殿背立面图 1:150

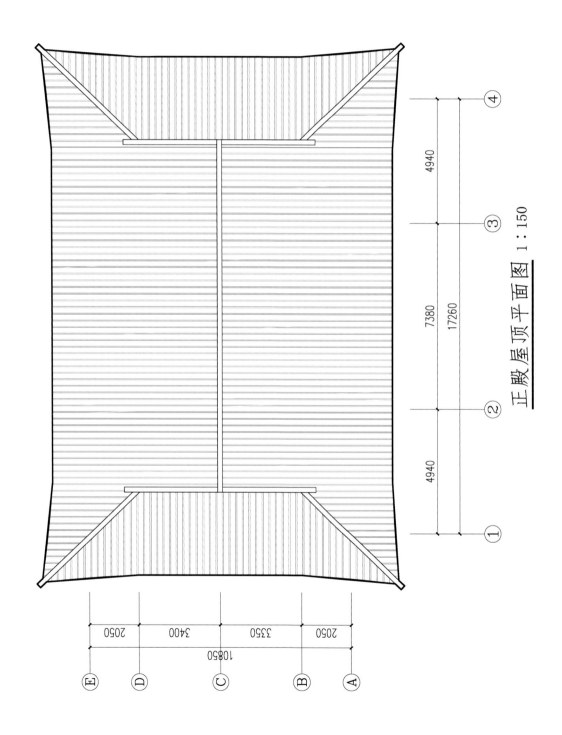

正殿屋顶平面图 1：150

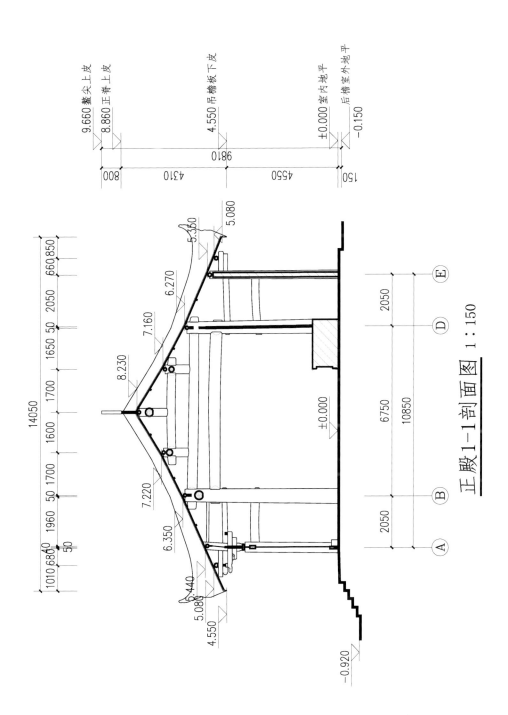

正殿1-1剖面图　1：150

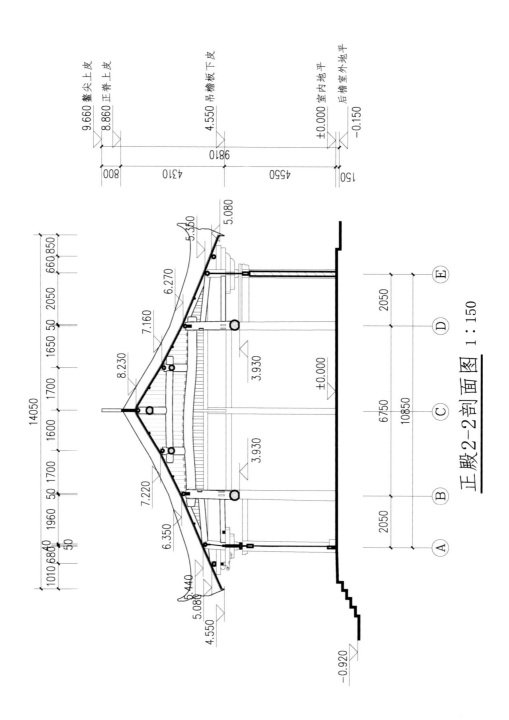

正殿2-2剖面图　1∶150

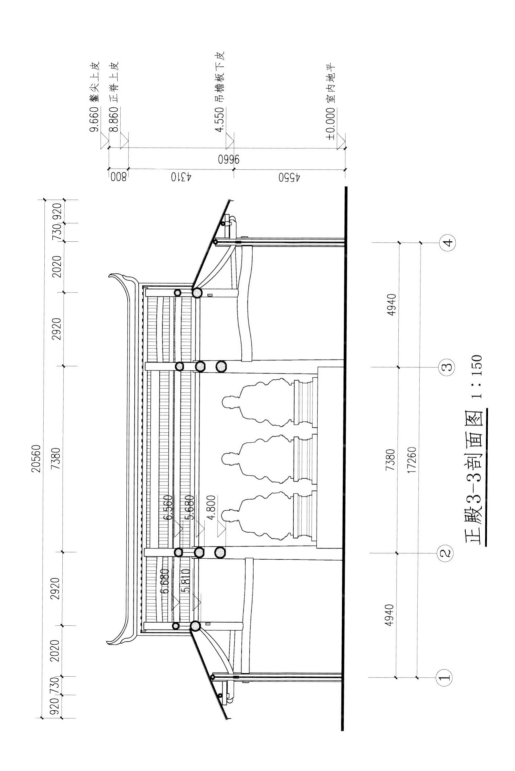

正殿3-3剖面图 1 : 150

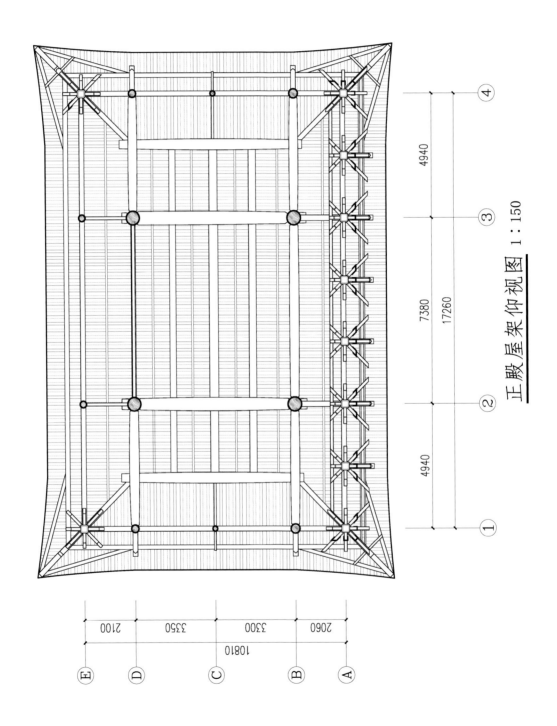

正殿屋架仰视图 1 : 150

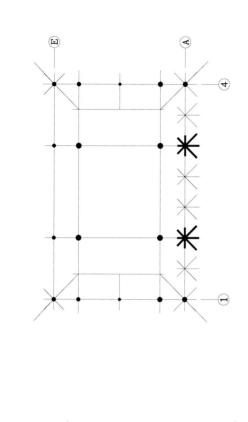

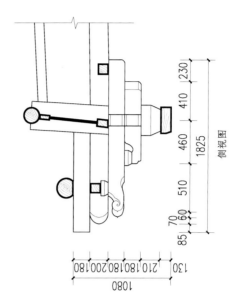

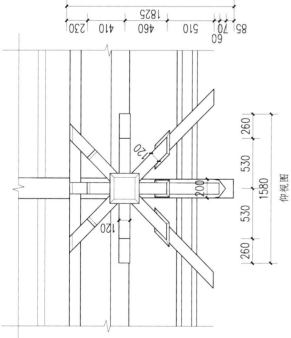

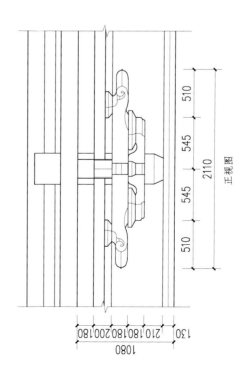

正殿前檐柱头科 1：40

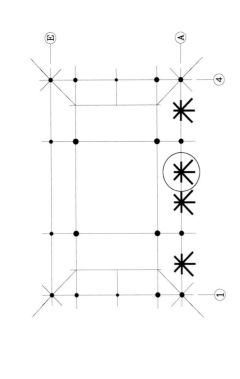

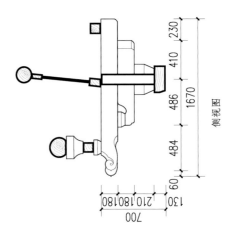

側視圖

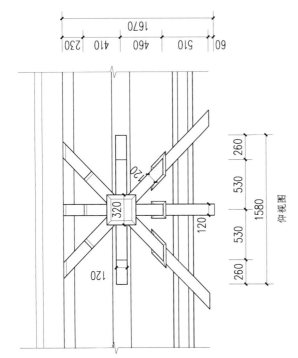

仰視圖

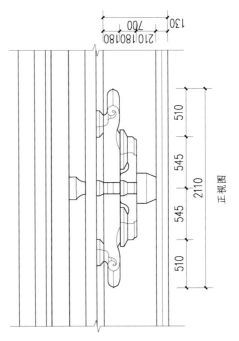

正視圖

正殿前檐平身科　1∶40

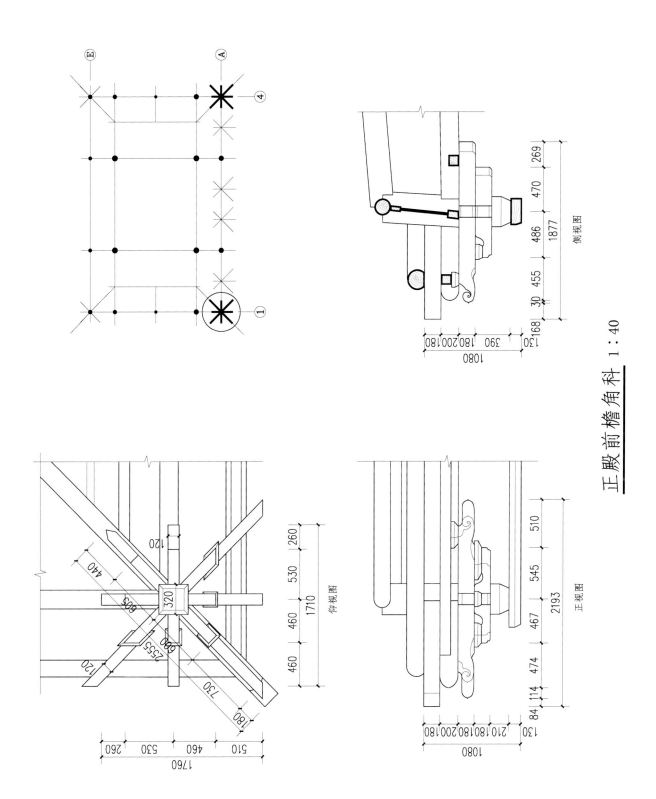

正殿前檐角科 1∶40

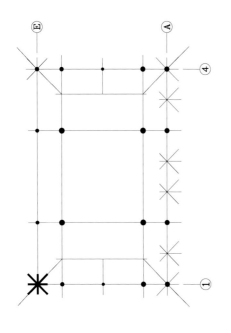

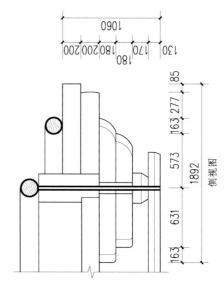

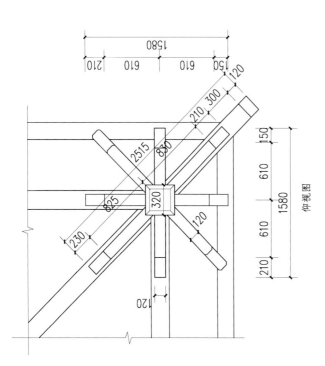

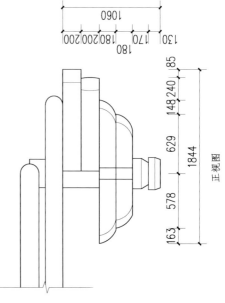

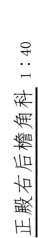

正殿右后檐角科　1∶40

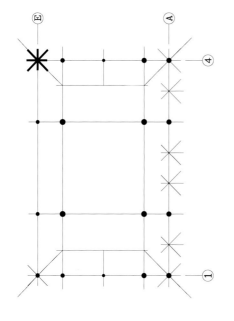

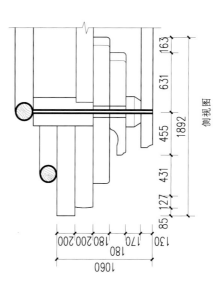

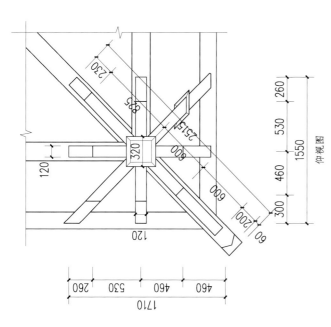

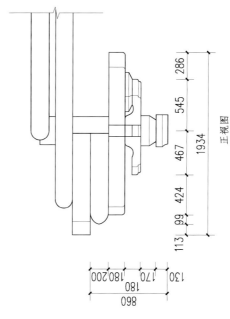

正殿左后檐角科　1：40

浏览全景照片
请扫描以上二维码

盐亭花林寺

　　花林寺位于四川省盐亭县东北约 35 公里的富驿镇火星村，现仅存大殿一座。成都文物考古研究院于 2011 年 5 月、2012 年 2 月修缮期间、2015 年 3 月、2016 年 12 月、2018 年 3 月多次赴实地调查，发现大殿内有"大元……辛亥年"题记，确认花林寺大殿为建于元至大四年（1311 年）的纪年木构建筑，曾刊发《四川盐亭新发现的元代建筑花林寺大殿》一文[1]，现根据后续调查成果予以修正和增补。

一　历史沿革

　　花林寺所在地在唐宋时期属阆州西水县。西水县在北宋元丰三年（1080 年）时，辖四乡及晋安、木奴、玉山、花林、永安、金仙六镇[2]，花林寺位置可能属于花林镇。元至元十三年（1276 年）罢阆州置保宁府，至元二十年（1283 年），撤新井、新政、西水三县并入南部县，西水可能降为乡，花林寺属西水进善里。明清两代南部县仍隶保宁府，明代下辖安仁、政教、全兴、临江、永丰、宣化、崇教、仁丰、积善九乡[3]，清代下辖安仁、永丰、政教、宣化、金兴、临江、崇教、积上、积下、富义十乡[4]，花林寺位于永丰乡丘垭场南[5]，隔弥江与富村驿交界（图 1）。民国二十四年（1935 年）

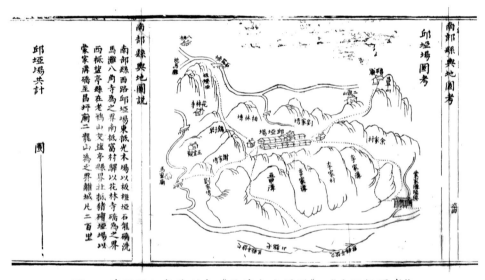

图 1　清同治八年重刊本《县境分方图说》"丘垭场图考"

[1] 蔡宇琨、赵元祥、张宇：《四川盐亭新发现的元代建筑花林寺大殿》，《文物》2017 年第 11 期。

[2] （宋）王存撰，魏嵩山、王文楚点校《元丰九域志》卷八，中华书局，1984，第 357 页。

[3] （明）杨思震纂修《保宁府志》卷一"疆域"条，嘉靖二十二年刊本，中国国家图书馆藏。

[4] （清）王瑞庆等修《南部县志》卷二"市镇"条，道光二十九年刊本，中国国家图书馆藏。

[5] （清）朱凤檦《县境分方图说》"南部县舆地图考·邱垭场图考"，同治八年重刊本，中国国家图书馆藏。

实行联保制，设丘花联保，民国二十九年（1940年）置丘垭乡。1950年，南部县划为12区，第9区设花林乡[6]。1953年，花林乡划归盐亭县，属富驿区。1985年，废区改富驿镇。1992年，撤销花林乡，归属富驿镇至今[7]。富驿镇在明代为富村驿，是军管驿站，不属于南部县或盐亭县，由保宁守御千户所派百户一员驻守[8]。富村驿百户由王姓世袭，相传为明初建国元勋定远侯王弼的后代，清代废除世袭百户，富村驿划归南部县[9]。

清道光《南部县志》载，花林寺"建自唐朝"[10]。据现存大殿内各时期题记，大殿创建于元至大四年（1311年），当时寺名为兜率寺，是李昌祖、蒲氏夫妇为儿子李德荣出家修建。后于明洪武三十一年（1398年）、嘉靖五年（1526年）、万历二十一年（1593年）、万历四十年（1612年）、清雍正二年（1724年）等时期维修，为刘、李、蒲三姓的香火寺，1952年佛教活动终止后，一直作为花林小学使用。以前因看到大殿内有"大明万历"题记，文物部门一直将其登记为明代建筑。2012年，花林寺进行了修缮，并被公布为四川省文物保护单位。2015年发现元代纪年题记后，花林寺于2019年被公布为第八批全国重点文物保护单位，公布年代修正为元代。

二 地理区位及寺院布局

花林寺地处川北丘陵地带、弥江上游，寺院建于古（鼓）楼山南麓，坐北朝南，弥江自东向西从寺前流过，一条支流在寺院西侧自北向南汇入弥江。花林寺依山而建，三层台地渐次升高，从乡村公路登上约5米高的台阶为第一层台地，原有山门、厢房等建筑，现为花林小学校门及校舍；再上约1.7米高的台阶为第二层台地，建有花林寺大殿，两侧为新建校舍；大殿后原有台阶直通第三层台地，现被东西向道路占压，形成陡坎，道路北侧残存部分台阶。第三层台地上新建有楼房和殿宇，现称"花莲寺"，包括观音殿、白居易纪念亭、碑亭等仿古建筑。碑亭内有1994年竖立的四面方碑，碑文由当地文史学者刘泰焰、刘太新撰写，介绍了花林寺及周边地区的历史传说。寺后的古楼山上丘冢林立，是当地较集中的一处墓地（图2）。在古楼山一脉向北延伸七八公里的山脊上，有另一处元代建筑——南部县醴峰观。

[6]四川省南部县志编纂委员会编纂《南部县志》，四川人民出版社，1994，第49~54页。

[7]盐亭县党史县志办公室编《盐亭县志（1986—2007）》，北京燕山出版社，2017，第75页。

[8]（明）杨思震纂修《保宁府志》卷四"驿传"条，嘉靖二十二年刊本，中国国家图书馆藏。

[9]富驿镇元宝山上有王弼衣冠墓，墓碑立于清光绪十二年，刻有王姓族谱。

[10]（清）王瑞庆等修《南部县志》卷二"寺观"条，道光二十九年刊本，中国国家图书馆藏。

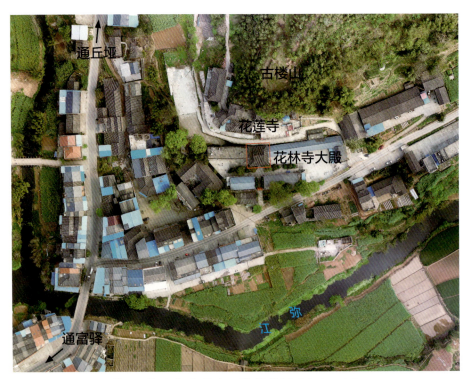

图 2　花林寺及周边环境航拍图（上北下南）

三　大殿结构形制

（一）平面

大殿坐北朝南，平面近正方形，面阔三间，通面阔 11、明间 6.8、次间 2.1 米；进深六椽，通进深 10.92 米，山面用五柱，从前至后各间深 2.1、3.36、3.36、2.1 米。从前至后各椽平长依次为 2.1、1.65、1.65、1.65、1.65、2.1 米。前进一椽为前廊，前檐采用减柱造，后期添加两根撑柱。大殿建于高 1.72 米的台基上，台基正面为条石砌筑，中间设踏步，水泥抹面。台基分为两层，下层前部辟为花坛，后部紧贴上层台基立石栏杆，栏板上有刻字，但风化剥落严重。地面为 2012 年修缮新铺的青石板，室内地面较前廊抬高，使室内柱根埋入地下（图 3、4）。

（二）柱额

大殿有 4 根内柱，12 根檐柱以及 2 根后期添加的撑柱。檐柱和内柱柱头通常四面做钟形砍杀（年代较早的后期更换也保持了此种做法），而左缝后檐柱和左后角柱为较晚的后期更换，柱头无卷杀（图 5）。柱径大多 45～50 厘米，山面檐柱多被包在墙内，露出的 2 根均柱径 40 厘米，后檐更换过的 2 根柱径 42～43 厘米，前檐撑柱柱径 36 厘米。各柱带侧脚，同时整体略向东南方倾斜，内柱侧脚约 2%，角柱生起 4～5 厘米。

柱础仅前檐保存较好。2 根角柱有二至三层不同时期、不同形制相叠压的柱础，显示该建筑有过多次维修。后加 2 根撑柱柱础形制一致，做工规整（图 6）。露出地表的其他柱础大多为后期垫入的圆盘形石块。

图 3　大殿正面

图 4　大殿侧面

图 5　左后角柱和左缝后檐柱

a. 右前角柱柱础

b. 左前角柱柱础

c. 前檐后加撑柱柱础

图 6　大殿柱础

图7　更换前的后檐明间由额　　　　　　图8　大殿背面

图9　前内柱间门额、内额背面

　　前檐2根角柱之间施圆形断面的檐额，肩部做钟形砍杀，檐额下两端施绰幕枋，绰幕枋被后期石灰包裹，具体造型及是否有雕饰皆未知。檐额和绰幕枋均做直榫穿透柱子，出榫截平。前檐柱至山面第二根檐柱上施普拍枋，断面呈扁平斗形，至角相交出头。前檐普拍枋分为两段，在明间中央断开，普拍枋与檐额间填以垫板。山面至后檐檐柱间施阑额和由额。阑额为矩形断面，半榫入柱，与柱头相交处按柱头砍杀曲线形状做出榫肩。后檐全部阑额和左山后阑额为后期更换，不做榫肩，其中左山后阑额榫头穿过角柱并加木销固定。由额断面大多为矩形，直榫入柱。前廊较山面其他由额位置略低，后檐由额位置比其他都高。后檐明间由额为2012年更换，更换前断面圆形，肩部略包住柱身再斜杀（图7），可能是清代构件。后檐明间由额上施2根鹰嘴蜀柱以承补间铺作，其中左侧一根柱头四面做钟形砍杀，右侧一根为2012年更换，柱头未做卷杀（图8）。

　　前内柱轴线上设门窗，三间各于柱中施两道紧贴的门额。其中，明间下层门额正面贴有雕花板，雕龙凤日月图案，雕工粗劣，应为后期添加。2根前内柱柱头间施内额和普拍枋，普拍枋两端插入柱头，

图 10　左缝梁架

图 11　前、后内柱间顺栿串、额枋

图 12　屋内额下绰幕枋

断面外侧呈斗形，内侧平直。门额与内额间以竹编抹泥作隔截（图 9）。

　　前、后内柱间以圆形断面的粗大顺栿串拉结，顺栿串中间施鹰嘴蜀柱，内柱与蜀柱柱头间施额枋（图 10），额枋两端随柱头砍杀曲线做出榫肩（图 11）。东、西缝蜀柱之间以圆形断面的屋内额拉结，额下施一对卷草形绰幕枋（图 12）。顺栿串和屋内额肩部均做钟形砍杀。

图 13　后内柱间屋内额

后内柱柱头间施圆形断面的屋内额，肩部斜杀，可能为明代更换，额底面有 5 个卯眼痕迹（图 13），推测后内柱间原有隔截壁。后内柱与相对的山面、后檐 4 根檐柱间施矩形断面的顺栿串，后檐顺栿串较山面的位置更低。

（三）梁架

四椽栿两端做扁平榫头插入下平槫，四椽栿断面圆形，与槫接近，山面檐椽尾部即钉于栿上。四椽栿中央立蜀柱，柱底做钟形砍杀。四椽栿上前、后各施方形垫块承劄牵，上承上平槫，劄牵尾部入蜀柱，肩部做钟形砍杀（图 14）。左、右蜀柱间施顺脊串，为明万历年间更换，肩部斜杀，蜀柱上承脊槫（图 15）。明间补间铺作分位上，在下平槫和顺脊串之间搭有 2 组大叉手，其中右侧的一组用材较厚，表面平整，转折处抹棱，上平槫下的位置开矩形榫口，应为原构；左侧的一组用材较薄，加工粗糙，侧面留有锯痕，锯痕有角度变化，说明为手工锯解，上平槫下无榫口，应为后期更换。大叉手下端扣在下平槫上，上端交叉搭在顺脊串上并承托脊槫，中段承托上平槫（图 16）。从受力来看，这种大叉手实际起到的是梁栿的作用。大叉手和劄牵在上平槫下的位置，都有矩形榫口，可能原有素枋贴于槫下。

翼角做法为大角梁后尾压在内檐转角铺作泥道栱交角上，前端搭在檐槫及椽檐枋交角上，梁背上

图 14　左缝四椽栿以上梁架

图 15　室内明间梁架

图 16　右缝梁架

图 17　右前角梁

a. 修缮前（2011 年）

b. 修缮后（2016 年）

图 18　右前翼角修缮前后

安隐角梁（图 17）。角梁两侧在橑檐枋和檐槫上安生头木。槫上钉矩形断面椽，翼角处平行布椽。2012 年修缮前，角梁两侧钉虾须；修缮后，角梁、檐椽都被锯短，取消虾须，并在角梁上增加大刀木，檐椽上增加飞椽（图 18、19）。山面出际修缮前为 5 根椽，修缮后锯短了脊槫和上、下平槫，出际

图 19　修缮时锯短前檐椽头

图 20　修缮时锯短脊槫

减为 3 根椽（图 20）。

　　屋面做法修缮前为冷摊小青瓦屋面，檐头残存少量滴水瓦，正脊、垂脊、戗脊为简单的叠瓦脊；修缮后，改为椽上先铺望瓦，翼角处钉望板，上铺筒瓦屋面，烧制脊饰，山面增加了博脊、山花板、排山勾滴等。右山屋檐因教学楼侵占，屋面长度较其他三面略短，檐口抵至教学楼外墙，做天沟排水。

（四）斗栱

1. 外檐铺作

　　大殿外檐铺作共 18 朵，按"前繁后简"的原则布置。前廊位置的铺作（即前檐至山面第一朵柱头铺作）施于普拍枋上，为五铺作双杪出两跳斜栱。其余外檐铺作则直接施于柱头上，减一跳为斗口跳不出斜栱。斗栱材厚 130、单材广 190、足材广 290 毫米，约合六等材，檐槫、牛脊槫下的素枋及椽檐枋用材略小。

　　前廊铺作皆为五铺作双杪单栱计心造，正面柱头铺作 2 朵、补间铺作 2 朵、转角铺作 2 朵、山面前柱头铺作 2 朵，等距排布，朵当约 2180~2190 毫米。扶壁栱组合为"单栱＋素枋＋素枋＋槫"，两层素枋之间每个朵当等距布置 5 个散斗。跳头皆不施令栱，直接承椽檐枋。华栱、角华栱皆用足材，泥道栱、瓜子栱、斜栱等皆用单材，栱端做四瓣卷杀。不同部位的铺作通过不同的斜栱组合，形成丰富多变的立面形象（图 21~23）。

　　因前檐减柱，前檐柱头铺作下并无檐柱，正向出华栱两跳，第一跳华栱跳头施六边形交互斗，上承瓜子栱，栱端刻作蝉肚状，栱头施五边形散斗，上承素枋、牛脊槫。又自栌斗心斜向 45°出小栱头，上施散斗。第二跳华栱两侧自泥道慢栱经小栱头和第一跳华栱跳头，向 45°出斜栱，栱头抹斜，上施平行四边形散斗，与华栱一同承椽檐枋。里转第一跳为华栱，第二跳为劄牵，劄牵后尾做半榫入内柱（图 24）。从左缝劄牵露出的榫头来看，半榫下部做成带袖肩的燕尾榫，推测内柱上榫口较劄牵略高，

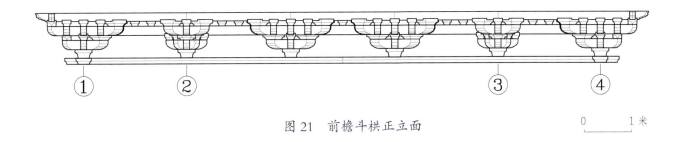

图 21　前檐斗栱正立面　　　　0　　1 米

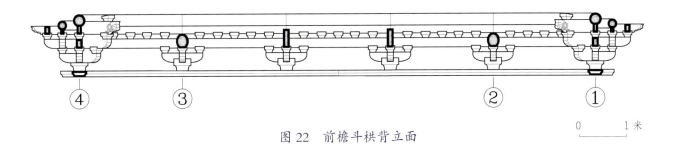

图 22　前檐斗栱背立面　　　　0　　1 米

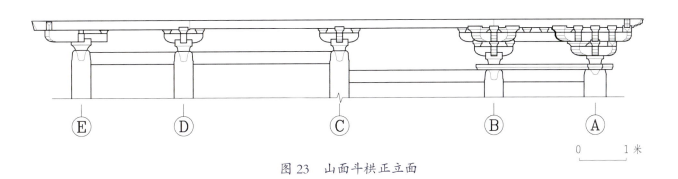

图 23　山面斗栱正立面　　　　0　　1 米

a. 柱头铺作外跳

b. 柱头铺作里跳

图 24　前檐柱头铺作

榫头从榫口上部横向插入，再向下落入燕尾榫中，再将榫口上部的空隙用木楔填实（图25）。由于劄牵前端的华栱头卷杀不甚规整，这种使用燕尾榫的做法可能是后期更换时改动的。

前檐补间铺作正向出华栱两跳，华栱两侧自栌斗心向45°出斜栱两跳，栱头抹斜。第一跳三个栱头上共同承一长横栱，栱头向后抹斜，上承素枋和牛脊槫。斜栱和长横栱上散斗皆为平行四边形。

又自泥道素枋经第一跳斜栱头上出华栱一跳，即第二跳共有五个栱头一同承橑檐枋。里转出华栱一跳，第二跳华栱后尾挑斡向上伸至屋内额上，作华栱头入内檐铺作。两朵补间铺作的挑斡均写有题记，题记年代判断为明代，且挑斡后尾的内檐铺作也有明显后期更换的构件（图26）。

前檐转角铺作正、侧外观与前檐补间铺作类似，泥道栱、素枋与华栱出跳相列。沿角梁方向自栌斗出两跳角华栱，跳头施"鬼斗"。与角梁

图25　左缝前劄牵与内柱间榫卯

a. 补间铺作外跳

b. 补间铺作里跳

图26　前檐补间铺作

a. 转角铺作外跳

b. 转角铺作里跳

图27　前檐转角铺作

图 28　右山前柱头铺作

图 29　左山前柱头铺作

a. 右山中柱柱头铺作外跳

b. 左山中柱柱头铺作里跳

图 30　中柱柱头铺作

垂直方向两侧出斜栱两跳，栱头抹斜，上施平行四边形散斗。第一跳上承横栱与华栱出跳相列，横栱头向后抹斜，上承素枋和牛脊槫。又自泥道慢栱经第一跳斜栱头上再出华栱一跳，即第二跳每面有五个栱头一同承橑檐枋。橑檐枋相交出头，仅左前角保存较好，刻三瓣头。里转出三跳角华栱，第三跳栱头雕卷云纹，上施小斗承角梁（图 27）。

山面前柱头铺作自栌斗出华栱两跳。第一跳上承瓜子栱，左山栱头抹斜（栱身只剩下半，上半垫木条承散斗），而右山栱头不抹斜，上承素枋、牛脊槫。跳头上两侧出斜栱，与第二跳华栱一同承橑檐枋。扶壁栱朝前檐的一侧为单栱素枋，朝后檐的一侧为重栱素枋，泥道慢栱与山面后部柱头铺作的泥道瓜栱等高，栱头上施两个散斗。里转第一跳出华栱，第二跳为丁栿，梁尾入内柱（图 28、29）。

山面中柱至后檐铺作包括柱头铺作 6 朵、后檐明间补间铺作 2 朵、转角铺作 2 朵，均为斗口跳，直接施于柱头，扶壁栱组合为"单栱 + 素枋 + 槫"。这些斗栱出跳长相当于前檐的两跳，斗栱下的柱子顶端较前廊檐柱高出一个普拍枋加一材一栔的高度，因此四面橑檐枋能够在同一平面交圈。

山面中柱柱头铺作自栌斗口出华栱一跳，上施交互斗承橑檐枋，后尾做挑斡入内檐铺作（图 30）。

其他柱头铺作跳头自栌斗口伸出，后尾为劄牵。其中只有左山后柱头铺作为原构，跳头做华栱头，栱头留有安装交互斗的缺口，上承橑檐枋（图31）。右山后柱头铺作栌斗为后期更换的长方形斗，跳头直截，后檐两劄牵分别有明洪武、清雍正题记，跳头只做简单砍杀，均直接承橑檐枋。后檐两柱头铺作的栌斗均为2012年修缮更换，被换为年轮朝前的截纹斗（图32、33）。

后檐补间铺作施于蜀柱上，跳头自栌斗口伸出，栱端三面向下斜杀，直接承后期更换的挑檐檩，后尾做挑斡入内檐铺作（图34）。山面中柱柱头铺作和后檐补间铺作后尾共4根挑斡下都有元代题记，可确认为原构。

后檐转角铺作栌斗为长方形，泥道栱和华栱端头直截，均为后期更换，只有右后转角铺作的角华栱带卷杀，里转刻两瓣头，可能是原构。橑檐枋仅右后角保存较好，端头三面斜杀（图35）。

图31　左山后柱头铺作　　　图32　右缝后檐柱头铺作　　　图33　左缝后檐柱头铺作
　　　　　　　　　　　　　　　（明洪武三十一年）　　　　　　（清雍正二年）

a.补间铺作外跳　　　　　　　　　　　b.补间铺作里跳

图34　后檐补间铺作

a. 转角铺作外跳

b. 转角铺作里跳

图 35　右后转角铺作

图 36　右后内柱转角铺作外跳

图 37　左后内柱转角铺作外跳

2. 内檐铺作

内檐铺作施于 4 根内柱及其之间的内额和蜀柱上,现存转角铺作 4 朵、补间铺作 14 朵。内檐铺作栌斗较外檐铺作略小,但泥道栱和华栱自栌斗口伸出的长度与外檐铺作相同,栱端通常做 5 瓣卷杀。

转角铺作施于内柱上,栌斗十字开口,泥道单栱素枋,顺栿方向外跳出三面斜杀的耍头,角梁后尾压在泥道栱交角上(图 36、37)。其中,左前转角铺作栌斗呈长方形,栱端卷杀不规范,耍头为直截,应为后期更换(图 38)。右前转角铺作栌斗较其他内檐铺作略大,与外檐铺作栌斗规格相同。

补间铺作施于内柱之间的内额和蜀柱上。前、后内额上的 4 朵和左、右缝蜀柱上的 2 朵与外檐铺作相对,栌斗十字开口,外檐铺作后尾挑斡入栌斗口,与泥道栱相交,出为华栱头。其中,前内额上的 2 朵经后期更换,挑斡都有明代题记,右侧铺作栌斗呈长方形,泥道栱卷杀不规范,左侧铺作华栱头与挑斡分为两个构件,华栱头材厚仅 105 毫米,且侧面有倾斜的子荫,应是用其他建筑的

图 38　左前内柱转角铺作外跳

图 39　前内额上右侧铺作

图 40　前内额上左侧铺作

图 41　后内额上蜀柱

图 42　右缝内檐铺作

图 43　左缝内檐铺作

图 44　中内额上三处凹痕

下昂改制而成，该栱头的卷杀比其他栱头都要精致，每道卷杀转折线都刻一道直线（图 39、40）。后内额上除 2 朵铺作外，中央还立有一鹰嘴蜀柱，蜀柱两侧开有榫口，口内下部做燕尾榫，应为安装额枋的榫口，推测该蜀柱为别处移来（图 41）。左、右缝额枋上的 8 朵铺作，栌斗丁字开口，泥道单栱素枋，里跳出单杪丁头栱（图 42、43）。蜀柱之间的内额上有 3 处方形凹痕，凹痕中央有栽销，表明原有 3 朵铺作（图 44）。

　　内檐铺作里跳的栱头上都有栽销痕迹，原应有交互斗，泥道素枋上每边开有 5 个榫口，表明交互斗上原承算桯枋，纵横各 5 道，组成 6×6 的平棊格子（图 45）。左、右缝的泥道素枋侧面还开有一道楔形槽口，说明平棊背版为顺脊横铺，端头入此槽。

　　综合以上调查情况，可以初步分辨出斗栱中后期改修的构件。其中较明显的包括：栌斗改用平面为长方形的斗；栱端卷杀无折线形分瓣，而用平滑曲线或直截无卷杀；用材、雕饰等方面与

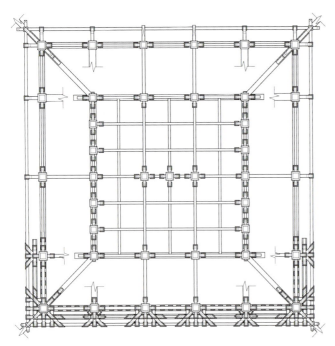

图 45　斗栱仰视复原图

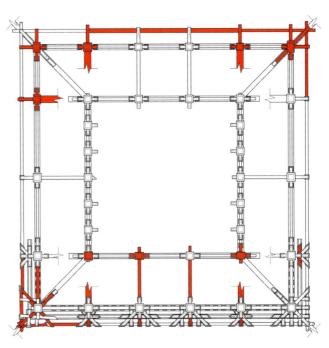

图 46　推测后期更换斗栱构件示意图（不含小斗）

图 47　前檐挑枋

图 48　山面挑枋前端

图 49　山面挑枋后尾

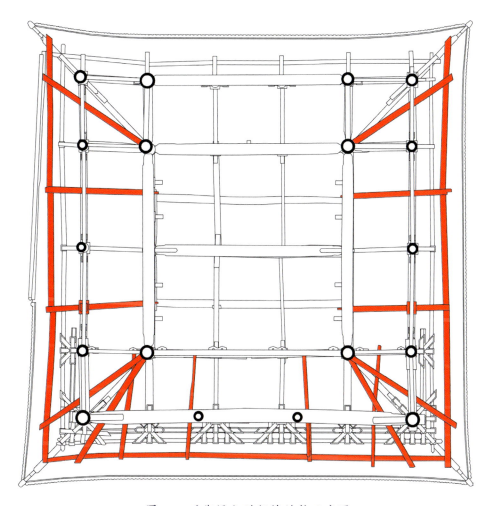

图 50　后期添加的挑檐结构示意图

同类构件明显不同；构件上有晚期题记等（图 46）。

3. 后期添加挑檐结构

　　明清时期还在大殿前檐和两山面增加了一套挑檐结构，共 14 根挑枋。前檐从门额上的撑枋向前伸出 4 根挑枋，从前内柱向转角铺作两侧斜向伸出 4 根挑枋（图 47），其中 2 根挑枋有明万历四十年（1612 年）题记。山面中间两间各增加 1 根挑枋，前端搭在阑额上或在阑额上垫大斗承挑枋，尾部穿在内柱顺栿串与内额间增加的蜀柱上（图 48、49），蜀柱的碳十四测年结果为清代。后内柱向转角铺作山面一侧斜向出挑枋。三面的挑枋端头在橑檐枋外另承一道挑檐檩承托屋檐（图 50）。

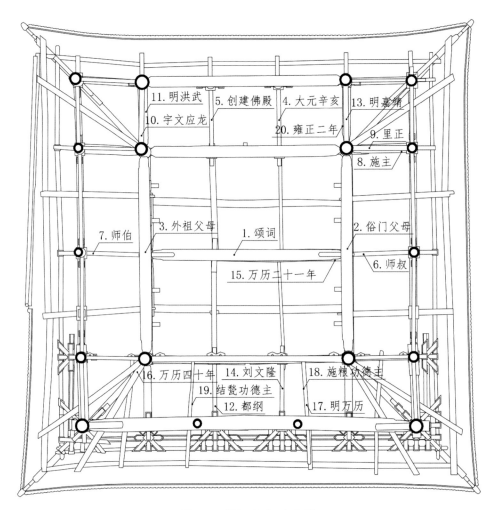

11.明洪武   5.创建佛殿   4.大元辛亥   13.明嘉靖
10.宇文应龙   20.雍正二年   9.里正
                                       8.施主

7.师伯   3.外祖父母   1.颂词   2.俗门父母
                                  6.师叔
         15.万历二十一年

16.万历四十年   14.刘文隆   18.施粮功德主
   19.结甃功德主
   12.都纲   17.明万历

图 51　题记分布示意图

四　题　记

（一）构件题记

大殿构件上有众多墨书题记，其中保存较完整的有 20 条，录文如下[11]（图 51、53~55）。

1. 中屋内额

上祝今上皇帝，圣寿无疆，太子大王，金枝永茂。伏愿皇图巩固，帝祚延长。

题记 1 为颂词，其中"今上皇帝"四字为朱书，"太子大王"是元代特有的称谓。

2. 左缝中进顺栿串

---

[11] 题记碑刻录文中，"□"表缺一字，"……"表无法判断字数的缺字，"｜"
表换行，一行内又分多行的，多行内容外加"［　］"，各行用"｜"隔开，
如果多行的各行内又分多行，则用"（｜）"套"［　］"的方式表示，"（　）"
内文字表根据文义或其他文献补足的缺字。

当方专掌修造俗门父母李昌祖、蒲氏，上同祖父母李继先、苟氏，俗弟李德华、何氏一家等，乃为舍男出家发心，谨备资粮，命子重新建立。主盟叔父母［□^[12]成祖、何氏，李昌才、何氏，」蒲绍元、周氏，李嗣祖、魏氏；］姐丈［杜启佑、」李氏］等，同备钱粮，赞成修造，惟冀门业兴隆，子孙昌盛者，谨题。

3．右缝中进顺栿串

主盟修造俗门［外祖父母蒲志兴、蔡氏；俗舅范伯祥、杨氏，蒲德祥、李氏，蒲应祥、何氏，何保祥、程氏；」伯父母谢大铸、蒲氏，何大兴、宇文氏；姑丈何大荣、李氏，何大昌、李氏，王道传、李氏，何大纯、李氏］各家等，舍施钱粮，赞成修造，惟冀前程光大，仕路亨通者。俗门姑婆胡氏元娘子，伯婆雍氏□娘子，各舍资金，惟冀晚年□健，寿筭□□，谨题。

4．后檐左挑斡

维大元保宁府南部县西水进善里弟子李昌祖、蒲氏，［男李德华、妇何氏，」女保秀、福秀、真秀］一家等，意者乃为男德荣灾障，于辛亥年舍于　下接题记5

5．后檐右挑斡

上接题记4　当方兜率寺披剃出家焚献，谨备钱粮材□□瓦板钉，命本乡都料杨荣显等，重新创建佛殿一所，以酬前志，永光福地。

题记2~5记载了此殿创建的缘由、年代及主要参与者。题记4、5应连为一整句，记载李昌祖一家为儿子李德荣消灾，于元代辛亥年，即至大四年（1311年）将其舍至兜率寺出家，因此创建佛殿。从中可知花林寺当时名为兜率寺。据《佛说弥勒大成佛经》等经典，弥勒菩萨从兜率天下生翅头末城，在花林园龙花树下成佛，说法三会，普度大众，"兜率"和"花林"都与弥勒信仰相关，花林寺的创建可能确如方志记载始于弥勒信仰盛行的唐代，大殿的主尊可能也是弥勒佛。题记2、3为李德荣俗家亲属的祈愿题记，这些亲属主要来自父族李姓、母族蒲姓以及与李姓联姻的何姓，此何姓恰是主持修建醴峰观的家族，在醴峰观大殿的题记中也记录了何、李、蒲三姓的亲属，将两处建筑题记结合起来，可以得到三个家族较完整的谱系（图52）。谱系图中可见父子不同姓的情况，这是将儿子过继

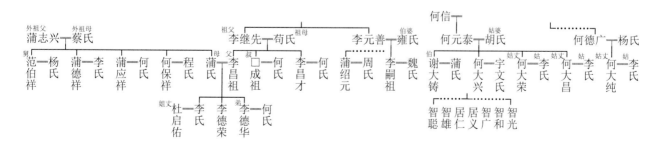

图52　李德荣亲属关系图

图 53　题记 T1~T10

T11　T12　T13　T14　　T15　　T16　T17　T20

图 54　题记 T11~T17、T20

T18

T19

图 55　题记 T18、T19

给其他家族造成的。《元典章》记载"南方士民为无孕嗣，多养他子以为义男，目即螟蛉，姓氏异同、昭穆当否一切不论"[13]。这种习俗一直延续到近代，如剑阁白兔村民国时期的《胡万荣墓志》记载胡万荣之子胡宗平与严氏结婚，因"他岳父无子，遂将宗平一子承二姓之宗祧"，取名严金胡，过继给严家，虽已改姓，但在墓志最后仍列为"孝孙严金胡"[14]。

6.左山挑幹

惠悟院师叔翁住持智惠、小师真辩，崇真宫住持道士何知常、小师杜得清等，惟冀修行有庆者。

7.右山挑幹

普济院师伯住持真觉，长讲沙门悟达，法眷悟德、悟心、悟道、愈清等，惟冀法幢坚固者。

题记 6、7 为其他寺观僧道祈愿题记，这些僧道的名字大多也出现在醴峰观题记中，可印证皆为元代题记。其中惠悟院和普济院僧人与李德荣为同门，可推知德荣法名为"悟"字辈。

8.左山后丁枕

施主［宇文庭秀、王元珪、杨保安、刘承远、宇文泰、王世荣、杨德安、杨汝安、辛应龙、］杜文才、蒲元兴、杨保全、王继兴、程世华、李应炳、刘世昌、杜智荣、范子成］等，惟冀［耕桑有望，］福寿无穷。］

---

[13]《大元圣政国朝典章》典章十七户部卷三"承继·禁乞养异姓子"条，中国广播电视出版社，1998，第 645 页。

[14] 见本书《剑阁白兔寺》，第 23 页。

题记8中的"王元珪"也出现在醴峰观大殿题记中,可印证此题记也是元代题写。

9．左山后顺栿串

本乡里正社长［彭震午、李德闰、袁惠全、蒲愈荣、何震坤、蒲愈显、罗文翼、］□□□、何道立、杨复一、彭昌福、严焕章、何成祖、□□□］等,惟冀前程……

里正、社长为元代基层职事,明初改设里长,可知此题记为元代题写。

10．右缝后进顺栿串

［……□□宇文应龙……□政宇……张自兴,］……李自□、荀志全、文天祥、宋友智、蒙友才、德才］等……

11．右缝后进刳牵

大明洪武岁次戊寅冬月吉旦,本院更换修造比丘应藏,上侍亲教本师德真,［法兄应珤、］童行法性,］谨同十方众信等谨题。

12．前廊右挑斡

保宁府亲教都纲祖鉴,师弟续［坚、］兴,］师侄宗［表、］御、宗［良、］越,］衣禄寺［圆明、海惠、］宗禄、可聪,］灯传续焰者。

其中,祖鉴、续坚、续兴、宗御四人在明代先后担任保宁府僧纲司都纲[15]。宣德六年(1431年),祖鉴的前任都纲继成重修了阆中观音寺罗汉殿[16],弘治九年(1496年),祖鉴的后任都纲续坚再次重修阆中观音寺[17],说明花林寺在宣德六年(1431年)至弘治九年(1496年)之间曾有一次维修,这次维修的主持者是祖鉴的徒弟,续坚、续兴的师兄,一位"续"字辈的僧人。衣禄寺在盐亭县南16公里的玉龙镇龙门村衣禄山。

13．左缝后进顺栿串

维大明嘉靖五年岁在丙戌九月一日辛巳朔十四日甲午,重整□□功德主刘文［隆、］惠,］男刘思［□、］通,］刘思观,刘［敬、］□,］刘□……

14．前廊左挑斡

……主刘［永昇……谷一……］文隆、文□□一石五斗,□□瑛……刘文会、刘思□、刘……刘思□、刘思□……］□谨题。

题记14有多处"刘文某""刘思某"人名,与题记13中人名同字辈,推测年代与题记12或13同时,约在15世纪后半叶至16世纪初。

---

[15]（明）杨思震纂修《保宁府志》卷七《宦迹纪》,嘉靖二十二年刊本,中国国家图书馆藏。

[16]据阆中观音寺罗汉殿题记。

[17]（明）杨思震纂修《保宁府志》卷六《名胜纪》"观音寺"条,嘉靖二十二年刊本,中国国家图书馆藏。

15．顺脊串

分两段，分别由构件两端向中间书写。

大明万历二十一年岁次癸巳，十二月一日庚戌朔十一日庚申，明星黄道大吉良辰，当方专掌施资顶新换梁结甃功德主庞思银、李氏大、过化妻刘氏，谨同｛下男庞月松、董氏，庞月槐、刘氏，孙男庞［登］云］龙、［张］何］氏，府吏庞［胤］希］龙、何氏，现龙；｜□□花蓬善信范廷用、何氏，男范希［全、蒲氏，｜富、何氏，］孙男范元，出家孙三元、七元、腊元；｝［木］甃］匠｛庞月山、庞国［□、｜□］……｜向问、何仲杰……｝各家等，子孙世代兴隆。

本［庙］寺］僧［相容、普胤、普一、合山僧□□，｜普云、正明、圆珠、圆满、圆通；］□长：［李□□、李□、｜刘朝仁、李政阳］僧俗等。谨题。

此题记中的"功德主庞思银"也出现在南部县报恩寺大殿题记中。报恩寺在花林寺东北约10公里，建于清顺治十一年（1654年），大殿左缝三架梁题有"当方已故檀越庞思银"，说明庞思银主要活动在明代晚期，至清初已亡故[18]。庞思银之妻李氏、刘氏可能来自长期捐修花林寺的李家、刘家，这或许是他捐修花林寺的原因。"□□花蓬"首字为提手旁，第二字为皿字底，可能与"换梁结甃"类似，为修缮的某个项目，"蓬"或通"篷""棚"，与天花或棚彩作有关。

16．右前角挑枋

大明万历四十年三月初六日清明旦日，本山修造僧［普云、｜正明，］募化众信，整葺本殿。培枋梓匠盐邑梁月明，副作梁兴［俸、｜宜、］马文久等谨题。

17．前廊左挑枋底面

大明万历四十（年壬子正月）丙申朔十八日癸丑大吉良旦[19]。

18．前廊左挑枋侧面

本家施粮功德主｜刘廷珂、董氏，粮一硕、布一件；｜蒲京文、刘氏，粮一硕、布一件；｜刘正仁、李氏，粮壹硕；｜李月曜、张氏，粮一硕、银一钱□；｜刘朝富、蒲氏，粮一硕、银二钱；｜李月桂、蒲氏，粮一硕、布一件；｜刘希佩、李氏，粮壹硕；｜刘正邦、蒲氏，粮六斗、布一件、桐三斗；｜刘正朝、李氏，粮二斗、桐二斗；｜刘正义、何氏，□布壹件；｜蒲守忠、王氏，粮四斗；｜蒲守信、董氏，粮四斗；｜刘希桐、蒲氏，粮一硕、桐四斗；｜蒲守理、母刘氏，粮五斗；｜刘朝林、岳氏，粮弍斗；｜刘朝元、李氏，粮六斗；｜刘朝荣、刘氏，粮弍斗；｜刘朝伦、杨氏，粮弍斗；｜李先、刘氏，粮五斗；｜刘进兴、李氏，粮六斗；｜刘金倾、陈氏，

---

[18] 见本书《南部报恩寺》，第266页。

[19] 括号内文字模糊不清，据朔闰表推算补全。

粮式斗；」刘进春、男希德，粮式斗；」刘财器、李氏；」刘财华、何氏，桐子四斗；」刘财荣、李氏，桐油捌斤；」刘添元、杜氏，粮六斗；」刘廷甫、唐氏，粮四斗；」刘进、董氏，粮四斗；」蒲东海、刘氏，粮式斗；」刘正阳、蒲氏，粮四斗、纸四刀；」刘春元、李氏，粮四斗、纸四刀；」陈明东、男何陈宗，布一件；」刘俭、蒲氏，粮六斗；」王荣，工米四斗；」王时讨，工米式斗；」刘太顺、何氏，桐油十斤；」刘景琏，桐油叁斤；」刘忠孝，桐油十斤；」刘忠贤，桐油五斤。

19．前廊右挑枋侧面

本家施粮重整结」甃功德主李佩、何氏，」同男李□芳、何氏，」舍工粮式硕……」李瑶、王氏，粮……」李琳、杨氏，粮壹硕；」李廷威、刘氏，粮六斗、布一件；」李隆、刘氏，粮三斗、桐子三斗；」李智、袁氏，粮六斗、［银一钱、」桐子三斗；］」李尚贤、何氏，粮壹硕；」李尚德、冯氏，粮捌斗；」李安、魏氏，白布壹件；」李明□、冯氏，粮六斗、布一件；」李廷裕、蒲氏，粮四斗；」李国兴、蒲氏，粮四斗；」李明□、□氏，桐油五斤；」李……四斗」……斗」刘……斗」刘……」本邑里长李□德，布一件；」何……粮□硕；」李景升，男李大［□、」□，］粮一硕；」李廷龙粮五斗；」李廷虎粮五斗；」李廷文，粮五斗；」李廷武，粮五斗；」李□□粮六斗；」李希□粮六斗；」李□□□四斗；」刘朝武，桐油五斤；」刘财□油五斤；」刘财□油五斤；」□□□油四斤；」刘□□□油五斤；」刘……三斤；」……四斤；」李□□、李□言、」李进文、李□明」□各施桐子一斗。

题记18、19都面向建筑中轴，都是从内柱向檐柱方向书写，题记18竖写右行，题记19竖写左行，有可能是构件安装后才书写的，比同构件底面题记17的万历四十年（1612年）时间要晚，主要内容是施主们捐助财物的数量，物资种类有粮（以硕、斗计）、布（白布）（以件计）、银钱、桐（桐子，以斗计）、桐油（以斤计）、纸（以刀计）、工米（以斗计）。题记18施主以刘、蒲两家为主，偶有李、陈、王姓。题记19施主以李家为主，偶有刘姓。

20．左缝后进剳牵

维皇清雍正贰年岁在甲辰，孟秋望壹日壬子辰刻黄道，补修结甃施主刘、李、蒲，同缘｛业师了元，」募化主修觉海，」师叔了［玄、」法、」兴，］｝谨」题。

题记1~9可确认为元代题记，题记10年代不确定，题记11~20为明清历次修缮的题记，可知大殿在明洪武三十一年（1398年）、宣德六年（1431年）至弘治九年（1496年）之间、嘉靖五年（1526年）、万历二十一年（1593年）、万历四十年（1612年）、雍正二年（1724年）等时期经历过修缮。花林寺大殿最初为李德荣的父族李姓和母族蒲姓捐资建造，至明嘉靖五年（1526年），增加了刘姓家族为功德主，清雍正二年（1724年）的功德主为刘、李、蒲三姓，此三姓在题记18、19中称为"本家"功德主，表明花林寺与三个家族存在密切的关系，应属于家族香火寺。

这些题记还记录了不同时期花林寺僧人的师徒关系，加上南部报恩寺清顺治年间题记中提及的花林寺僧人，可整理出该寺历代僧人法脉流传情况（表1）。

表1　　　　　　　　　　　　　　　　　花林寺历代僧人法脉

年代	花林寺僧	法脉
元至大	李德荣（悟□）	智惠——真辩、真觉——悟达、悟德、悟心、悟道
明洪武	应藏	德真——应珌（宝）、应藏——法性
明宣德至弘治	续□	祖鉴——续坚、续兴——宗表、宗御、宗良、宗越
明万历	普云、正明等	相容——普胤、普一、普云——正明——圆珠、圆满、圆通
清顺治	惠方、惟惠、圆续	
清雍正	觉海	了元、了玄、了法、了兴——觉海

另外，在前廊右挑枋底面、右前角另一挑枋底面以及左缝前进剳牵上也发现有墨书痕迹，但未能辨认。

（二）栏板题记

殿前石栏杆有6块栏板，刻有铭文，竖排左行，每块12行，每行约5字，风化严重，内容似为诗文，面向大殿从右至左编为1~6号（图56）。

1. 栏板1

　　外……｜□地……｜侍……｜……｜……｜胜……｜偶名……

2. 栏板2

完全风化。

3. 栏板3

　　日照花……｜年鸣钟……｜击磬……｜灯相际……｜为盛神……｜布□间……｜门内清……｜雅寺……｜仙迹谁……｜玄□道……｜先德过……｜肃裳冕……

4. 栏板4

　　……｜……｜……｜门……｜云……｜阇……｜西……｜映……｜……｜间……

5. 栏板5

　　移……｜□□□旧□｜佛两廊夹□｜石□□仙四｜绕……｜歌……｜……｜限……｜告……｜此……

6. 栏板6

　　锦屏……｜山曲秀……｜周旋……｜峰前照……｜叠秀赛……｜巍□……｜明僧……｜美赐建……｜桥梁万古……｜门……｜三姓花……｜第一观……

图56　栏板4

五　彩　画

花林寺大殿部分木构件上保留有彩画痕迹。2根后内柱柱头绘有多道箍头，柱间屋内额中央残存佛像圆形头光的上半部分，两侧绘花卉，其上蜀柱绘莲花，斗栱也绘有彩画。殿内两山面的阑额绘蕉叶纹箍头、如意纹藻头等纹样，阑额上的立旌绘卷草。屋内额下绰幕枋底面的三角形区域内绘有莲花。花林寺大殿彩画多处使用黑色底色衬托出图案，似为"切活"技法，颇具特色（图57~65）。

图57　后内柱之间屋内额及其上斗栱、蜀柱彩画（红外影像）

图58　后内柱之间屋内额彩画（红外影像）

图59　后内柱彩画（红外影像）　　图60　山面立旌彩画　　图61　后屋内额上蜀柱彩画（红外影像）　　图62　中屋内额下绰幕枋彩画（红外影像）

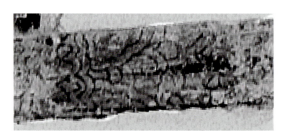

图 63　右山面中后阑额彩画（红外影像）　　　图 64　右山面中前阑额彩画（红外影像）

图 65　右山面阑额彩画

六　碳十四测年

　　选取大殿 20 处木材样品进行测年，其中柱子 3 个，梁枋 7 个，蜀柱 4 个，斗栱 4 个，其他 2 个。取样时尽量取圆形大构件的外皮，并清除油漆等杂质，再用美工刀削取长 3 毫米左右的木屑，放入塑胶标本袋，在标签上写明采样位置，并对取样部位拍照。为了通过有限的样品量较全面地反映大殿始建与历次维修情况，取样对象涵盖了各类构件，同类构件则涵盖了不同形制，并选取了有纪年的构件作为参照。经北京大学考古文博学院制样，由北京大学加速器质谱实验室测年，结果如下（表 2）。

表 2　　　　　　　　　　　　　碳十四测年结果表

样品编号	取样位置	碳十四年代（BP）	树轮校正后年代	
			1σ（68.2%）	2σ（95.4%）
第一组				
14	左缝内檐补间铺作栌斗	810±20	1215AD（68.2%）1255AD	1185AD（3.0%）1200AD 1205AD（92.4%）1270AD

续表 2

样品编号	取样位置	碳十四年代（BP）	树轮校正后年代	
			1σ（68.2%）	2σ（95.4%）
17	后檐左挑斡（大元辛亥题记）	755±20	1255AD（68.2%）1280AD	1225AD（95.4%）1285AD
20	右缝中进顺栿串	750±20	1255AD（68.2%）1280AD	1225AD（95.4%）1285AD
18	后檐右挑斡（创建题记）	740±20	1265AD（68.2%）1280AD	1235AD（1.2%）1245AD 1250AD（94.2%）1290AD
8	檐额	730±20	1265AD（68.2%）1285AD	1255AD（95.4%）1290AD
15	前檐左内檐补间铺作栌斗	720±20	1270AD（68.2%）1290AD	1260AD（95.4%）1295AD
5	左前内柱	710±20	1270AD（68.2%）1290AD	1260AD（95.4%）1300AD
24	中下蜀柱间屋内额（太子大王题记）	685±20	1275AD（66.3%）1300AD 1370AD（1.9%）1375AD	1270AD（72.4%）1310AD 1360AD（23.0%）1390AD
25	右缝中上蜀柱（草架蜀柱）	685±20	1275AD（66.3%）1300AD 1370AD（1.9%）1375AD	1270AD（72.4%）1310AD 1360AD（23.0%）1390AD
第二组				
19	后檐右劄牵（洪武题记）	695±20	1275AD（68.2%）1295AD	1270AD（83.7%）1310AD 1360AD（11.7%）1390AD
4	左前角柱	640±30	1290AD（27.7%）1315AD 1355AD（40.5%）1390AD	1280AD（95.4%）1400AD
22	右缝中下蜀柱（鹰嘴骑栿）	635±20	1295AD（25.7%）1315AD 1355AD（42.5%）1390AD	1280AD（38.7%）1330AD 1340AD（56.7%）1400AD
第三组				
9	左前角挑枋	555±20	1325AD（23.4%）1345AD 1390AD（44.8%）1415AD	1310AD（39.0%）1360AD 1380AD（56.4%）1430AD
第四组				
21	右缝后蜀柱（方形断面、挑枋后尾）	235±20	640AD（47.4%）1670AD 1780AD（20.8%）1800AD	1640AD（57.7%）1670AD 1780AD（32.9%）1800AD 1940AD（4.8%）1960AD

续表 2

样品编号	取样位置	碳十四年代（BP）	树轮校正后年代	
			1σ（68.2%）	2σ（95.4%）
12	左缝前蜀柱（方形断面、挑枋后尾）	255±20	1640AD（68.2%）1665AD	1520AD（3.6%）1550AD 1630AD（78.3%）1670AD 1780AD（13.5%）1800AD
2	前檐椽子	225±20	1650AD（33.6%）1670AD 1780AD（34.6%）1800AD	1640AD（45.6%）1680AD 1760AD（39.9%）1800AD 1940AD（9.9%）1960AD
6	前檐左撑柱	140±20	1680AD（10.0%）1700AD 1720AD（18.8%）1770AD 1800AD（7.7%）1820AD 1830AD（18.2%）1880AD 1910AD（13.5%）1940AD	1670AD（42.5%）1780AD 1790AD（35.9%）1890AD 1910AD（17.0%）1950AD
1	左前角梁	110±20	1690AD（16.6%）1730AD 1810AD（46.5%）1890AD 1900AD（5.1%）1920AD	1680AD（27.4%）1740AD 1800AD（68.0%）1930AD
16	后檐左剳牵（雍正题记）	145±20	1670AD（10.9%）1700AD 1720AD（27.1%）1780AD 1790AD（9.3%）1820AD 1830AD（4.9%）1870AD 1910AD（16.0%）1940AD	1660AD（77.6%）1890AD 1910AD（17.8%）1950AD

注：所用碳十四半衰期为5568年，BP为距1950年的年代。树轮校正所用曲线为IntCal04，所用程序为OxCal v3.10。

　　以上样品按年代早晚可分为四组。第一组，9个构件都带有明显的四川元代建筑形制特征，有的还写有元代创建题记。这一组样品的测年结果区间为1215~1300年，年代下限为1300年，比修造题记的至大四年（1311年）略早，为提前备料及构件加工中去除树皮所致。测年结果与建筑真实创建年代相吻合。第二组，3个构件年代下限为1390年，样品19的构件上有洪武三十一年（1398年）"更换修造"的题记，推测这一组是明洪武年间修缮所换。但该组与第一组年代相距不远，存在与第一组重合的置信区间，有可能包括部分创建时期的构件。第三组，即样品9，年代区间在明代中前期，推测与前檐挑斡为同时期构件，为明宣德六年（1431年）至弘治九年（1496年）添加。第四组，年代晚近，包括后换的蜀柱、角梁和前檐撑柱等构件，且含有雍正纪年题记，应是清代修缮时更换、添加的构件。

七 结 语

　　此次调查报告在原简报基础上，重新考订了建筑题记，对照南部县醴峰观、报恩寺，阆中市观音寺等周边古建筑题记及地方志资料，明确了大部分题记的年代，新确认了前檐挑斡的 2 处题记为明代题写。根据后檐 2 根挑斡和左、右缝顺栿串题记记载，花林寺原名兜率寺，大殿创建于元至大四年（1311 年），是李昌祖、蒲氏夫妇为儿子李德荣出家而捐资创建的佛殿，由当地都料匠杨荣显等施工，属家族香火寺。后檐右缝劄牵题记表明在明洪武三十一年（1398 年）有一次"更换修造"，碳十四测年结果中的第二组构件也可能是这次维修更换。从前檐挑斡题记中的僧官名字可推知又一次重修是在明宣德六年（1431 年）至弘治九年（1496 年）之间，碳十四测年结果中的第三组构件与此年代接近，可能当时已增加挑枋承檐。左缝后顺栿串的题记记录了明嘉靖五年（1526 年）有一次重修，首次明确出现刘姓功德主。顺脊串题记表明在明万历二十一年（1593 年）进行了"换梁结甃"的工程，功德主庞思银的妻子李氏、刘氏可能出自花林寺以往的功德主李、刘两家，此顺脊串还是大殿内有纪年的肩部斜杀构件。万历四十年（1612 年）大殿又进行整葺，经盐亭县木匠梁月明等"培枋"，改修挑枋，留有 2 条纪年题记。后檐左缝劄牵题记表明在清雍正二年（1724 年）进行了"补修结甃"工程，施主为刘、李、蒲三家，此劄牵肩部虽做钟形砍杀，但与原构的砍杀曲线有明显区别。从碳十四测年结果来看，第四组构件的年代明显偏晚，但碳十四测年对晚期样品的结果误差较大，无法确定准确年代，只能笼统认为是清代更换。

　　此次调查按照 2018 年三维扫描数据重新绘制了测绘图，根据用材大小、工艺做法、遗痕遗迹等信息，进一步辨析了后期更换改修的情况，并对铺作和平棊的布置做了复原。在花林寺大殿中，后期更换构件的显著特征包括：柱头无卷杀；阑额无榫肩；水平构件入柱榫卯肩部非钟形砍杀；栌斗作长方形；栱端卷杀无折线形分瓣；用材与同类大多数构件不同；雕饰简化等。以我们目前的认识，明代的前几次重修，从构件形制上很难与原构区分，现在能够分辨出的这些明显的改修构件可能大多是明代晚期至清代更换的结果。

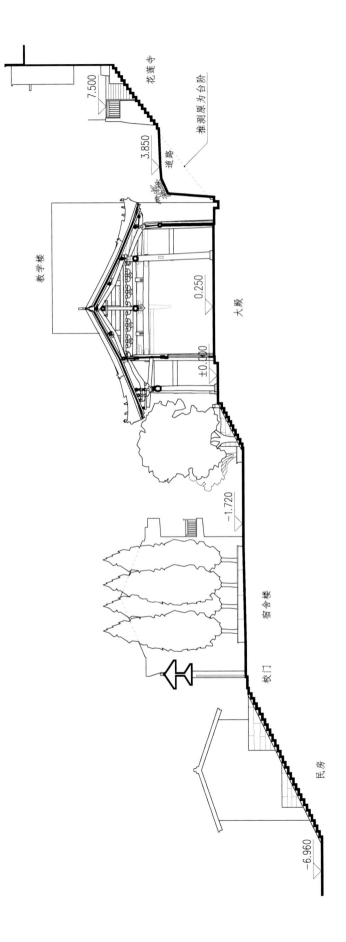

花林寺总剖面图 1∶250

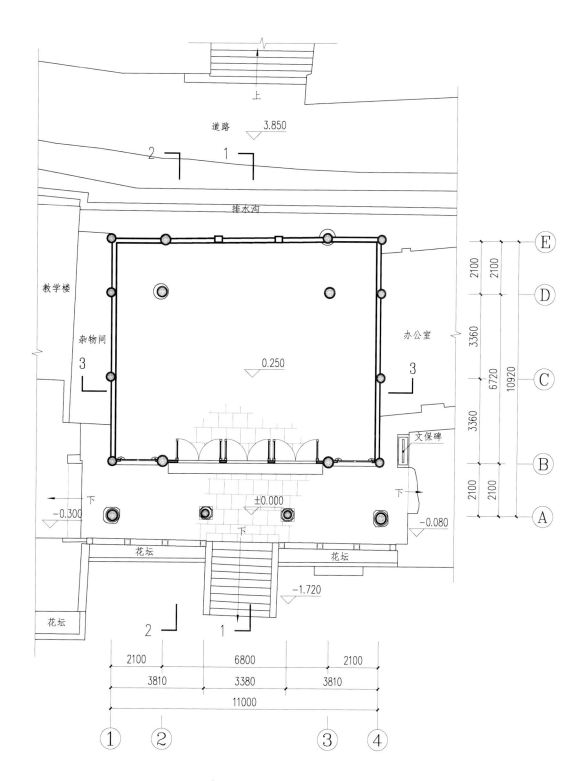

上

道路 　3.850

2　　1

排水沟

教学楼

杂物间

3　　3

0.250

办公室

文保碑

下　　下

−0.300

±0.000

下

−0.080

花坛　　　花坛

花坛

−1.720

2　　1

E

2100

2100

D

3360

6720

10920

C

3360

B

2100

2100

A

2100　　　6800　　　2100

3810　　　3380　　　3810

11000

① ② ③ ④

大殿平面图 1:150

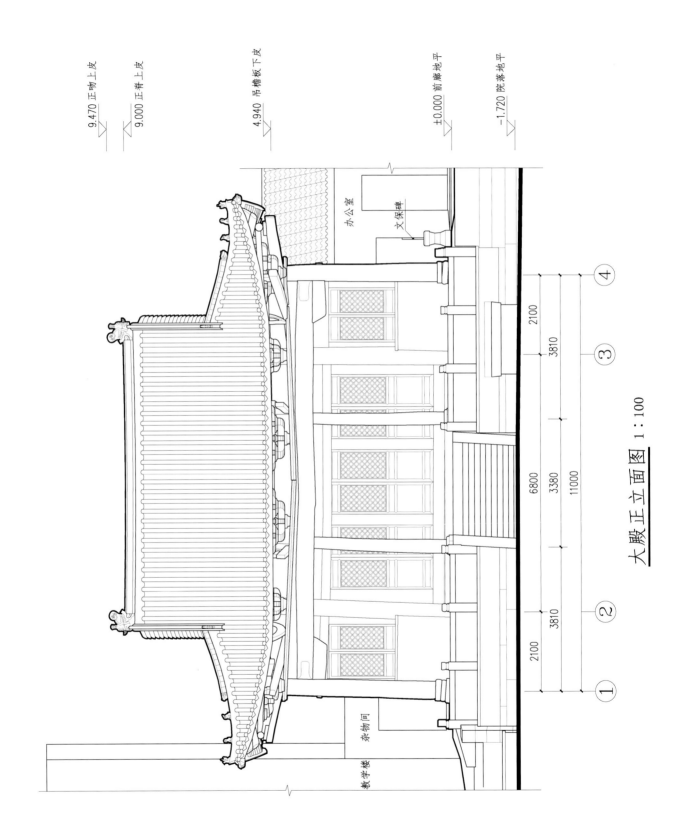

9.470 正吻上皮
9.000 正脊上皮
4.940 吊檐板下皮
±0.000 前廊地平
-1.720 院落地平

办公室
文保碑
杂物间
教学楼

2100　3810　6800　3380　11000　3810　2100

① ② ③ ④

大殿正立面图 1：100

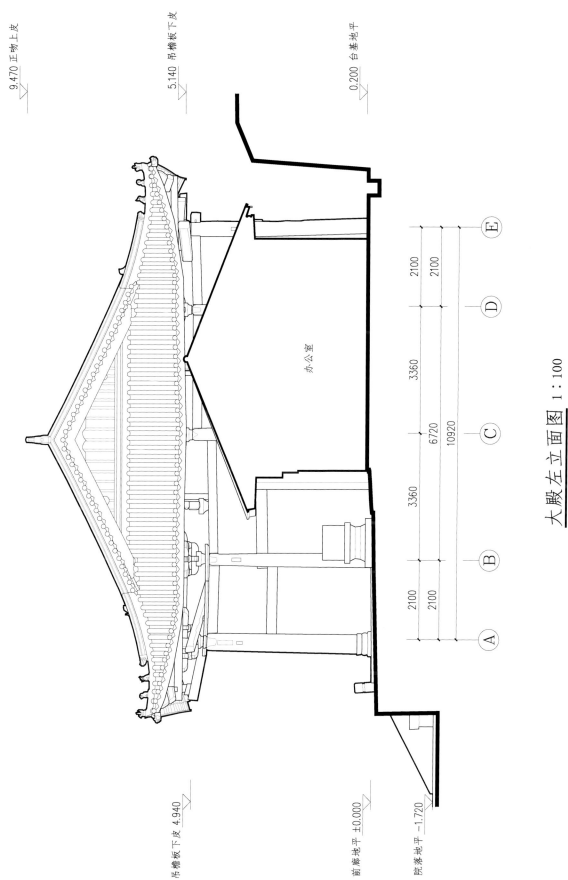

9.470 正物上皮

5.140 吊檐板下皮

0.200 台基地平

吊檐板下皮 4.940

前廊地平 ±0.000

院落地平 −1.720

办公室

大殿左立面图 1 : 100

2100　2100　3360　6720　3360　2100　2100
10920

Ⓐ　Ⓑ　Ⓒ　Ⓓ　Ⓔ

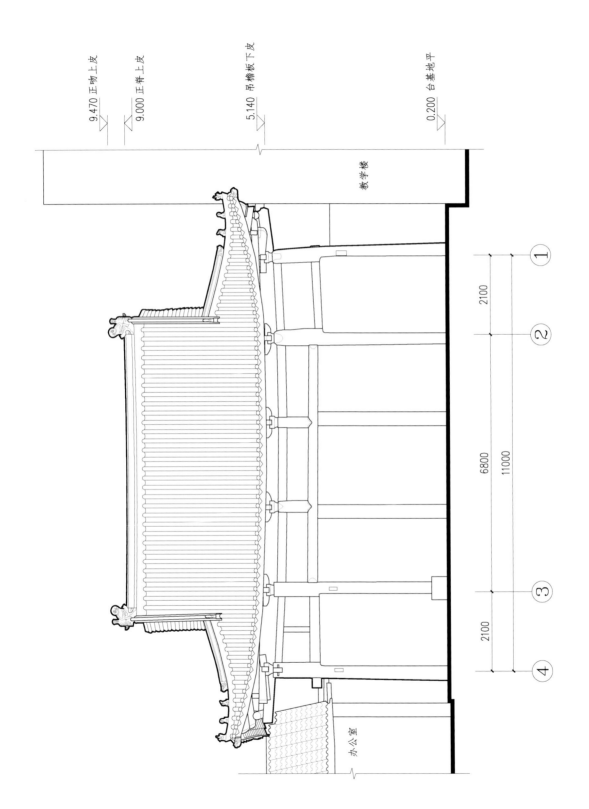

9.470 正吻上皮

9.000 正脊上皮

5.140 吊檐板下皮

0.200 台基地平

教学楼

办公室

2100

6800

11000

2100

① ② ③ ④

大殿背立面图 1：100

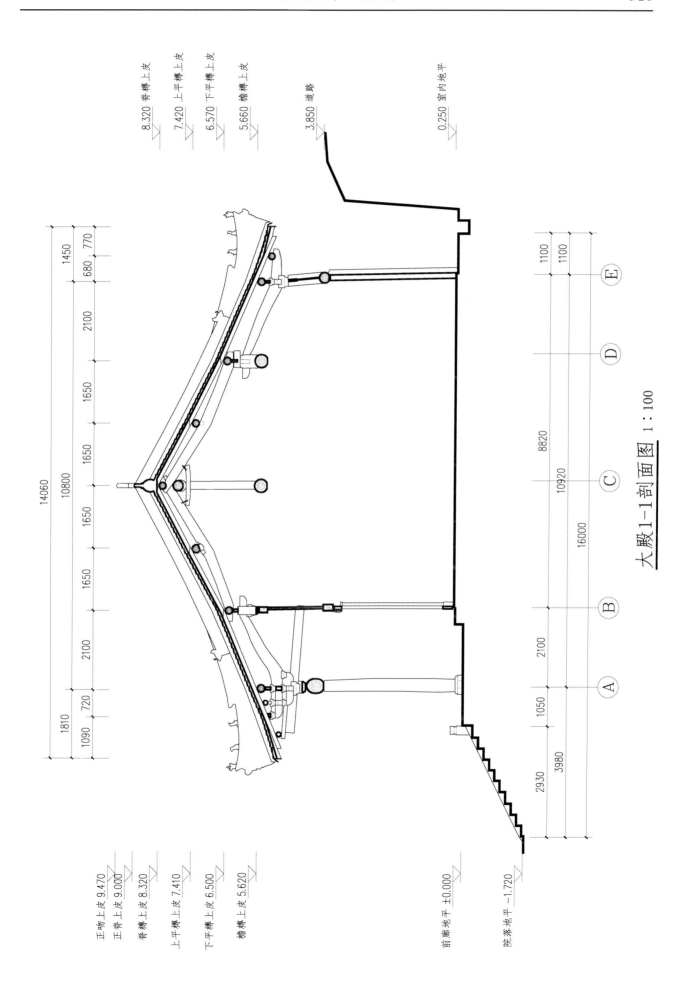

大殿1-1剖面图 1:100

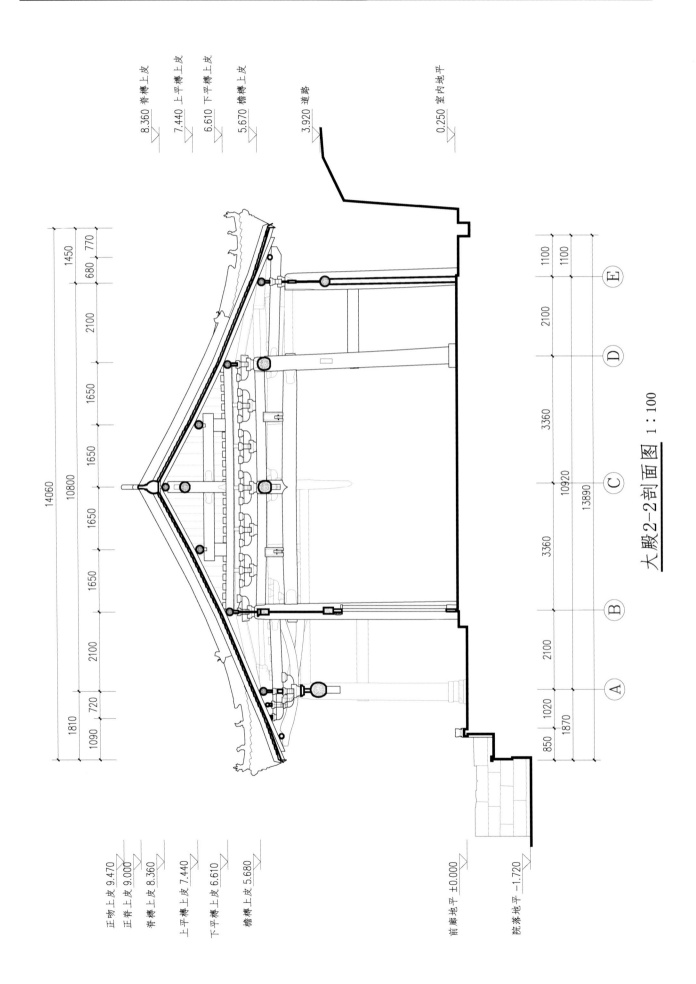

大殿 2-2 剖面图 1 ∶ 100

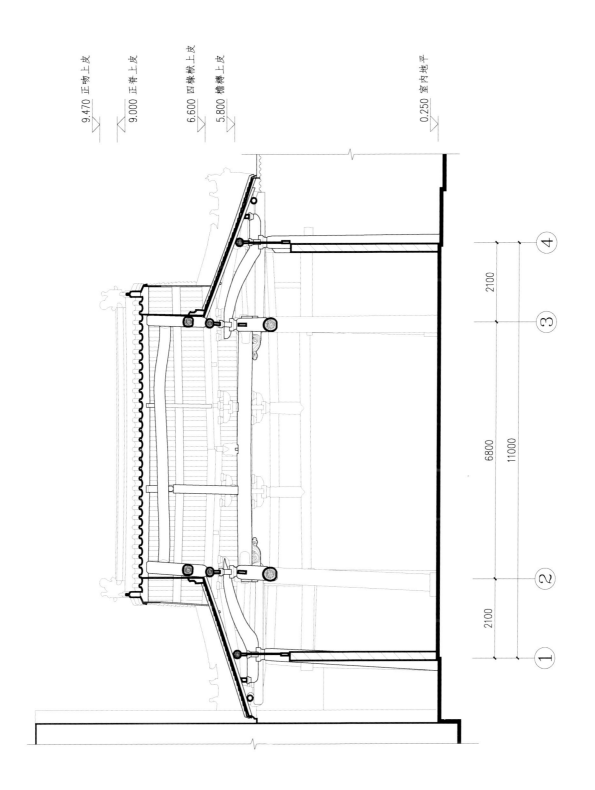

9.470 正吻上皮

9.000 正脊上皮

6.600 四椽栿上皮

5.800 檐槫上皮

0.250 室内地平

大殿3-3剖面图 1:100

① 2100 ② 11000 (6800) ③ 2100 ④

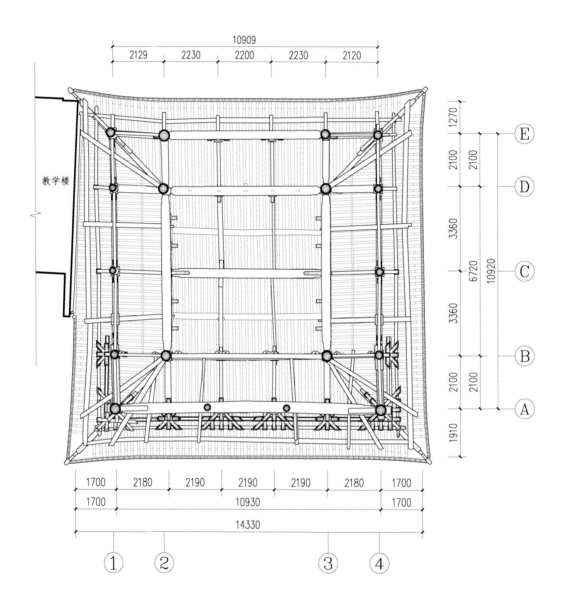

大殿梁架仰视图 1:150

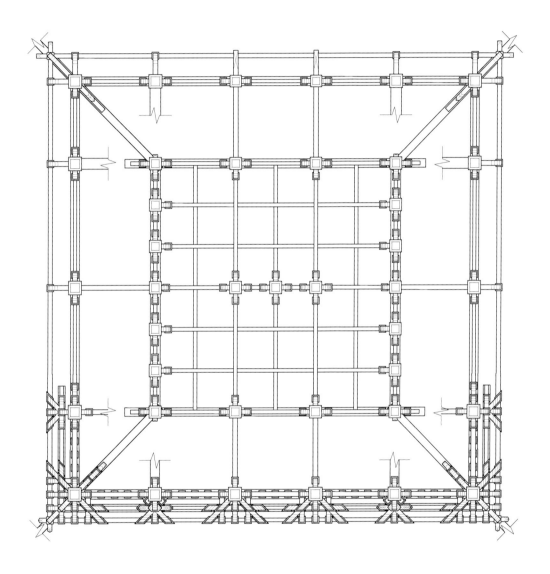

大殿铺作及平棊布置复原图 1∶100

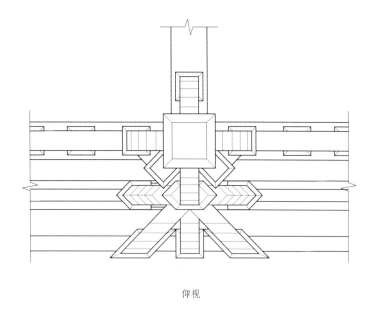

仰视

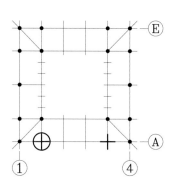

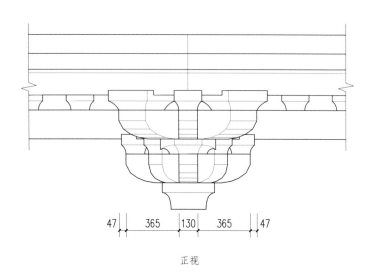

正视

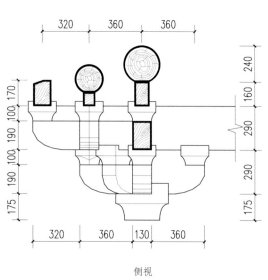

侧视

大殿前檐柱头铺作 1：25

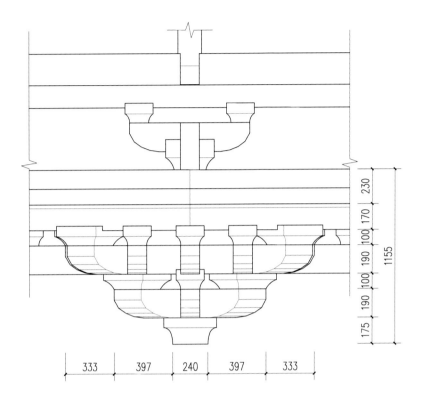

正视

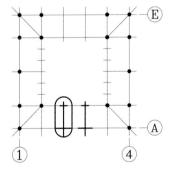

大殿前檐补间铺作 1：25

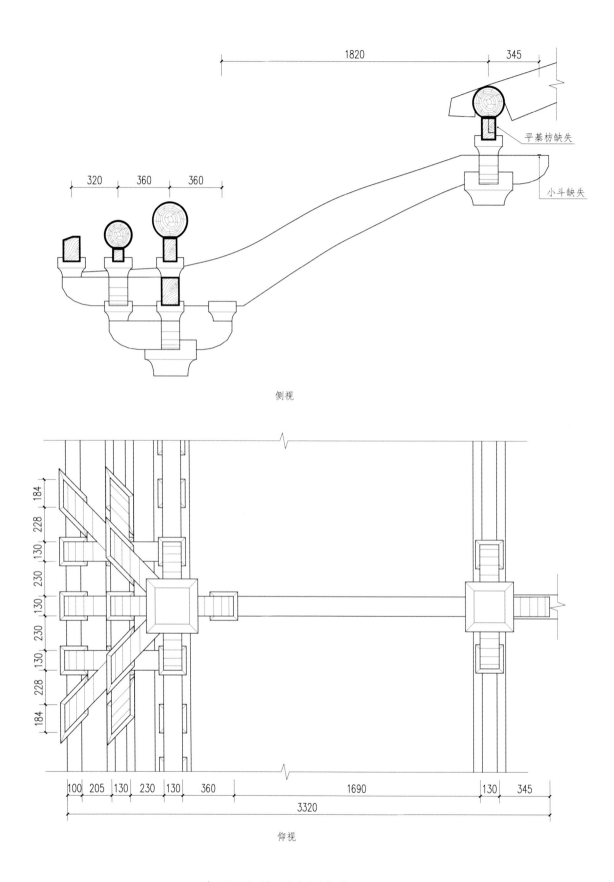

侧视

仰视

大殿前檐补间铺作 1:25

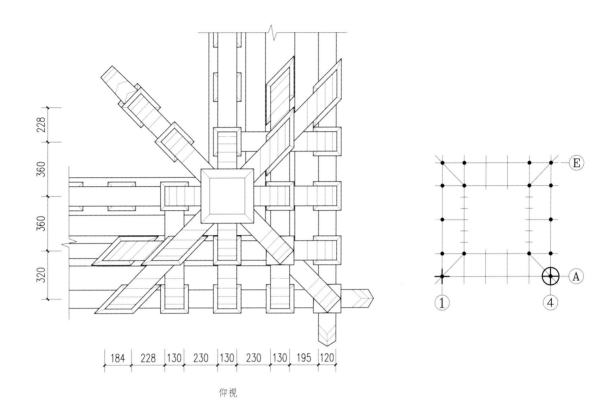

仰视

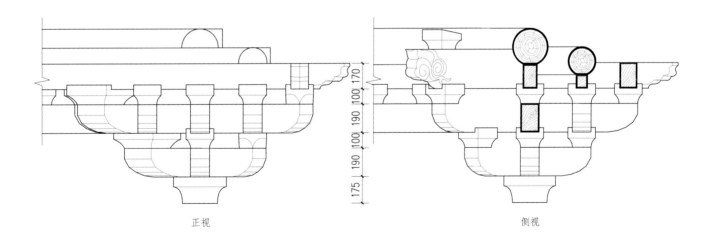

正视　　　　　　　　　　　　侧视

大殿前檐转角铺作 1:25

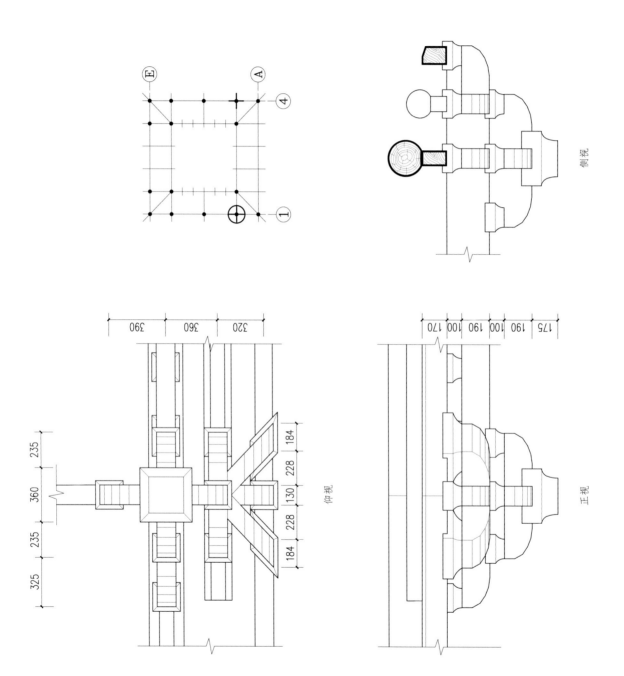

大殿山面前柱头铺作 1：25

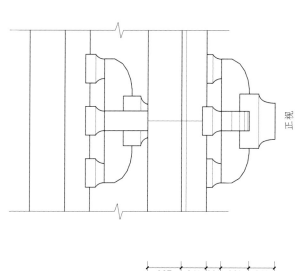

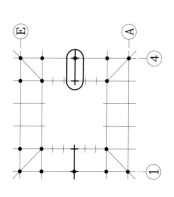

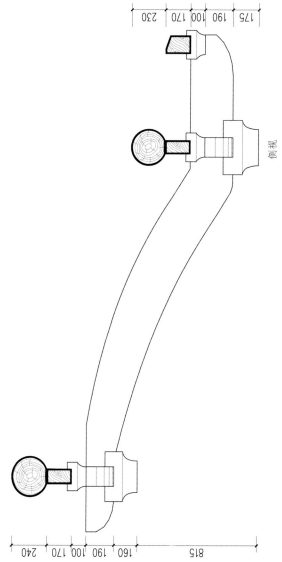

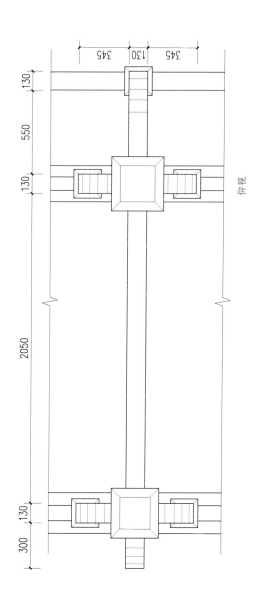

正视

侧视

仰视

大殿山面中柱柱头铺作 1：25

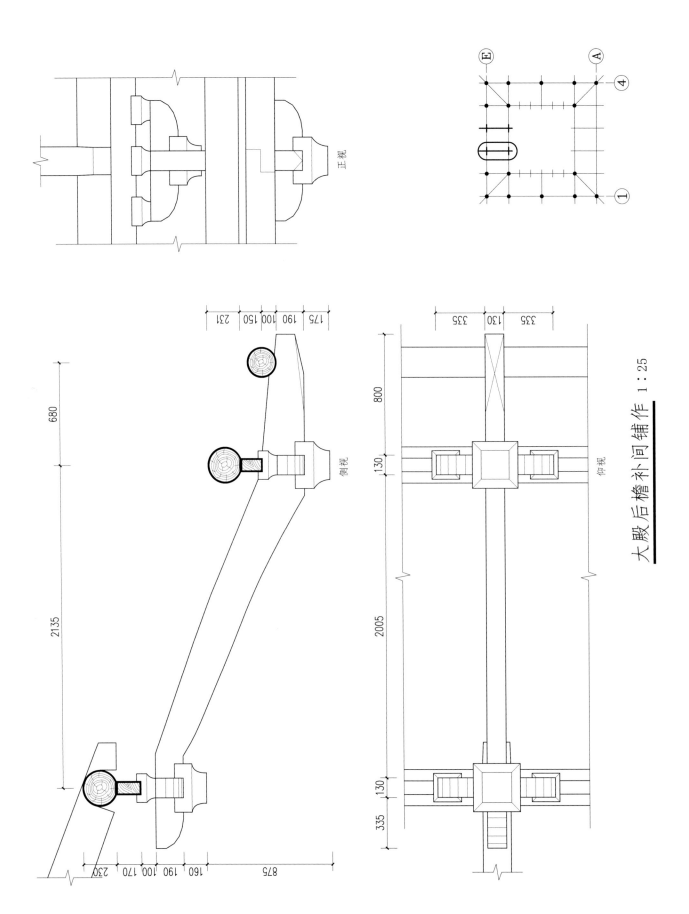

正视

侧视

仰视

大殿后檐补间铺作 1∶25

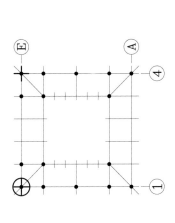

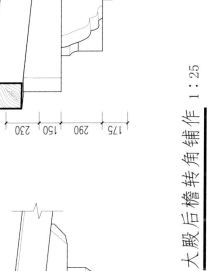

侧视

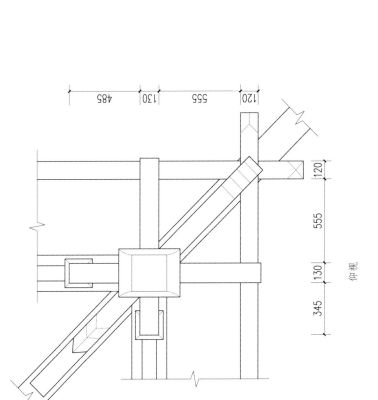

仰视

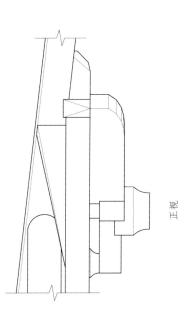

正视

大殿后檐转角铺作 1：25

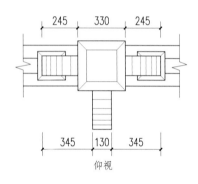

245　330　245

345　130　345

仰视

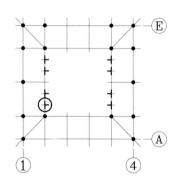

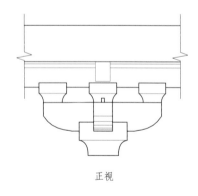

正视

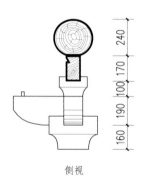

240　170　100　190　160

侧视

大殿内檐补间铺作 1：25

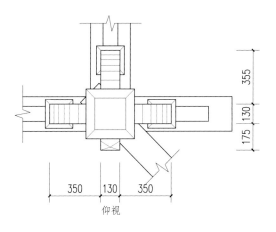

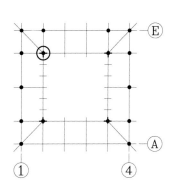

仰视

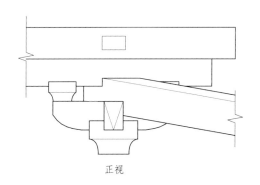

正视

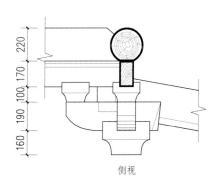

侧视

大殿内檐转角铺作 1:25

四川古建筑木材树种鉴定报告（二）

一　分析方法

古建筑的木料选材对古建筑的历史研究和保护均有重要意义。但木料或藏于油漆以下，或被陈年积尘覆盖，或处于高处难以靠近，不易通过肉眼进行识别。此次鉴定是通过古建筑采样、实验室加工、微观形貌观察的方法进行树种鉴定。

具体步骤为：第一步，炭化。将木样用锡箔纸包裹严实后，放入马弗炉中加热，约40分钟后马弗炉温度升至400℃，保持该温度30分钟，使木样炭化。第二步，制样。将上步骤制得的木炭样品用锋利的刀片分别切出表面均匀规整的木材横切面、径切面和弦切面，再用导电胶粘于扫描电镜导电杯上备用。第三步，显微观察。将导电杯放入扫描电镜样品室中进行观察和拍照，放大倍数为100~1000倍不等。电镜型号为荷兰飞纳公司生产的Prox台式扫描电镜。第四步，比对识别。将获得的木材三个面的照片与标准木样照片进行比对，从而识别出树种。标样相关数据库来自于《中国木材志》《中国裸子植物木材志》等。

这种方法一般能鉴定到木材的属，少数常见的木材能鉴定到种。

二　木材显微分析

采集的样品来自剑阁白兔寺（36个）、阆中永安寺（19个）、南部醴峰观（1个）、南部永安庙（6个）、盐亭花林寺（2个）。样品均采自这些寺庙中主体结构为清代以前的建筑，如阆中永安寺，采样选取的单体建筑为寺内的元代大殿。样品编号规则为"寺庙名称＋数字序号"。每个木样选取其横切面、径切面和弦切面图片各一张，附于表1中。

表1　　　　　　　　　　　　　**木构件样品的显微图像**

样品编号	横切面	径切面	弦切面
白兔寺1			
白兔寺2			

续表1

样品编号	横切面	径切面	弦切面
白兔寺 3			
白兔寺 4			
白兔寺 5			
白兔寺 6			
白兔寺 7			

续表 1

样品编号	横切面	径切面	弦切面
白兔寺 8			
白兔寺 9			
白兔寺 10			
白兔寺 11			
白兔寺 12			

续表 1

样品编号	横切面	径切面	弦切面
白兔寺 13			
白兔寺 14			
白兔寺 15			
白兔寺 16			
白兔寺 17			

续表1

样品编号	横切面	径切面	弦切面
白兔寺 18			
白兔寺 19			
白兔寺 20			
白兔寺 21			
白兔寺 22			

续表1

样品编号	横切面	径切面	弦切面
白兔寺 23			
白兔寺 24			
白兔寺 25			
白兔寺 26			
白兔寺 27			

续表1

样品编号	横切面	径切面	弦切面
白兔寺 28			
白兔寺 29			
白兔寺 30			
白兔寺 31			
白兔寺 32			

续表1

样品编号	横切面	径切面	弦切面
白兔寺33			
白兔寺34			
白兔寺35			
白兔寺36			
永安寺1			

续表 1

样品编号	横切面	径切面	弦切面
永安寺 2			
永安寺 3			
永安寺 4			
永安寺 5			
永安寺 6			

续表1

样品编号	横切面	径切面	弦切面
永安寺 7			
永安寺 8			
永安寺 9			
永安寺 10			
永安寺 11			

续表1

样品编号	横切面	径切面	弦切面
永安寺 12			
永安寺 13			
永安寺 14			
永安寺 15			
永安寺 16			

续表1

样品编号	横切面	径切面	弦切面
永安寺 17			
永安寺 18			
永安寺 19			
醴峰观 1			
永安庙 1			

续表 1

样品编号	横切面	径切面	弦切面
永安庙 2			
永安庙 3			
永安庙 4			
永安庙 5			
永安庙 6			

续表1

样品编号	横切面	径切面	弦切面
花林寺1			
花林寺2			

　　通过对上述木样照片进行比对，可知大多数木样微观结构特征与柏木属较为接近。横切面：轴向管胞形状为椭圆形或多边形，早材带极宽，占据横切面绝大部分面积，早材至晚材渐变，树脂道缺乏。径切面：管胞有具缘纹孔，圆形，通常1列，管胞壁光滑，无螺纹加厚。射线细胞水平壁和端壁均光滑，壁薄，无加厚。交叉场纹孔为柏木型，2~4个。弦切面：射线单列，射线细胞呈圆形、卵圆或椭圆形，每条射线的细胞数1~26个，多数情况为3~15个，射线高度从低到中。具有上述特征的木材为典型的柏木属，即川北常见的柏木。部分柏木属木材管胞及纹孔上有应压撕裂形成的螺旋状沟槽，特征略有不同。

　　永安寺的4、14、16号样品与黄杉属较为接近。横切面：早材轴向管胞形状为不规则形或多边形，晚材轴向管胞形状为四边形或不规则梯形。早材带较宽，早材至晚材接近急变，轴向薄壁组织缺乏，具有轴向树脂道，通常出现在晚材，树脂道周围具有6~8个泌脂细胞，泌脂细胞壁厚，有纹孔。径切面：管胞具有具缘纹孔，圆形，通常1列。早材轴向管胞常见单根和窄间隔螺纹加厚。存在射线管胞，通常1~2行。射线薄壁细胞水平壁节状加厚，纹孔明显，端壁节状加厚，存在凹痕。交叉场纹孔为云杉型或杉木型，2~5个（通常2~3个）不规则排列。弦切面：射线单列，圆形、卵圆或椭圆形，细胞数3~30个，通常11~16个。存在径向树脂道，纺锤形，高20~27个细胞，树脂道周围具有6~8个泌脂细胞，泌脂细胞壁厚，有纹孔。

三　鉴定结果

通过分析比对，鉴定结果如表 2 所示[1]。

表 2　　　　　　　　　　　**川北部分古建筑木构件树种鉴定结果**

样品编号	取样位置	树种
白兔寺 1	天王殿左前角柱	柏木属
白兔寺 2	天王殿左三缝前檐柱	柏木属
白兔寺 3	天王殿左二缝前檐柱	柏木属
白兔寺 4	天王殿左一缝前檐柱	柏木属
白兔寺 5	天王殿右一缝前檐柱	柏木属
白兔寺 6	天王殿右二缝前檐柱	柏木属
白兔寺 7	天王殿右三缝前檐柱	柏木属
白兔寺 8	天王殿右前角柱	柏木属
白兔寺 9	天王殿左山⑧—Ⓑ檐柱	柏木属
白兔寺 10	天王殿左三缝前金柱	柏木属
白兔寺 11	天王殿左二缝前金柱	柏木属
白兔寺 12	天王殿左一缝前金柱	柏木属
白兔寺 13	天王殿右一缝前金柱	柏木属

[1] 白兔寺天王殿在 2017 年初次调查时，由于当时条件所限，左山最外侧的⑧轴柱子不可见，故测绘图上空缺。2018 年修缮后，⑧轴柱子露出，2020 年调查时对其进行了木材取样。

续表 2

样品编号	取样位置	树种
白兔寺 14	天王殿右二缝前金柱	柏木属
白兔寺 15	天王殿右三缝前金柱	柏木属
白兔寺 16	天王殿右山①—Ⓑ檐柱	柏木属
白兔寺 17	天王殿左山⑧—Ⓒ檐柱	柏木属
白兔寺 18	天王殿左三缝中柱	柏木属
白兔寺 19	天王殿左二缝中柱	柏木属
白兔寺 20	天王殿右二缝中柱	柏木属
白兔寺 21	天王殿右三缝中柱	柏木属
白兔寺 22	天王殿右山①—Ⓒ檐柱	柏木属
白兔寺 23	天王殿左山⑧—Ⓓ檐柱	柏木属
白兔寺 24	天王殿左三缝后金柱	柏木属
白兔寺 25	天王殿左二缝后金柱	柏木属
白兔寺 26	天王殿左一缝后金柱	柏木属
白兔寺 27	天王殿右一缝后金柱	柏木属
白兔寺 28	天王殿右二缝后金柱	柏木属
白兔寺 29	天王殿右三缝后金柱	柏木属
白兔寺 30	天王殿右山①—Ⓓ檐柱	柏木属

续表 2

样品编号	取样位置	树种
白兔寺 31	天王殿左后角柱	柏木属
白兔寺 32	天王殿左三缝后檐柱	柏木属
白兔寺 33	天王殿左二缝后檐柱	柏木属
白兔寺 34	天王殿右三缝后檐柱头科正心万栱	柏木属
白兔寺 35	天王殿右三缝后檐柱头科正心瓜栱	柏木属
白兔寺 36	天王殿右三缝后檐柱头科坐斗	柏木属
永安寺 1	大殿右前角柱	柏木属
永安寺 2	大殿右缝前檐柱	柏木属
永安寺 3	大殿左缝前檐柱	柏木属
永安寺 4	大殿左前角柱	黄杉属
永安寺 5	大殿左山④－Ⓑ檐柱	柏木属
永安寺 6	大殿左缝③－Ⓑ内柱	柏木属
永安寺 7	大殿左山④－Ⓓ檐柱	柏木属
永安寺 8	大殿右山①－Ⓑ檐柱	柏木属
永安寺 9	大殿右缝②－Ⓓ内柱	柏木属
永安寺 10	大殿左缝③－Ⓓ内柱	柏木属
永安寺 11	大殿左山前撑枋	柏木属

续表 2

样品编号	取样位置	树种
永安寺 12	大殿左山④ — ⓒ檐柱	柏木属
永安寺 13	大殿左后角柱	柏木属
永安寺 14	大殿左缝后檐柱	黄杉属
永安寺 15	大殿右缝后檐柱	柏木属
永安寺 16	大殿右后角柱	黄杉属
永安寺 17	大殿右山① — ⓓ檐柱	柏木属
永安寺 18	大殿右山① — ⓒ檐柱	柏木属
永安寺 19	大殿右山前撑枋	柏木属
醴峰观 1	大殿右前角柱	柏木属
永安庙 1	大殿檩条，旧料采集	柏木属
永安庙 2	大殿生头木，旧料采集	柏木属
永安庙 3	大殿生头木，旧料采集	柏木属
永安庙 4	大殿右山后檐柱	柏木属
永安庙 5	大殿地栿，旧料采集	柏木属
永安庙 6	大殿大殿左前角柱	柏木属
花林寺 1	大殿右山前檐柱	柏木属
花林寺 2	大殿前檐右侧廊柱	柏木属

后记

　　2011 年 5 月，赵元祥、李林东二人因修缮工作需要，初访盐亭花林寺大殿。当时人们认为此殿建于明万历时期，文物保护级别为县级。2012 年春，花林寺大殿揭顶维修期间，赵元祥、蔡宇琨和西南交通大学建筑与设计学院张宇老师等人到现场进行了测绘，完成了初套测绘图纸。经历这两次调查后，花林寺大殿有了基础测绘档案，文物价值得到重视，文物保护级别于 2012 年 7 月升为省级。在此之后，调查团队成员又多次到花林寺现场进行调查、取样，最终确认了大殿的元代建筑身份，调查简报发表于《文物》2017 年第 11 期。此后，团队继续对这座建筑做进一步调查和研究，最终形成了本书所见到的调查报告修正版。通过调查和研究，建筑的价值重新得到认定，花林寺大殿于 2019 年 10 月升级为全国重点文物保护单位。

　　南部醴峰观大殿是四川现存最早的元代木构建筑，自 2012 年春至今，团队多次前往醴峰观进行调查、测绘和取样，记录了大殿 2012 年修缮前、后的面貌，并参考 2009 年王书林（时为北京大学考古文博学院硕士研究生在读）的踏查资料，撰写了本篇调查报告。报告除了对大殿，还对整个醴峰观留存的各时代的碑刻题记进行了记录和整理。

　　2014 年 11 月，赵元祥同北京大学考古文博学院文物建筑专业师生一起，踏查了川北地区的早期古建筑，其中包括阆中永安寺和南部永安庙。此后，李林东、赵元祥等人又多次到永安寺大殿现场测绘、调查，记录和发现了一些后期改易痕迹。南部永安庙最早由左拉拉（时为美国宾夕法尼亚大学博士研究生在读）进行过古建调研，她于 2010 年在博士论文中发表了相关图文资料和研究。从论文中发表的资料来看，这座建筑形制古朴，很有可能是一座早期建筑，因此本团队从 2014 年开始对其进行了多次现场调查，对庙内现存的题记碑刻等文献信息也进行了记录、誊抄和释读。在报告中，对数次修缮前后的改易情况也做了记录和探讨。在本团队历年来的研究和南部县文物部门的努力下，永安庙也于

2019 年 10 月升级为全国重点文物保护单位。

2017 年以后，本团队开始对省内古建筑进行集中、批量调查，这样的调查活动一直持续到了 2019 年上半年。剑阁白兔寺、南部报恩寺以及阆中精兰院都是这一时期进行初次调查测绘的。这几座建筑在以往的研究中很少提及，文物档案记录的年代上限均为明代，且每座建筑的斗栱形制都较为独特，与清代中后期建筑相比有很大不同。通过现场调查和测绘，我们对这类坐落于川北村镇之中的建筑积累了一定的了解和认识。

从 2011 年至今的 11 年间，参与过现场调查的专业技术人员有：

成都文物考古研究院：蔡宇琨、赵元祥、李林东、陈晓宁、白露、赵芸、石松峰、姚健夫、王亚龙、申琳、李见；北京大学考古文博学院：吴煜楠、尚劲宇；西南交通大学建筑与设计学院：张宇。

本卷各篇报告的编写人员为：

《剑阁白兔寺》执笔：赵元祥；三维扫描：姚健夫；航拍：陈晓宁；现场摄影：赵芸、赵元祥、王亚龙、蔡宇琨；制图：王亚龙、赵元祥。《阆中永安寺》执笔：李林东；三维扫描：石松峰；航拍：李林东；全景摄影：尚劲宇；细部摄影：李林东、姚健夫、李见、吴煜楠；制图：李林东。《阆中精兰院》执笔：蔡宇琨；三维扫描、航拍：李见；全景摄影：石松峰；细部摄影：蔡宇琨；制图：李见。《南部醴峰观》执笔：李林东；三维扫描、航拍：李林东、王亚龙；全景摄影：尚劲宇；细部摄影：赵元祥、李林东、李见、姚健夫；制图：李林东。《南部永安庙》执笔：赵元祥；三维扫描、航拍：李林东、王亚龙；全景摄影：尚劲宇；细部摄影：赵元祥、李林东；制图：李林东。《南部报恩寺》执笔：蔡宇琨；三维扫描、航拍：李见；全景摄影：石松峰；细部摄影：蔡宇琨；制图：姚建夫、蔡宇琨。《盐亭花林寺》执笔：赵元祥、蔡宇琨、张宇；三维扫描：李林东、王亚龙；航拍、全景摄影：王亚龙；细部摄影：赵元祥、蔡宇琨、李林东；制图：赵元祥。《四川古建筑木材取样与鉴定报告（二）》执笔：白露、闫雪；现场取样和实验室操作：白露。

本书的所有全景照片由北京大学考古虚拟仿真实验教学中心提供网络支持。最后全书由蔡宇琨、赵元祥、李林东负责文字统稿和图纸校核。

四川省文物局王毅局长在调查启动阶段为我们确立了工作模式和工作方向，四川省文物局何振华处长提供了省内已有古建筑基础资料。成都文物考古研究院颜劲松院长、蒋成副院长和江章华副院长一直关心支持着这项工作，对编写提出了宝贵的意见。北京大学考古文博学院徐怡涛教授多年来给予了建筑考古学的理论指导，并为本书作序。广元市剑阁县，南充市南部县、阆中市以及绵阳市盐亭县等地的文物管理部门为田野调查提供了大力支持和配合。文物出版社耿昀女士为本书的编辑出版付出了辛勤劳动。在此，对以上诸位领导、同仁及单位一并表示感谢！

　　对四川古建筑进行详细、科学的调查工作将会继续进行，本书难免存在疏漏之处，敬请各位读者不吝指正。

编　者

2022 年 3 月